Started
April 25, 2023
Finished Reading
Sept 5, 2023
Getting in the gap

clave

Wayne W. Dyer ha sido profesor de Psicología del Asesoramiento en la St. John's University de Nueva York y actualmente se dedica a pronunciar conferencias, impartir cursos y a escribir. Entre sus obras publicadas, cabe destacar *Tus zonas erróneas*, posiblemente el libro de autoayuda más leído del mundo.

WAYNE W. DYER

Piensa diferente,
vive diferente

Traducción de
Juan Manuel Ibeas

DEBOLS!LLO

El papel utilizado para la impresión de este libro ha sido fabricado a partir de madera procedente de bosques y plantaciones gestionadas con los más altos estándares ambientales, garantizando una explotación de los recursos sostenible con el medio ambiente y beneficiosa para las personas.

Penguin
Random House
Grupo Editorial

Piensa diferente, vive diferente

Título original: *Stop the Excuses! How to Change Lifelong Thoughts*

Primera edición en España: marzo, 2010
Primera edición en México: agosto, 2010
Primera reimpresión: febrero, 2011
Segunda reimpresión: julio, 2012
Tercera reimpresión: febrero, 2013
Cuarta reimpresión: enero, 2014
Quinta reimpresión: enero, 2015
Sexta reimpresión: enero, 2016
Séptima reimpresión: febrero, 2017
Octava reimpresión: enero, 2018
Novena reimpresión: octubre, 2019
Decima reimpresión: julio, 2021

Publicado originalmente en 2009 por Hay House Inc, Estados Unidos

D. R. © 2009, Wayne W. Dyer

D. R. © 2010, Penguin Random House Grupo Editorial, S. A. U.
Travessera de Gràcia, 47-49, 08021, Barcelona

D. R. © 2021, derechos de edición mundiales en lengua castellana
excepto Estados Unidos, Canadá y Puerto Rico:
Penguin Random House Grupo Editorial, S. A. de C. V.
Blvd. Miguel de Cervantes Saavedra núm. 301, 1er piso,
colonia Granada, alcaldía Miguel Hidalgo, C. P. 11520,
Ciudad de México

penguinlibros.com
D. R. © 2010, Juan Manuel Ibeas Delgado, por la traducción
Diseño de portada: Penguin Random House Grupo Editorial
D. R. © Getty Images, por la fotografía de portada

Penguin Random House Grupo Editorial apoya la protección del *copyright*.
El *copyright* estimula la creatividad, defiende la diversidad en el ámbito de las ideas y el conocimiento, promueve la libre expresión y favorece una cultura viva. Gracias por comprar una edición autorizada de este libro y por respetar las leyes del Derecho de Autor y *copyright*. Al hacerlo está respaldando a los autores y permitiendo que PRHGE continúe publicando libros para todos los lectores.

Queda prohibido bajo las sanciones establecidas por las leyes escanear, reproducir total o parcialmente esta obra por cualquier medio o procedimiento así como la distribución de ejemplares mediante alquiler o préstamo público sin previa autorización.
Si necesita fotocopiar o escanear algún fragmento de esta obra diríjase a CemPro
(Centro Mexicano de Protección y Fomento de los Derechos de Autor, https://cempro.com.mx).

ISBN: 978-607-310-106-6

Impreso en México – *Printed in Mexico*

*Para Tiffany Saia,
la luz que me hace brillar...*

Sumario

Introducción 11

PRIMERA PARTE
Identificar y eliminar el pensamiento habitual

1. Sí, puedes cambiar los viejos hábitos. 17
2. Tus dos mentes. 33
3. Tu catálogo de excusas. 50

SEGUNDA PARTE
Los principios fundamentales de «¡Basta de excusas!»

Introducción a la segunda parte 87
4. El primer principio: *conocimiento* 89
5. El segundo principio: *sintonía* 99
6. El tercer principio: *ahora* 110
7. El cuarto principio: *contemplación* 120
8. El quinto principio: *disposición* 131
9. El sexto principio: *pasión*. 144
10. El séptimo principio: *compasión* 156

TERCERA PARTE
El cambio de sistema de «¡Basta de excusas!»

11. Un nuevo modo de ver el cambio de viejos hábitos de pensamiento 171
12. La primera pregunta: *¿Es verdad?* 187
13. La segunda pregunta: *¿De dónde salieron las excusas?* .. 200
14. La tercera pregunta: *¿Qué se consigue?* 213
15. La cuarta pregunta: *¿Cómo sería mi vida si no pudiera utilizar estas excusas?* 230
16. La quinta pregunta: *¿Puedo crear un motivo racional para cambiar?* 241
17. La sexta pregunta: *¿Puedo lograr la cooperación universal para desprenderme de viejos hábitos?* 254
18. La séptima pregunta: *¿Cómo puedo reforzar continuamente esta nueva manera de ser?* 267

Notas 283

Introducción

Pasé el año 2006 inmerso en las antiguas enseñanzas de Lao-tse, estudiando su monumental obra, el *Tao Te Ching*. Leí, medité, viví, y después escribí un ensayo sobre cada uno de los ochenta y un versículos del Tao, que muchos han considerado el libro más sabio que jamás se ha escrito. Aquella colección de ensayos se titula *Cambia tus pensamientos, cambia tu vida: Vivir la sabiduría del Tao*. Aprendí qué pensar, y hasta ahora sigo practicándolo, aunque está por encima de mi capacidad describir plenamente todo lo que Lao-tse me enseñó durante aquel año.

Ahora elijo pensamientos que sean flexibles, no rígidos; blandos, no duros. Pienso con humildad, no con arrogancia; con distanciamiento, no con apego. Practico el pensar en pequeño y lograr grandes cosas, además de pensar en armonía con la naturaleza, en lugar de con mi ego. La idea de no interferir sustituye a la de entrometerse y aconsejar. Prefiero las soluciones pacíficas a la idea de pelear para resolver las disputas. Opto por la conformidad, más que por la ambición; por llegar, no por esforzarse. Y lo más importante: elijo pensamientos que sean congruentes con el Gran Tao (Dios), en lugar de ilusiones sobre la propia importancia, conjuradas por el ego.

El libro que estás leyendo es el método «¡Basta de excusas!», y también está influido por el eminente maestro Lao-tse. En vista de que el *Tao Te Ching* me enseñó qué tipos de pensamientos armonizan con mi ser superior, le pedí a Lao-tse consejo para cambiar hábitos de pensamiento muy establecidos. Me di cuenta de que saber qué pensar no te sirve necesariamente para cambiar los pensamientos habituales de toda la vida. Así que he recurrido a la sabiduría de Lao-tse, meditando sobre sus enseñanzas y pidiéndole que me guíe para saber qué se necesita para provocar un cambio en los hábitos de pensamiento establecidos que se manifiestan como excusas. Mediante un proceso de escritura en el que sentí como si me estuviera dirigiendo una fuerza superior a mí mismo, el paradigma de «¡Basta de excusas!» fue evolucionando con la aparente cooperación de aquel hombre llamado Lao-tse, que vivió hace unos dos mil quinientos años.

¡Este paradigma funciona! He guiado a mucha gente a través de las siete preguntas que constituyen este nuevo y apasionante paradigma, y he visto cómo se producían grandes cambios, para mi complacido asombro y el suyo. (Incluso he probado el paradigma en mí mismo, dando la vuelta como por arte de magia a algunos hábitos de pensamiento.) Examinando el sistema de sostén que los individuos han ido construyendo durante un largo período de tiempo, que muchas veces se remonta a la primera infancia, y sometiendo estos gastados pensamientos a los siete pasos del paradigma, descubro que las excusas empiezan a desvanecerse, siendo completamente sustituidas por pensamientos que hablan con fervor, casi a gritos. *¡Sí, puedes cambiar cualquier patrón de excusas, por muy largo o profundo que haya sido el proceso de condicionamiento!*

He visto a hombres y a mujeres diciendo adiós a una vida de sobrepeso o adicción a toda clase de sustancias, simplemente aplicando los principios inherentes al enfoque de la vida de «¡Basta de excusas!». Si estás interesado en serio en cambiar los viejos hábitos de pensamiento que te llevan a utilizar excusas como justificación para seguir igual, te animo a seguir las prácticas que se explican en estas páginas.

El gran poeta Rainer Maria Rilke comentó una vez que «detrás del mundo que delimitamos a base de nombres está lo que no tiene nombre: nuestro verdadero arquetipo y hogar».

Yo añadiría: «Detrás del mundo que tus excusas describen, está el Gran Tao; deja que guíe tu vida y todas aquellas excusas se desvanecerán para que al fin puedas llegar a casa de una vez por todas».

WAYNE W. DYER
Maui, Hawai

¡No te creas todo lo que piensas!

PRIMERA PARTE

Identificar y eliminar el pensamiento habitual

> La naturaleza esencial de todo ser humano es perfecta e impecable, pero después de años de inmersión en el mundo, olvidamos fácilmente nuestras raíces y adoptamos una naturaleza falsa.
>
> LAO-TSE

1

Sí, puedes cambiar los viejos hábitos

> No estaba besándola. Estaba susurrándole en la boca.
>
> CHICO MARX
> (Respuesta a su mujer, que le ha pillado besando a una corista)

> Una excusa es peor y más terrible que una mentira.
>
> ALEXANDER POPE

Se suele decir que los viejos hábitos no se dejan matar, implicando que es casi imposible cambiar los patrones de pensamiento establecidos desde hace mucho tiempo. Sin embargo, el libro que tienes en las manos se creó partiendo del convencimiento de que sí se pueden erradicar viejas y arraigadas maneras de pensar y actuar. Además, el método más efectivo para eliminar pensamientos habituales consiste en trabajar con el sistema mismo que creó y sigue manteniendo esos hábitos de pensamiento. Este sistema está formado por una larga lista de explicaciones y defensas que se puede resumir en una sola palabra: excusas. Así pues, el título de este libro es una frase dirigida a ti, y también a ese sistema de explicaciones que has creado. Mi intención es que todas las excusas desaparezcan.

¿Puedo introducir grandes cambios en mi manera de vivir? ¿Es posible cambiar pensamientos y conductas derrotistas que me han acompañado de manera constante desde que tengo memoria? ¿De verdad puedo dar media vuelta y desprogramarme, si nunca he conocido otra manera de pensar y actuar? He estado deprimido [o he sido testarudo, obeso, asustado, torpe, desafortunado, o cualquier otra descripción que quieras insertar aquí] *toda mi*

vida. ¿Es factible o práctico que piense en eliminar estas viejas y familiares maneras de ser, y abrirme a un nuevo yo?

Este libro es mi respuesta a estas preguntas. Sí, hay una manera a tu alcance, aquí mismo y ahora mismo. Puedes desprenderte de cualquier idea no deseada pero permanente que se haya convertido en tu definición de ti mismo. «¡Basta de excusas!» es un método efectivo y fácil para eliminar hábitos de pensamiento muy arraigados que te impiden ser la persona que querrías ser.

El poder de tus creencias para mantenerte atascado es enorme. Esas ideas profundamente arraigadas actúan como cadenas que te impiden experimentar tu destino exclusivo. Tienes la capacidad de aflojar esas cadenas y hacerlas trabajar para ti, en lugar de contra ti, hasta el punto de poder alterar lo que tú creías que eran explicaciones científicas de tus limitaciones y características humanas. Me estoy refiriendo a cosas como tu constitución genética, tu ADN o el condicionamiento temprano que se te impuso cuando eras un embrión, un bebé y un niño. Sí, has leído bien. *Tus creencias, todos esos patrones de energía sin forma que has adoptado como imagen propia, tienen la capacidad de cambiar espectacularmente y darte el poder para superar características no deseadas, o lo que tú supones de mala gana que es tu destino.*

Las implacables ciencias de la genética, la medicina, la psicología y la sociología pueden hacer que te sientas impotente para superar hechos «demostrados» que se dice que determinan prácticamente todo lo que tiene que ver contigo. «No puedo evitar pensar así... Siempre he sido así. Es mi naturaleza y no se puede cambiar. Es lo único que conozco. Al fin y al cabo, te apañas con lo que se te da, y le sacas el mejor partido.» Todo esto son lamentos de los que optan por utilizar excusas para explicar sus vidas. (Nota: yo utilizo la palabra «excusas» para lo que muchos llaman «maneras de ser condicionadas».)

Todos los pensamientos limitadores que utilizo para explicar por qué no estás viviendo la vida plenamente —de modo que te sientas motivado, satisfecho y completamente vivo— puedes afrontarlos e invertirlos, por mucho tiempo que lleves sosteniendo esa creencia y por muy arraigada que esté en la tradición, la ciencia o la experiencia de la vida. Aunque parezcan obstáculos insuperables, puedes superar esos pensamientos, y puedes empezar por fijarte en cómo han estado funcionando para limitarte. Después puedes emprender un trabajo de desprogramación que te permita vivir una vida sin excusas, un día cada vez, un milagro cada vez, una nueva creencia cada vez.

La última palabra en creencias

¿Alguna vez has querido cambiar algún aspecto de tu personalidad, pero otra parte de ti insistía en que era imposible porque tu programación genética es responsable de cómo piensas, sientes y te comportas? Esa segunda parte de ti cree en genes que determinan biológicamente la infelicidad, la timidez, la obesidad y la mala suerte, entre otras muchas cosas. Te dirá que, debido a las cartas que te han dado, tienes un conjunto de genes del sufrimiento, junto con un buen lote de genes del aumento de peso, si esos son los aspectos que quieres cambiar. Esa parte de ti quiere ayudar, pero aunque lo más probable es que quiera protegerte de la decepción del fracaso, te mantiene atascado en una vida movida por excusas. Utilizar la excusa de la programación genética para no hacer nada con las características personales que te desagradan es algo popular y claramente aceptable en la cultura actual.

Por ejemplo, utilizando como racionalización la mencionada excusa de la predisposición genética, vivir en constante o innecesario terror se podría explicar diciendo que tienes una superabundancia de células del miedo, y no puedes hacer otra cosa. De este modo se formula una excusa formidable. No es de extrañar que una parte de ti se rebele cuando intentas ser valiente, ya que esa parte cree que *no puedo cambiar mi biología*.

Una sensación de impotencia se apodera de ti cada vez que hay que alterar algo que está tan establecido que tú lo sientes como si eso fueras tú. Esto es particularmente cierto cuando observas rasgos y características que han estado contigo desde que tienes recuerdos. Y como para grabar más profundamente en tu visión general del mundo la idea de que «siempre has sido así», la parte limitadora de ti insiste: *No se puede hacer nada; al fin y al cabo, no puedo cambiar mi biología básica.*

Pues disculpa: gracias a los principios que comunico en este libro, te aseguro que puedes.

La creencia de que no podemos cambiar nuestra biología está empezando a ser discutida por científicos dedicados a la biología celular. Parece que los humanos sí que tienen la capacidad de cambiar e incluso invertir algunos de sus planes genéticos. La sinceridad y la curiosidad, junto con el deseo de librarse de las excusas, son los requisitos básicos para aprender acerca de la fascinante evidencia de la predisposición genética.

Uno de los pioneros de la nueva manera de entender el ADN, el doctor Bruce Lipton, es un biólogo celular que daba clases a estudiantes de medicina hasta que dimitió para dedicarse plenamente a investigar y dar conferencias. En un libro fundacional titulado *The Biology of Belief*, Lipton escribió que la vida no está controlada por genes; de hecho, sus investigaciones le llevaron a la conclusión de que son estrictamente planos del organismo. La energía invisible y sin forma que constituye el entorno de los genes es el arquitecto que transforma el plano en este misterio que llamamos vida. Citando cientos de resultados de investigaciones, Lipton llegó a la conclusión de que el viejo modelo médico que describe los elementos fundamentales de la vida como partículas físicas es equívoco, incompleto y, en la mayoría de los casos, falso. Empieza a ponerse en tela de juicio el tratamiento de enfermedades casi exclusivamente con drogas o cirugía para facilitar la curación.

Las conclusiones de Lipton le llevaron a dimitir de su puesto en la facultad de medicina de la Universidad de Wisconsin, porque descubrió que lo que había estado enseñando (el modelo de partículas físicas como fuerza controladora de la vida) era incorrecto. Se dio cuenta de que tanto el cuerpo humano como el universo mismo tienen una naturaleza mental y espiritual. Hay un campo de energía invisible, totalmente carente de propiedades físicas, que crea las partículas que llamamos «células», y este campo invisible es el único controlador del cuerpo. Así pues, dado que el cuerpo no es exclusivamente una máquina física, todos podemos descubrir cómo controlar nuestra salud e influir en ella.

Aún más asombroso es el descubrimiento de Lipton de que nuestros sistemas personales de creencias, incluyendo nuestras percepciones, tienen la capacidad de triunfar sobre nuestro patrimonio genético y nuestro ADN celular. Es posible influir en las partículas infinitesimalmente pequeñas que creíamos que eran los últimos determinantes de nuestras vidas. Es decir, cuando cambiamos nuestra manera de pensar y aprendemos nuevas maneras de percibir, podemos cambiar nuestro ADN.

En otras palabras, puedes influir en tu estructura genética y alterarla, modificando tu visión de ti mismo y de tu lugar en este glorioso misterio que llamamos vida. *Tus percepciones tienen el poder de cambiar tu constitución genética; tus creencias pueden controlar y controlan tu biología.* Esto puede sonar radical e incluso imposible, pero es este conocimiento el que te llevará a decir adiós a las excusas que has adoptado sin darte cuenta.

Te animo a sumergirte en *The Biology of Belief*. Te inspirará para reacondicionar tu mente a la posibilidad de que tus creencias tengan más peso del que sospechabas a la hora de determinar lo que puedes hacer, lo que emprenderás y hasta dónde eres capaz de llegar. Ahora echemos un vistazo a otra investigación que te ayudará a darte cuenta de lo que eres capaz de conseguir.

El efecto placebo

Que la mente controla el cuerpo es algo indiscutible. Probablemente has oído hablar de estudios documentados en los que un grupo de control recibió pastillas de azúcar creyendo que eran un remedio para, por ejemplo, la artritis, y que resultaron ser tan efectivas como el medicamento que se administraba para la artritis. Al parecer, este efecto placebo se debe a la creencia en la eficacia de la pastilla. Pero consideremos lo poderosa que es la mente cuando en vez de administrar pastillas de azúcar pasamos al mundo de la cirugía.

Un estudio de la facultad de medicina de Baylor, publicado en 2002 en el *New England Journal of Medicine*, evaluaba la cirugía en pacientes con grave y debilitante dolor en las rodillas (Moseley et al., 2002). El doctor Bruce Moseley, principal autor del estudio, «sabía» que una operación de rodilla ayudaba a sus pacientes. «Todo buen cirujano sabe que en cirugía no existe el efecto placebo.» Pero Moseley estaba intentando averiguar qué parte de la cirugía aliviaba a sus pacientes. A los pacientes del estudio se los dividió en tres grupos. En uno de los grupos, Moseley rebanó el cartílago dañado de la rodilla. En otro grupo, limpió la articulación de la rodilla, eliminando material que se pensaba que causaba el efecto inflamatorio. Ambas operaciones son tratamientos habituales para las rodillas artríticas. Al tercer grupo se le aplicó una «falsa» cirugía. Se anestesió al paciente, Moseley hizo tres incisiones típicas y después habló y actuó como hubiera hecho en una operación real. Incluso chapoteó con agua salada para simular el sonido del procedimiento de lavado de rodilla. Al cabo de cuarenta minutos, Moseley cosió las incisiones como si hubiera realizado la operación. A los tres grupos se les prescribió el mismo tratamiento postoperatorio, que incluía un programa de ejercicios.

Los resultados fueron sorprendentes. Sí, los grupos que fueron operados mejoraron, como era de esperar. ¡Pero el grupo placebo mejoró tanto como los otros dos grupos! A pesar de que cada año se hacen seiscientas cincuenta mil operaciones de rodillas artríticas, que cuestan unos cinco mil dólares cada una, los resultados estaban claros para Moseley: «Mi habilidad como cirujano no beneficiaba nada a aquellos pacientes. Todo el beneficio de operar la osteoartritis de la rodilla estaba en el efecto placebo». Los noticiarios de televisión ilustraron gráficamente los asombrosos resultados. Se pasaron filmaciones de miembros del grupo placebo caminando y jugando al baloncesto, es decir, haciendo cosas que decían que no podían hacer antes de la «operación». Los pacientes placebo no supieron hasta después de dos años que su operación había sido falsa. Un miembro del grupo, Tim Perez, que antes de la operación tenía que andar con bastón, ahora puede jugar al baloncesto con sus nietos. Y en una entrevista en el Discovery Health Channel resumió el tema de este libro: «En este mundo todo es posible si pones tu mente a ello. Sé que la mente puede obrar milagros» (Lipton, *The Biology of Belief*).

Yo creo que este tipo de investigaciones ofrece evidencias motivadoras para apuntarse al paradigma de «¡Basta de excusas!».

Otro procedimiento reciente puede invertir por completo un antiguo modelo médico. Parece que un hombre se cortó accidentalmente la falange superior del dedo índice y que, alterando las instrucciones genéticas, un equipo médico consiguió que le creciera en cuatro semanas una nueva punta del dedo, de 1,25 cm de longitud. Los dedos están programados genéticamente para rechazar las infecciones cuando se produce una herida de este tipo, así que el equipo médico sustituyó la punta cortada del dedo por células madre programadas para desarrollar un dedo. La nueva punta del dedo incluía carne, uña y cutícula. Se alteró el funcionamiento del ADN de este hombre introduciendo instrucciones recién programadas.

En numerosos estudios sobre depresión aguda, enfermedades cardíacas, artritis reumatoide, úlceras e incluso cáncer, el poder de la mente para superar estos trastornos triunfa sobre la práctica médica convencional, que trata las células en lugar del entorno en el que estas residen. La nueva biología está indicando con claridad que las creencias —algunas de las cuales son conscientes, pero la mayoría son subconscientes (o habituales)— determinan nuestra salud física y mental, además de nuestro nivel de felicidad y éxito.

El escritor James Allen comentó que «no atraemos lo que queremos, sino lo que somos». He reflexionado mucho tiempo sobre esta idea. Hasta hace poco, aceptaba la idea de que lo que somos está bastante determinado por complejos procesos genéticos y por las cadenas de ADN heredadas de nuestros padres y antepasados. Pero he cambiado de opinión. Mi nueva filosofía personal es que lo que soy está determinado en primer y principal lugar por lo que creo, y eso me lleva a concentrarme conscientemente en el hecho de que los rasgos o limitaciones heredados de mis antepasados no son, ni mucho menos, la última palabra. Ahora para mí hay una sorpresa encerrada en las palabras de James Allen: *al cambiar lo que creo, cambio lo que soy*. Como consecuencia de este cambio en mis creencias, he atraído a mi vida algunos aspectos nuevos y maravillosos, incluido el impulso de escribir este libro y compartir contigo sus revelaciones.

Mientras te abres paso a través de estas páginas, recuerda que *eres lo que crees, no lo que se te dio genéticamente*. Si te concentras en que eres un conjunto de creencias, sintonizarás con los mismos tipos de energía. A medida que lees, recuérdate que atraes lo que eres, no lo que quieres; y que tú eres tus creencias, no tus células. Como explica *The Biology of Belief*, tu actividad mental es lo bastante fuerte para superar a las partículas materiales y a las influencias del condicionamiento y la programación que adoptaste sin darte cuenta en tus años de formación.

Tu persistente programación temprana

Además de nuestra dotación genética, la otra gran excusa que la mayoría de nosotros utiliza para justificar la infelicidad, la mala salud y la falta de éxito es el condicionamiento familiar y cultural con el que se nos programó. En este aspecto, existe un fascinante campo de investigación que se llama memética y se ocupa de la mente, y que es análogo a la relación de la genética con el cuerpo. Así como la unidad básica de la genética es el gen, la unidad básica de la memética es el meme. Pero a diferencia de un átomo o un electrón, el meme no tiene propiedades físicas. Según Richard Brodie, en su obra *Virus of the Mind*, es «una idea, creencia o actitud de la mente que se puede propagar a y desde las mentes de otras personas».

Richard Dawkins, el biólogo de Oxford que acuñó la palabra «meme», describe el proceso en su libro *El gen egoísta*. Tal como yo lo entiendo, la memética se deriva de la palabra «mímica», que significa observar y copiar una conducta. Esta conducta se repite y se transmite a otros, y de este modo avanza el proceso de imitación. El punto clave es este: *transferir a otros una idea, actitud o creencia es algo que se hace mentalmente*. No encontraremos memes con un microscopio, por mucho aumento que tenga: pasan de mente a mente a base de cientos de miles de imitaciones. A los seis o siete años de edad, todos estamos ya programados con un vastísimo inventario de memes que actúan de manera parecida a un virus. No son necesariamente buenos ni malos. Simplemente, se propagan con facilidad por toda la población.

Una vez que un meme entra en tu mente, puede influir e influirá sutilmente en tu conducta. Esta es una de las maneras en que adquieres una enorme cantidad de excusas que te mantienen atado a hábitos de conducta. Por ejemplo: «Mis memes me obligaron a hacerlo. No puedo evitarlo. Estas ideas (creencias, actitudes) se me han transmitido de mente a mente desde hace generaciones, y no puedo hacer nada acerca de mi manera de pensar. Estos memes han sido los elementos con los que se construyó mi mente, y no puedo desprogramarme de estos virus de la mente, que no paran de replicarse y propagarse. Estas ideas (memes) forman parte de mí hasta el punto en que es imposible "desinfectarme" de los resultados de todos estos virus de la mente». Cada excusa sobre la que leerás en este libro es, en realidad, un meme que una vez se plantó en tu mente.

Richard Brodie utiliza la palabra «virus» para describir lo que ocurre en la mente cuando se imita y se repite. El objetivo fundamental de un virus es hacer el mayor número posible de copias de sí mismo, penetrando siempre que aparece una abertura y propagándose a tantos huéspedes como sea posible. De manera similar, tú eres huésped de incontables memes; son los pensamientos arraigados y las particularidades de conducta de tu personalidad. Te has pasado años repitiendo y replicando ideas que viajaban de una mente a otra, difundiendo esas ideas y creencias a muchos otros.

Los memes son difíciles de extirpar porque se han convertido en lo que tú crees que eres. Librarse de ellos es como intentar deshacerse de uno de tus órganos vitales, y te quita energía vital. De hecho, muchos memes fueron firmemente implantados por tus padres durante tus primeros años de vida en familia, y no sería raro que llegaran a ti fácilmente transferidos desde tus abuelos. Dado que las ideas quedan fijadas en tu mente aunque procedan de otras mentes, se convierten en tu realidad, y con frecuencia en tu vida entera.

Personalmente, me resulta fascinante que existan unidades pequeñas e invisibles que yo permití que me implantaran en la mente y que aún siguen influyendo en mi manera de pensar y actuar. Es más, he cogido estos virus de la mente y se los he pasado a mis hijos... Sin darme cuenta, me he convertido en un portador.

He aquí algunos ejemplos que continúan surgiendo en mi vida:

Me crié con una mentalidad de la Depresión. A pesar de que nací en 1940, cuando la Gran Depresión ya terminaba, mis padres y abuelos vivían malos tiempos económicos y me comunicaron muchos de sus mensajes de escasez. *No gastes a lo loco; ahorra para el futuro, porque las cosas se pondrán peor; hay escasez en todas partes; los suministros de alimentos son mínimos; no desperdicies nada; cómete todo lo que tienes en el plato; no tienes suficiente dinero...* Estas ideas me fueron transmitidas de manera invisible mientras yo crecía en el Medio Oeste durante los años cuarenta. Yo adopté o imité estas ideas y me dejé convertir en un instrumento de estos virus de la mente. Crecieron dentro de mí y yo los propagué por todos los sitios adonde iba, hasta que quedaron plenamente instalados en mi mente y en muchos de mis actos.

Aunque ahora tengo más de sesenta años, estos memes están muy vivos todavía, y siguen intentando replicarse y propagarse. Hasta cierto punto, cumplen una función, aunque de vez en cuando trabajan horas extras. Mi mundo no está amenazado por la pobreza, por ejemplo, pero aún soy una persona muy cuidadosa con el dinero, que prefiere ahorrar y no tirar cosas que conservan cierta utilidad. Respeto estas actitudes, que sin duda se originaron en mi infancia, cuando fueron programadas en mi mente subconsciente y habitual. Pero ¿de verdad necesito recuperar tubos de pasta de dientes usados que mis hijos tiraron a la papelera, y exprimirles con mucho esfuerzo otras dos semanas de producto... cuando he ganado dinero suficiente para comprar la fábrica de pasta de dientes?

He aquí otro virus mental que he observado últimamente: debo de haber imitado el enfurruñarme cuando no me salgo con la mía, cuando era el menor de tres hermanos o en una serie de casas de acogida, porque recuerdo mis formas adultas de enfurruñamiento (poner mala cara e incluso gritar) cuando tenía treinta y tantos o cuarenta y tantos años. Hace poco, estaba solo en mi despacho y me sentía frustrado porque no encontraba algo que necesitaba. A medida que aumentaba mi frustración, me iba poniendo cada vez más irracional: levanté la voz, protesté en voz alta (a pesar de que allí no había nadie más), dije palabrotas y anduve a zancadas por toda la casa hasta que me quedé aturdido y con el estómago revuelto. Este incidente duró uno o dos minutos, y después me calmé por fin y encontré el libro al que yo consideraba culpable de mi drama privado.

¿Por qué estoy confesando esta escena ridícula, dado mi deseo de que me vean como un maestro espiritual racional? Porque ilustra un argumento de este primer capítulo. Cuando era un embrión, un bebé, un niño, debí de observar este tipo de conducta y la imité. El meme me infectó, replicándose y propagándose desde la mente de un pariente o amigo hasta la mía. Y ahora, unos sesenta años después, puede que tenga instalada una excusa para comportarme de manera lo bastante irracional para avergonzarme de mi comportamiento infantil y ponerme enfermo. La excusa está a mano para que yo la utilice: *Siempre he reaccionado exageradamente a la frustración; eso forma parte de mí. No tengo ningún control cuando me pongo a dar zancadas y culpar a quién sabe qué, diciendo palabrotas y quedándome inmovilizado porque no puedo soportar mi frustración.* Las posibilidades son inagotables para excusar esa conducta, pero la pregunta que tengo que plantearme es: *¿De verdad quiero aferrarme a estos hábitos de conducta que son capaces de ponerme enfermo?*

Igual que yo, tú tienes miles de ideas y actos imitados, que absorbiste mediante el contacto con otros individuos en el entorno de tu infancia. Cuando los virus mentales te son útiles, es un placer observarlos y expresar gratitud en silencio. Pero cuando siguen atormentándote toda tu vida, impidiéndote cumplir tus deseos, lo aconsejable es empezar a librarse de ellos. Porque ahora estos virus mentales, o memes, pueden actuar en tu contra de mil maneras, pero tú puedes cambiarlos. (Aquí me apresuro a añadir que haciéndome consciente de mi inclinación a utilizar viejas respuestas a mis frustraciones, respuestas que ya no son sensatas ni prácticas, y estando dispuesto a hacer el trabajo de desprogramación de mis hábitos de pensamiento, ahora soy consciente de esas tentaciones infantiles y elijo comportamientos más sanos. Y lo mejor es que así soy más eficaz al encontrar las cosas perdidas que antes me dejaban atontado.)

Pensar que siempre serás pobre, que tendrás mala suerte, que siempre serás demasiado grueso o demasiado delgado, que siempre tendrás una personalidad adictiva, que nunca atraerás a tu pareja del alma, que seguirás teniendo estallidos de ira, que siempre carecerás de habilidad musical, artística o atlética, o que siempre serás tímido porque siempre te has sentido así... son excusas. Y cuando las ves como lo que son, puedes eliminarlas. En cambio, si estás convencido de que son rasgos de personalidad y hábitos de pensamiento firmemente arraigados y que no se pueden combatir, cuando parezca que la vida no coopera te chuparás simbólicamente el pulgar y te echarás a llorar. Pero créeme, es mucho más energizante y satisfactorio practicar el sistema de «¡Basta de excusas!». Utilizar un nuevo conjunto de hábitos de pensamiento mejorará tu vida y te ayudará a atraer todo lo que eres realmente. Y al mismo tiempo, estarás modelando una nueva y mejor manera de vivir para la gente que te rodea y que son víctimas desprevenidas del virus de la excusa.

Has sido una superestrella memética desde que naciste, imitando creencias y conductas de otras influencias, además de tu familia y tu estructura social. Las influencias de tu formación religiosa, de tu cultura étnica, de los programas y anuncios de televisión, etcétera, se han convertido en una parte fija de tu mente habitual. No tengo intención de examinar todas las maneras en que has adquirido creencias, porque eso es algo que solo tú puedes hacer. Estoy escribiendo este libro para ayudarte a adquirir conciencia de las excusas que utilizas para comportarte de maneras que no te ayudan a conseguir el nivel de salud, felicidad y éxito que deseas. Estoy de acuerdo con el emperador romano Marco Aurelio, célebre por su inteligencia como líder y por su conciencia espiritual. Se cuenta que dijo: «Nuestra vida es lo que nuestros pensamientos le hacen ser».

Tus maneras de actuar se apoyan en tus patrones de pensamiento; es decir, tus ideas te resuelven o te arruinan la vida. Aunque algunas funcionan a nivel consciente y son fáciles de reconocer, otras están profundamente incrustadas en tu subconsciente. Sin embargo, yo prefiero llamar «mente habitual» a esa parte de ti tan intensamente programada que es casi una segunda naturaleza automática.

Para mí, «subconsciente» implica algo que está por debajo del nivel de conciencia creativa, una especie de entidad misteriosa que no se puede conocer. Dado que el tema central de este libro es que todo lo que se utiliza para explicar por qué piensas y actúas de maneras contraproducentes es una excusa, me parece que llamarlo «subconsciente» es insistir en esta idea: *No puedo evitarlo, no puedo hablar de ello, y desde luego no puedo cambiarlo; porque al fin y al cabo, está por debajo de mi nivel de conciencia, donde yo vivo mi vida.*

Personalmente, me resulta difícil trabajar con una parte de mí que no está dentro de mi vida consciente. Por eso prefiero llamar «mente habitual» a ese enorme depósito de vaciedad, que nos aleja a todos de nuestro *dharma* divino y de nuestro nivel óptimo de salud, felicidad y éxito. Y aunque estos tipos de pensamiento puedan parecer inalcanzables, te aseguro que saldrán a la superficie si adoptas una actitud «¡Basta de excusas!».

Adiós a las grandes excusas

Este primer capítulo te ha presentado recientes investigaciones y observaciones que están acrecentando nuestro conocimiento de la condición humana. Me propongo ayudarte a utilizar esta información para alterar las partes de tu vida que están incapacitadas por la vieja ciencia y el pensamiento antiguo. Para resumir, básicamente existen dos grandes excusas que todos utilizamos:

—La primera es: *De verdad que no puedo evitar ser como soy; al fin y al cabo, uno no puede cambiar su ADN. Mi constitución genética es la culpable.* La nueva biología dice que hay un campo de energía que rodea todas tus células y que está contenido en ellas, y este campo está influido por tus creencias. Además, a partir de este campo se crean todas las partículas. Es la única entidad que gobierna el organismo. Aproximadamente el 95 por ciento de la gente no tiene causas genéticas para la enfermedad, la depresión, el miedo o cualquier otro trastorno.

Ahora, en el siglo XXI, la ciencia te invita a dejar de creer que eres una víctima de tu dotación genética, porque <u>un gran volumen de evidencias demuestra empíricamente que tus creencias pueden cambiar tus genes</u>. Te animo a examinar esta fascinante idea más a fondo que lo que yo puedo ofrecer aquí. Hay una parte invisible de ti que puedes llamar inteligencia, función superior, Tao, pensamiento, fe, espíritu, Dios... tú eliges.

—La segunda gran excusa tiene sus raíces en tu primera infancia y el condicionamiento familiar. Te influye de tantísimas maneras que probablemente sientes que es un aspecto de tu vida del que es imposible librarse. Despídete también de esta. Aunque te han infectado con un meme de tradición, programándote para repetirlo y transmitirlo a las generaciones futuras, eso no significa que seas incapaz de desinfectarte y reprogramar tu mundo interior.

Estas curiosas no entidades llamadas memes son pensamientos que tú permites que te dominen. Y no te equivoques: todas las excusas que has utilizado en tu vida son en realidad memes disfrazados de explicaciones. No obstante, tú puedes desprogramarte de estos virus mentales. Al virus no le importa si está contribuyendo a tu bienestar o a tu malestar, porque solo quiere penetrar, replicarse y propagarse. Pero tú no tienes por qué ser víctima de algo que se transfirió de otra mente a la tuya. Tus creencias han hecho que estos memes parezcan tu segunda naturaleza. Pero las excusas son solo pensamientos o creencias, y tú eres quien decide lo que quieres guardar como guía de tu vida.

Un breve pasaje del Dhammapada da una idea de la ruta que los individuos recorren al avanzar hacia su perfección inherente y su realización. Saborea esta antigua sabiduría e incorpora su mensaje al moderno conocimiento de la genética y la memética: «Todo lo que somos es el resultado de lo que hemos pensado. Todo se basa en nuestros pensamientos. Está hecho con nuestros pensamientos. Si uno habla o actúa con un pensamiento puro, la felicidad le sigue como una sombra que nunca desaparece».

2

Tus dos mentes

> El infierno que habremos de padecer en el futuro, del que habla la teología, no es peor que el infierno que nos creamos nosotros mismos en este mundo, generalmente modelando nuestro carácter de manera equivocada... Nosotros tejemos nuestro destino, bueno o malo...
>
> WILLIAM JAMES,
> *Principios de Psicología*

Hace tiempo, me propuse estudiar el proceso de hacer grandes cambios mentales, utilizando actitudes y patrones de comportamiento que habían estado conmigo toda la vida. Durante varios años, analicé minuciosamente lo que hacía para eliminar antiguos patrones en mí mismo. Esta actividad me llevó a dudar de las creencias básicas acerca de la legitimidad de la autoridad ambiental y genética para determinar quién soy y qué puedo cambiar. Gracias a mi éxito en modificar mis pensamientos y, en consecuencia, mis actos, desarrollé un nuevo paradigma para eliminar hábitos de pensamiento no deseados y de toda la vida. A primera vista, gran parte de lo que estoy explicando aquí puede parecer radical e inconsistente con los principios académicos establecidos, psicológicos y sociológicos. Pues muy bien. Esto es lo que creo. Así es como yo lo veo.

En una excelente obra teatral en un acto de Jean-Paul Sartre titulada *Sin salida*, el personaje principal declara enfáticamente: «Un hombre es lo que quiere ser». Esta idea del poder de la voluntad es un tema central en muchos de mis anteriores escritos, y todavía suscribo firmemente la creencia de que todos tenemos dentro una fuerza invisible que reconocemos como voluntad. Pero también sé que hay muchas facetas de nuestras vidas que parecen estar fuera del alcance de la voluntad. Por ejemplo, a veces no basta con la voluntad para eliminar hábitos de toda la vida. Identificar y cambiar algunas ideas, sobre todo las que parece que han estado con nosotros desde siempre, exige un proceso perceptivo completamente nuevo.

En contraste con la frase de Sartre, Ralph Waldo Emerson ofrece esta: «El hombre es un río cuya fuente está oculta. Nuestro ser desciende a nosotros desde no sabemos dónde». En el siglo XVII, Benito de Spinoza hizo un comentario similar acerca de la mente humana, que yo leí en mis tiempos de estudiante y no he olvidado nunca: «La mente humana forma parte del intelecto infinito de Dios». Todavía me aplico esto cada vez que me preguntó cómo o por qué me meto en alguna de las muchas situaciones difíciles que me he buscado durante toda mi vida adulta.

La mente a la que se refiere Spinoza no tiene forma ni sustancia; está siempre funcionando —hasta cuando duermes— y lo más importante es que es tu conexión con la Fuente. Visto de este modo, es tu componente personal de Dios, que está siempre contigo y siempre dispuesto a serte útil para cumplir otro de los comentarios de Spinoza: «El bien supremo de la mente es el conocimiento de Dios». Sí, tu mente es en gran medida responsable de lo que eres y de en qué te conviertes, pero siempre hay una esencia escondida dentro de ti, en el lugar donde se originan tus pensamientos. Emerson sugiere que es un misterio «que desciende a nosotros desde no sabemos dónde».

Estas dos ideas acerca de la condición humana se combinan en ti para formar lo que yo llamo *dos mentes*: una, a la que solemos referirnos como la «mente consciente», es lo que yo llamo «conciencia creativa»; y la otra es la «mente habitual», que, como ya expliqué en el capítulo anterior, es como yo llamo a la mente subconsciente. Pero, tanto si se originan en la conciencia creativa como si lo hacen en la mente habitual, yo creo que todos los patrones de pensamiento que no mejoran y expanden tu desarrollo gozoso son excusas. Como verás, esto significa que tienes mucha más influencia de la que te han hecho creer para corregir y cambiar creencias o ideas ineficaces y dañinas.

Conciencia creativa (consciente)

En este paradigma, la mente consciente se describe con más precisión como mente consciente creativa. Esta mente no habitual, próxima a la superficie, toma infinitas decisiones acerca de la ropa que te pones, lo que comes, a qué citas acudes, a qué hora te vas a la cama, y otros miles de decisiones cotidianas en tu vida. Este lugar invisible y «desubicado» es la parte de tu cerebro que hace y anula planes, añade otros nuevos y piensa continuamente. Esta conciencia creativa está siempre ahí, hasta el punto de que cuando quieres desactivarla, puede resultar sumamente difícil hacerlo. Los pensamientos siguen fluyendo. Qué incalculablemente provechoso resulta considerar que esta vasta y misteriosa mente es en realidad una parte de la Fuente que lo crea todo, como da a entender Spinoza.

Y si tu mente es creadora, así como la mente de Dios es creadora del universo, entonces puede funcionar al nivel más alto que se pueda imaginar. La fuerza creativa no pide nada y no tiene ego: es simplemente un instrumento para dar, que está siempre proporcionando y ofreciendo, sin pensar en sí misma. Dicho de otro modo: la vocación más elevada de tu mente consciente creativa es ser el equivalente humano de la mente de Dios. Sin embargo, probablemente estarás de acuerdo en que la mayoría de tus pensamientos se centran en el relativamente minúsculo universo de tu persona humana.

Ten por seguro que puedes decidir aprender cómo cambiar tus pensamientos cotidianos, pasando del *¿Qué estoy haciendo? ¿Qué puedo conseguir? ¿En cuánto tiempo puedo conseguirlo?* al concepto de Spinoza, de descubrir esa parte de ti que funciona al máximo nivel y todo lo sabe. Esto puede parecer una fanfarronada, pero te garantizo que reprogramar tu mente consciente creativa es en realidad una tarea fácil. Los infinitos pensamientos de *yo, yo, yo* están cerca de la superficie y son muy susceptibles al cambio. (Tendrás oportunidad de practicar esto cuando estudies el paradigma para eliminar excusas en la tercera parte de este libro.)

La mente consciente creativa puede hacer casi cualquier cosa que tú le digas que haga: puede cambiar pensamientos siguiendo tus órdenes, practicar afirmaciones que tú has creado, flotar en feliz meditación si tú la invitas, y aprender casi cualquier habilidad nueva si tú insistes en ello. Puede pensar cualquier cosa que tú le digas que piense. A base de disciplina, esfuerzo y práctica continua, puede conseguir casi cualquier cosa en la que tú centres tus pensamientos.

El problema de la conciencia creativa es que sus constantes cambios y variaciones pueden abrumarte/desbordarte. Muchas veces se la llama «la mente mono», porque no para de moverse continuamente, primero pensando una cosa y después otra, y después otra más. La mayor parte de esta actividad mental cerca de la superficie está formada por intentos del ego de bailar al son de ritmos e influencias que están fuera de ti, probablemente no deseados e innecesarios, y que dirigen tu vida sin tu permiso. Tu conciencia creativa ha desarrollado una conexión débil, llena de ruidos de fondo, y por eso las señales que llegan desde una parte del intelecto infinito de Dios son acalladas por un acompañamiento creado por el ego que emite: *¿Qué puedo sacar de esto? ¿Qué tal aspecto tengo? ¿Cuánto dinero puedo ganar? ¿Cómo puedo adelantarme? ¿A quién tengo que agradar? ¿Por qué se me exige tanto?* Estos pensamientos van y vienen constantemente, se van y vuelven a venir.

Hay evidencias estadísticas de que la mente consciente representa aproximadamente el 5 por ciento de las actividades totales del cerebro, dejando un 95 por ciento al reino de lo subconsciente. Los porcentajes me interesan menos que la capacidad de sentir tu mente, no como un componente amorfo de tu ser que está constantemente cambiando de un pensamiento creado por el ego a otro, sino como una evidencia de tu naturaleza, de tu conexión con el intelecto infinito de la creación. Este tipo de respeto magnífico te alerta de tu capacidad de acceder a la función más elevada de tu mente.

La mente habitual (subconsciente)

Según Tor Nørretranders, autor de *The User Illusion*, se ha calculado que la mente subconsciente procesa millones de estímulos ambientales por segundo, mientras que la mente consciente solo puede procesar unas pocas docenas de estímulos ambientales por segundo. La sabiduría psicológica convencional dice que gran parte de lo que crees de ti mismo, y casi todas tus acciones cotidianas, están programadas en tu mente subconsciente o habitual. Te pasas gran parte de tu tiempo funcionando en piloto automático, por así decirlo. De hecho, podrías visualizar tus dos mentes como copilotos: la mente consciente tiene conciencia de sus pensamientos, pero es un actor secundario, como un piloto entrenándose, mientras que el subconsciente se ocupa de casi todo lo que necesitas pensar, decir o hacer.

No estoy de acuerdo con esta idea de que la mente habitual dirige la función, haciendo todo aquello a lo que la mente creativa no presta atención. Según este concepto, la mente habitual es como un ordenador ejecutando un programa instalado que seguirá funcionando toda tu vida: ha sido programada de manera permanente desde el momento de la concepción, y es casi imposible obtener nuevo *software* para modificar los programas existentes. Simplemente, no puedo aceptar que una parte de tu mente se nutrió de ideas, imágenes y estímulos que hoy siguen siendo necesarios para tu mantenimiento. Sostengo que esta es una creencia falsa, que enseguida se revela como una excusa. No creo que nadie tenga que vivir convencido de que tiene una programación en su mente subconsciente que no se puede modificar. Voy a explicar mi punto de vista sobre esta cuestión.

Si eres como eres por alguna causa subconsciente —es decir, por debajo de tu nivel de conciencia despierta—, entonces está claro que no puedes hacer nada al respecto. Ni siquiera puedes hablar del asunto, ya que está fuera de tu mente consciente. Por la misma razón, no puedes comprenderlo; no puedes luchar contra ello; y, por encima de todo, no puedes cambiarlo ni arreglarlo. ¿Cómo puedes arreglar algo que es completamente inaccesible? Sería como intentar reparar un reloj estropeado que está encerrado en una cámara acorazada: evidentemente, necesitarías la combinación para entrar en ese espacio previamente inaccesible.

Si algo es subconsciente y, por lo tanto, automático, se supone que no tienes otra alternativa. Y para mí, eso es lo más lamentable de este modelo del subconsciente: creer que no tienes alternativas. Lo cierto, tal como yo lo veo, es que todo lo que piensas, dices y haces lo has decidido tú, y no tienes por qué seguir pensando, hablando y actuando igual que lo has hecho toda tu vida. Cuando dejas de tomar decisiones, entras en el vasto mundo de las excusas.

Ahora mismo, mientras lees este libro, decide que vas a empezar a elegir en lugar de poner excusas. Puedes decidir al instante reprogramar y orientar tu vida hacia el nivel de felicidad, éxito y salud que tú prefieres.

He tenido una pauta fija desde la infancia, que tiene que ver con mi manera de nadar, cosa que hago cada día. Algunas personas que me habían observado braceando en el mar me habían dicho que nadaba como si me hubiera dado un ataque. Nunca presté mucha atención a lo que decían los demás hasta que descubrí que mi manera de mover los pies (empleando solo la pierna derecha, mientras la pierna izquierda permanecía inmóvil) estaba ejerciendo demasiada presión en mi espalda, causándome problemas de postura cuando practicaba yoga o, simplemente, me hacía viejo.

Cuando me aconsejaron que cambiara mi manera de nadar, utilizando las dos piernas a la vez, mi primera reacción fue pensar: *No puedo cambiar mi estilo de nadar. Llevo casi sesenta años haciéndolo así. Si hasta puedo competir, nadando al «estilo Dyer». Es algo que llevo incorporado después de miles de horas de natación, es un hábito subconsciente.* Sin embargo, después de poner a prueba las ideas que expongo en este libro, fui capaz de adoptar con bastante facilidad una nueva forma de nadar, aunque ya tenía sesenta y cinco años.

Igual que yo fui capaz de cambiar con bastante rapidez un hábito de sesenta años, tú puedes acceder al programa con el que estás operando examinando tus pensamientos. Tu mente habitual toma el mando cuando decides no hacer caso de tus creencias conscientes, limitándote a seguir actuando de las maneras que tienes programadas. Pero puedes activar tu mente creativa y explorar tus opciones. No te creas el viejo argumento de que una parte de ti es inaccesible, inalcanzable, o está enterrada a tanta profundidad que resulta imposible deshacer la programación de la infancia. Nunca lograrás reprogramar tu ordenador, ni tu mente, diciéndole que deje de vomitar la misma basura de siempre. Estarás atascado hasta que cambies a un nuevo sistema operativo o descargues unos cuantos archivos nuevos... pero primero tienes que saber que eso se puede hacer.

Piensa en las muchas maneras en las que te identificas a ti mismo, sobre todo en esa zona gris de los pensamientos profundamente arraigados. Identifica los programas de tu mente habitual que están tan anticuados que estorban el funcionamiento del sistema. Esas actitudes, creencias y pensamientos que no te sirven son excusas, destinadas a ser tiradas al cubo de basura.

Mark Twain hizo un maravilloso comentario sobre cómo se cambian los viejos e indeseados modos de pensar y actuar: «Un hábito es un hábito, y nadie puede tirarlo por la ventana; hay que empujarlo escalera abajo peldaño a peldaño». Mi objetivo es ayudarte a hacer bajar la escalera a esas maneras de pensar que te impiden vivir tu vida al nivel óptimo. Si esto te parece intimidante, debes saber que no tiene por qué ser una larga escalera de caracol que lleve años recorrer. O, empleando la metáfora del ordenador, tu sistema interno es tan capaz de cambiar como los sistemas operativos modernos. Con el paradigma «¡Basta de excusas!» que se explica en la tercera parte, es posible librarse de hábitos muy arraigados, ya se originaran genética o miméticamente.

Buscar en la parte de tu mente que funciona en piloto automático a consecuencia de una programación y condicionamiento tempranos no es, ni mucho menos, tan molesto como dejar que siga controlando tu vida. En realidad, no es nada complicado y no se tarda mucho tiempo en dejar los viejos hábitos y elegir nuevas opciones. Tú formas parte de la misma inteligencia que crea mundos; de hecho, tu mente es esa inteligencia. Sabiendo esto, ¿cómo puedes considerar que una parte de ti es inalcanzable o improgramable? Ninguna parte de ti es inalcanzable, por muy automática o habitual que se haya vuelto.

Puede parecer que ciertos aspectos de tu vida están gobernados por una fuerza de la que no eres consciente, y puedes sentir que no existe ninguna posibilidad de elección y que eres prisionero de tu catálogo de excusas. *No puedo evitarlo, es mi manera de ser, siempre he sido así.* ¡Menuda tontería! Lo cierto es que siempre que quieras puedes acceder a tu mente habitual y empezar a reprogramarla, cambiando pautas que puede que fueran útiles en otro tiempo, pero que ahora ya no te sirven.

Mírate a través de una nueva lente

La cita del principio de este capítulo la escribió hace casi ciento veinte años el padre de la psicología moderna, William James, que nos exhorta a ser conscientes del peligro de vivir como si no hubiera alternativas. Personalmente, estoy convencido de que todo el mundo tiene una capacidad de grandeza que trasciende todo lo que le han enseñado a creer, que todos los seres que han existido son en realidad una parte del poder de la intención que todo lo crea. Dado que todos somos fragmentos de la infinita fuente creadora, debemos decirnos constantemente «vengo de Dios y, puesto que debo ser como aquello de lo que procedo, soy un fragmento de lo Divino». Es imposible intentar imaginar que la fuerza espiritual que todo lo crea nos viniera con excusas, porque está creando a partir de su propia conciencia.

Ahora inclúyete en esa imagen. Aunque tu mente forma parte de la fuente ilimitada, se vuelve limitada cuando crees que es falible, débil, impotente o cualquier otro adjetivo que la aleja de la energía creativa. Cuando marginas a Dios de este modo, invitas a entrar al ego, conocido como el «falso yo» por los maestros espirituales de todas las escuelas.

Te invito a probar una nueva lente que te permite acceder a tu falso yo con sus toneladas de excusas (muchas de las cuales aparecen detalladas en el siguiente capítulo) y su creencia en las limitaciones. Dejando de lado a Dios, tu falso yo te obliga a renunciar a ideas que demuestran que eres un ser espiritual que está teniendo una experiencia humana temporal. El ego te da un motivo para crear las racionalizaciones y justificaciones que acabarán por dirigir tu vida. Llegan a estar tan incrustadas en lo que los científicos sociales llaman el subconsciente que tu mente habitual se convierte en una máquina de excusas.

Para mirar a través de tu nueva lente tienes que adquirir un conjunto de creencias que incluye tu naturaleza espiritual o divina. Al principio puede resultarte un poco extraño, incluso misterioso, pero debes estar dispuesto a permitir que tus sentidos se ajusten a esta nueva manera de ver. Abandona la idea de que tu constitución genética es estática. Con tu nueva capacidad para percibir el ego, te convertirás en un mago que destronará con facilidad al dictador que es tu falso yo, superando el condicionamiento temprano que te impusieron personas de tu entorno que habían dejado a Dios al margen.

Cuando te vayas acomodando a esta nueva manera de verte

a ti mismo, plantéate la siguiente pregunta: *Si nadie me dijera quién soy, ¿quién sería yo?* Medita en silencio sobre esto, pasando algún tiempo en la amplitud del no saber. Imagina que tu mente subconsciente no existe y que no existe un depósito para ir almacenando excusas durante tu vida. Solo existe un espacio abierto, despejado y acogedor dentro de ti: una tabula rasa, una pizarra sin nada escrito, con una superficie mágica a la que nada se adhiere. Puedes imaginar que tu mente consciente cotidiana simplemente no absorbe las opiniones de las personas con las que te criaste. En esta pequeña fantasía no ha habido nunca nadie que te dijera quién eres. Así que ¿quién eres?

Cuando yo hice este ejercicio, descubrí que mi respuesta a la pregunta fue simplemente *Sería lo que yo, y solo yo, decidiera ser en este momento y en todos los momentos futuros.* Como dice la canción, «tengo que ser yo», y eso significa deshacerme de todas las excusas que he acumulado. Mi vida habitual no se basaría en la programación que alguien me impuso de niño, porque nunca hubo nadie que me dijera quién soy. O, como enseña el Tao:

> Busca tu sustento en la naturaleza.
> Mira el gran y misterioso Tao (Dios)
> que no hace nada ni deja nada sin hacer.
> Observa cómo funciona el universo entero.
> y todas esas bellas criaturas centradas en el Tao.[1]

Las criaturas centradas en el Tao permiten, confían, viven aquí en el momento presente y puedes estar seguro de que no necesitan ningún tipo de excusas.

APLICA TU NUEVA PERSPECTIVA A LOS TIPOS MÁS
COMUNES DE EXCUSAS

Ahora me gustaría enseñarte cómo puedes adoptar el nuevo punto de vista que has adquirido mirando a través de tu nueva lente.

Las excusas basadas en la genética, la memética y la conc[...] están a punto de salir por la puerta.

Tu nueva visión de la programación genética

Seguro que te suena alguna variante de esta popular excusa: «*No puedo evitarlo, es cosa de familia*». Sin embargo, la nueva biología ha demostrado que las creencias pueden vencer al ADN, así que traslada lo que tú creías que era un hecho a la «carpeta de excusas», alterando el modo en que ves su autenticidad. Puedes cambiar lo que percibes como inmutable y fuera de tu alcance, eliminando excusas como las de tipo genético.

Lee lo que escribe Gregg Braden en su asombroso libro *The Spontaneous Healing of Belief*:

> Experimentos paradigmáticos publicados en revistas científicas de primera línea revisadas por expertos revelan que estamos bañados por un campo de energía inteligente que llena lo que antes se consideraba espacio vacío. Nuevos descubrimientos demuestran, más allá de toda duda razonable, que este campo responde a nosotros —se reorganiza— en presencia de nuestros sentimientos y creencias más íntimos. Y esta es la revolución que lo cambia todo.

He aquí dos ejercicios que se pueden practicar aplicando estas ideas a tu programa genético:

1. Ábrete a la idea, científicamente verificada, de que tus creencias tienen el poder de reorganizar y cambiar el mundo material. Empieza haciendo que esto sea particularmente pertinente para ti en tu destino físico y personal, pensando que hay más cosas posibles de este tipo que las que habías experimentado antes. Permite que estas nuevas ideas acerca de tu biología penetren con suavidad

en tu sistema de creencias. Anímate a considerar que tus creencias son cosas que te afectan, tal vez aún más que las partículas físicas. Si quieres, incluso puedes ver las creencias como no partículas del mundo inmaterial o espiritual.
2. Crea una afirmación que dé testimonio de esta nueva filosofía sin excusas de cara a la genética. Cualquiera de las afirmaciones de la siguiente lista podría servir, pero eres libre para aportar una de tu cosecha:
   - Puedo cambiar las enfermedades de mi cuerpo cambiando de creencias.
   - Tengo el poder de deshacer viejas ideas acerca de mi destino genético.
   - Si las mantengo y vivo siguiendo a mi corazón, mis creencias pueden inspirar nuevos talentos si yo lo deseo.
   - Puedo curar cualquier cosa curando primero mis creencias.
   - Me propongo mantener mis creencias por encima de todo, y me niego a culpar al mundo material de las deficiencias de mi vida.

Tu nueva visión de la programación memética

También esta es una categoría de excusas de la que probablemente has dependido para justificar por qué tu vida no es lo que de verdad quieres que sea. Son las grandes excusas de los virus mentales: *Mi familia me hizo como soy, y no puedo cambiar eso. Las experiencias de mi primera infancia y de todas las críticas injustas que recibí explican por qué tengo poca autoestima. Estoy atascado en este sitio porque he sido infectado por una multitud de virus mentales y hechos ambientales que me han dejado incapacitado para perseguir un destino más elevado. ¿Cómo puedo cambiar lo que he imitado y repetido durante tantos años? He sido infectado por virus mentales y es imposible cambiar.*

A continuación, dos ejercicios que deben practicarse aplicados a tu programa memético:

1. Piensa esto: *Creo que soy perfectamente capaz de superar cualquier condicionamiento infantil que he adoptado como parte de mi personalidad y de mi actual experiencia de la vida.* Debes saber que las investigaciones están demostrando que el poder del pensamiento está sintonizado con la mente universal, que muchos llaman «el Tao» o «Dios». Aférrate a esta idea por ahora; todo quedará más claro a medida que avances en este curso de «¡Basta de excusas!».
2. Convéncete de que cualquier cosa que se haya programado en ti y que actúe como un virus se puede desprogramar perfectamente si tú decides que el esfuerzo vale la pena. Recuérdate que, como ya no eres una víctima de creencias que fueron modeladas para ti cuando eras mucho más pequeño, utilizar estas creencias como excusas ya no es tu método. Por ahora, ni siquiera necesitas saber cómo desprogramarte o desinfectarte. Lo único que necesitas es creer que tienes esa capacidad y que empezará ahora.

He aquí una afirmación que te guiará hacia la conciencia y las respuestas: *Hoy soy mucho más poderoso que los viejos programas y virus mentales que absorbí en mi infancia.* Decirte esto hará que aparezca tu maestro interior.

Tu nueva visión de la conciencia creativa

La actividad cotidiana de tu conciencia creativa también utiliza abundantes excusas. Puede que pienses que no tienes ningún control sobre los pensamientos que aparecen en tu cabeza, pero considera esta radical idea: *Tus pensamientos no están localizados en tu cabeza.* El pensamiento es un sistema de energía que no se encuentra en ningún lugar del mundo físico. El universo mismo y todo lo que hay en él es a la vez mental y espiritual. Tú creas un campo de energía con tus pensamientos, y el campo crea todas las partículas, o lo que Lao-tse llamaba «el mundo de las diez mil cosas». Este campo de energía es una función importante del cuerpo; tu mente consciente está siempre funcionando y conectando con este campo del que deriva todo.

Practica estos dos ejercicios:

1. Calma la mente practicando meditación todos los días. Tal como escribió Sogyal Rinpoche en *The Tibetan Book of Living and Dying*, «El don de aprender a meditar es el mayor regalo que puedes darte en esta vida. Porque solo mediante la meditación puedes emprender el viaje para descubrir tu verdadera naturaleza, y así encontrar la estabilidad y la confianza que necesitarás para vivir y morir bien». Encuentra una manera de hacerte ese regalo y accede a tu mente creativa consciente eliminando pensamientos innecesarios, no deseados, superfluos, mediante la meditación.
2. Utiliza a diario proclamaciones positivas que realcen tu vida y te conecten con la amorosa fuente de todo. En lugar de permitir que tus pensamientos insistan en que algo está mal o en que falta algo, entrena tu mente creativa consciente con creencias como estas: *Lo que deseo ya está aquí, solo que aún no he conectado con ello. Soy imparable porque mis pensamientos están sintonizados con la mente o intelecto de Dios.*

Tu nueva visión de la conciencia habitual

En esta categoría encontrarás excusas como: *No puedo evitar ser como soy porque tengo programadas muchas ideas limitadoras. Es mi subconsciente, así que ni siquiera puedo entrar ahí y exami-*

narlo, y mucho menos desprogramarme. Si crees que tu mente está por debajo de tu nivel de consciencia, has creado una excusa que puedes usar siempre que resulte difícil cambiar de manera de pensar. Y si los pensamientos limitadoras llevan años contigo, parece una excusa perfecta. Así que deja de llamarla «mente subconsciente» y llámala «mente habitual».

La palabra «hábito» implica que has tomado las mismas decisiones durante mucho tiempo, y tus pensamientos y modos de actuar simplemente se han acostumbrado a cierta manera de ser. También da a entender que hay espacio para hacer que tus pensamientos sean menos automáticos y más sintonizados con el reino de las alternativas. Más adelante leerás acerca de la conciencia, que es una de las claves para introducir esta clase de pensamientos en tu experiencia cotidiana; pero, por ahora, practica los siguientes ejercicios para empezar a eliminar excusas de tu mente habitual:

1. Empieza por darte cuenta de lo que estás pensando, para así debilitar tu dependencia de las excusas de tu subconsciente. Puede serte útil repetir estas citas: «Toda ampliación del conocimiento llega a base de hacer consciente lo inconsciente» (Friedrich Nietzsche) y «Lo inconsciente [...] solo es peligroso cuando nuestra actitud consciente hacia ello es irremediablemente falsa» (de *El hombre moderno en busca de un alma*, de Carl Jung). Dos de los más grandes maestros del mundo afirman que puedes cambiar hábitos de pensamiento que antes eran inconscientes y pasarlos a tu mente consciente. Apoyarse en la excusa de una mente subconsciente es a la vez falso y peligroso.

    ¿Por qué no crear también tu propia versión de estas citas? Prueba algo parecido a: «Soy perfectamente capaz de entrar en mi propia mente y cambiar cualquier aspecto mío que se apoye en mis patrones de pensamiento habituales, incluso si a estas alturas parecen automáticos».

Di tu verdad de una forma que te ayude en tu decisión de librarte de esas excusas.
2. Convierte esto en un lema para tus pensamientos: *haz cosas buenas y no hagas cosas malas*. Los malos pensamientos te impulsan a enredarte en comportamientos limitadores; los buenos pensamientos, en cambio, apoyan tu deseo y capacidad de vivir en altos niveles de alegría, éxito y salud.

Escucha los consejos de la antigua China, atribuidos a un personaje de ficción llamado Nido de Pájaro:

> Hace mucho tiempo, vivía en China un monje que todos los días se subía a un árbol a meditar. Por mucho que el árbol se balanceara con los fuertes vientos y la lluvia, el monje se instalaba cómodamente en las ramas más altas. Debido a esto, los habitantes de la aldea más cercana le llamaban «Nido de Pájaro».
>
> Muchos de aquellos aldeanos pasaban por debajo del monje cuando iban de caza o a recoger leña en el bosque, y al cabo de algún tiempo se acostumbraron a él. Algunos empezaron a pararse a hablar de sus problemas con Nido de Pájaro. Les gustaban las cosas que él decía, y en poco tiempo Nido de Pájaro se hizo famoso por sus amables y consideradas palabras.
>
> Al cabo de unos años, la fama de sabio del monje se había extendido por toda la provincia. Al remoto bosque llegaban visitantes de ciudades lejanas en busca de consejo. Hasta el gobernador de la provincia decidió que a él también le gustaría visitar a Nido de Pájaro para discutir con él cuestiones de importancia. Y así, una mañana de primavera, el gobernador partió en su busca. Después de varios días de viaje, encontró por fin el árbol de Nido de Pájaro en el espeso bosque. El monje estaba tranquilamente sentado en las ramas más altas, disfrutando del sol y del canto de los pájaros en primavera.
>
> Mirando hacia arriba, el gobernador gritó:
>
> —¡Nido de Pájaro! ¡Soy el gobernador de esta provincia y he venido desde muy lejos para hablar contigo! ¡Tengo una pregunta muy importante!

El gobernador esperó una respuesta, pero solo oyó los agradables sonidos de las hojas agitadas por la brisa. Así que continuó:

—Esta es mi pregunta: dime, Nido de Pájaro, ¿qué es lo que han enseñado todos los sabios? ¿Puedes decirme qué fue lo más importante que dijo el Buda?

Hubo una larga pausa; de nuevo solo el suave rumor de las hojas.

Por fin, el monje gritó desde lo alto del árbol:

—Esta es tu respuesta, gobernador: No hagas cosas malas. Haz siempre cosas buenas. Eso es lo que enseñó el Buda.

Pero al gobernador esta respuesta le pareció demasiado simple, después de haber viajado dos días. Molesto e irritado, balbuceó:

—«No hagas cosas malas, haz siempre cosas buenas». ¡Eso lo sabía cuando tenía tres años, monje!

Mirando desde arriba al gobernador, Nido de Pájaro respondió con una sonrisa traviesa:

—Sí, los niños de tres años lo saben. Pero a un hombre de ochenta años aún le resulta muy difícil hacerlo.

Cuando te parezca difícil hacer cosas buenas, acuérdate de buscar al niño de tres años que llevas dentro, del que hablaba Nido de Pájaro. Hazte el regalo de oír pensamientos de una época en la que el condicionamiento todavía no estaba tan profundamente arraigado.

3

Tu catálogo de excusas

> No conozco un hecho más alentador que la incuestionable capacidad del hombre para elevar su vida mediante una iniciativa consciente.
>
> HENRY DAVID THOREAU,
> *Walden*

Tengo una innegable afinidad con la experiencia de Henry David Thoreau, que entró en comunión con la naturaleza en Walden Point (Massachusetts). He visitado muchas veces su casa en Concord, he meditado en su escritorio y he descansado en su cama para intensificar esta conexión mágica. La cita de esta página tiene para mí tanto significado que incluso me influyó al escribir este libro.

De vez en cuando se me ha acusado de ser una Pollyanna que ofrece esperanza a los desesperanzados. A algunos les parece ingenua mi filosofía acerca de la capacidad humana para elevar la vida a niveles superiores de paz, amor y alegría. Pero que me comparen con Pollyanna no me incomoda. Al fin y al cabo, era una niña que llegó a un pueblo donde la gente era miserable y pesimista, donde la perdición y la tristeza dominaban el ambiente. Y en poco tiempo, la energía de Pollyanna impregnó la comunidad. Su entusiasmo era contagioso, y la gente empezó a sentir esperanza, pasión y amor, en lugar de desesperación e indiferencia. Así que si tienen que compararme con alguien, me parece un honor que me vean como una Pollyanna. Seguro que muchos contemporáneos del señor Thoreau le aplicaron también a él una etiqueta similar.

Thoreau abandonó el mundo corrupto de la humanidad para vivir en el mundo natural, con los árboles, los animales y los elementos como maestros. Adquirió una conciencia extática de una corriente de vida que circula por todo el planeta, lo que le llevó a su optimismo acerca del potencial humano. Su mensaje es esencialmente este: *Percátate de que existe un aspecto incognoscible y extático de tu existencia. Has de saber que este elemento divino es una parte intrínseca de ti mismo. Empieza a confiar en tu naturaleza básica haciéndote consciente.* En otras palabras, ¡fuera excusas!

En la cita que abre este capítulo hay cuatro palabras que quiero resaltar: *alentador, incuestionable, elevar* y *consciente*.

1. Este libro te está *alentando* a enfrentarte a los patrones fijos y sentirte inspirado por una nueva conciencia de la vida oculta bajo tus excusas. Invítate a salir de los patrones de pensamiento establecidos, y date cuenta de que nada se interpone en tu camino hacia una vida a niveles superiores.
2. Tienes una capacidad *incuestionable* para eliminar las excusas: se levantarán y se irán en cuanto queden desenmascaradas como las falsas creencias que son. Eso, simplemente, es incuestionable.
3. *Elevarás* tu vida aceptando la responsabilidad por ser quien eres y por lo que estás decidiendo ser. Puedes trascender lo vulgar, mundano y mediocre con pensamientos de más alegría y significado; puedes decidir elevar tu vida, en lugar de tenerla estancada o deteriorarla con excusas. Ve más allá de donde estás ahora.
4. Puedes hacer *conscientes* tus deseos desconectando la energía de tu subconsciente para que no pueda seguir dirigiendo tu vida. Tu mente subconsciente (habitual) es accesible, de modo que puedes desenterrar las excusas enterradas en lo profundo de tu interior. ¡Hazte *consciente*!

Déjate *alentar* por la *incuestionable* capacidad que tienes para *elevar* tu vida mediante una iniciativa *consciente*. Recuerda estas cuatro palabras mientras estudias la siguiente lista de algunas de las excusas más comunes de las que probablemente te gustaría librarte.

Catálogo de excusas más comunes

En mis funciones de consejero, maestro y padre he oído muchas de las razones que utiliza la gente para explicar una existencia desdichada... y casi todas ellas entran inevitablemente en la gran categoría que yo llamo «excusas». El resto de este capítulo te presenta dieciocho de las excusas más utilizadas, junto con un breve comentario sobre cada una. Esto te servirá de guía antes de empezar a aprender el método «¡Basta de excusas!» que se detalla en el resto del libro.

Aquí las tienes, sin orden de preferencia:

1. *Será difícil*

Aunque esta pueda parecer una razón convincente, está claro que es una excusa ideada para desanimarte. Si eres sincero contigo mismo acerca de las dificultades que estás teniendo con una adicción, la obesidad, la depresión, la timidez, la baja autoestima, la soledad o cualquier otro aspecto de la vida, reconocerás el sufrimiento inútil al que te estás enganchando. Si de todas maneras va a ser difícil, ¿por qué no optar por un sufrimiento útil? Pero lo cierto es que no tienes absolutamente ninguna evidencia incontrovertible de que lo que te gustaría cambiar va a ser difícil de verdad. Tan probable es que te resulte fácil cambiar de manera de pensar como que te resulte difícil.

Hace décadas, cuando decidí dejar de fumar, por ejemplo, utilicé los principios de «¡Basta de excusas!». Fue estimulante para mí darme cuenta de que fumar era mucho más difícil que no fumar. Mi parte fumadora siempre tenía que tener un paquete de cigarrillos y un cenicero al alcance de la mano, llevar cerillas o encendedores, deshacerse de las cenizas, aguantar dedos malolientes y dientes manchados, ganar dinero para pagar este repugnante hábito, tener cuidado al exhalar humos nocivos, toser residuos de nicotina contenidos en los pulmones, comprar combustible y piedras para los encendedores, etcétera, etcétera. Lo cierto era que la verdadera dificultad era seguir fumando, y para quitarme del hábito solo necesité una cosa sencilla: no fumar.

Esto ocurre con prácticamente todos tus demás hábitos. Creer que va a ser difícil cambiarlos es solo una creencia. Hacer difícil algo en tu mente, antes incluso de emprender el esfuerzo, es una excusa. Como dijo un antiguo maestro taoísta, *en el mundo no hay nada difícil para los que ponen su mente a ello.*

2. Va a ser arriesgado

También esta puede parecer una buena razón, pero si eres tú el que se convence a sí mismo de que algo implica más riesgo del que eres capaz de asumir o para el que tienes fuerzas, esto es una mala excusa para no entrar en acción. Aquí lo único incuestionable es tu capacidad de decidir lo que vas a creer acerca de los inconvenientes de esta empresa.

A lo largo de los años, incontables personas me han dado las gracias por aceptar tantos riesgos al hablar tan fervientemente sobre las cosas en las que creo. Siempre me han desconcertado esas expresiones de gratitud, ya que nunca me ha parecido que estuviera siendo valiente al hablar de lo que pienso. Y aunque es indudable que un gran número de personas percibían como ofensivas mis opiniones y declaraciones, jamás se me ocurrió la idea de que ser yo mismo y estar dispuesto a expresar mi propia verdad implicara correr un riesgo.

No creo que nunca puedas estar seguro al cien por cien de que algo estará completamente libre de riesgos. En realidad, quedarse callado por miedo al castigo o las críticas puede ser lo más peligroso. Hablar con el corazón no siempre significa un aluvión de críticas; al fin y al cabo, aproximadamente el 99 por ciento de las veces, las reacciones que obtengo son positivas y reconfortantes.

El miedo que se siente al anticipar un riesgo solo sirve para impedir que emprendas acciones. Cuando te convences a ti mismo de que lo importante es evitar correr peligros, puedes continuar con tus hábitos de costumbre. Si estás acostumbrado a ir sobre seguro intentando agradar a todo el mundo, eres una víctima de tu propia producción de excusas.

El caso es que si temes las opiniones de otros —o si temes al fracaso o al éxito—, cualquier cosa que pienses o hagas implicará algún riesgo. Pero si estás dispuesto a vivir según tus convicciones y cumplir tu destino, lo que otros perciben como correr riesgos son simplemente las maneras que tú eliges para elevar tu vida. E incluso si crees que cambiar tu manera de pensar va a implicar riesgos, ¿qué pasa? La paz que sientes porque te negaste a preocuparte por el riesgo es mucho mejor que quedarse estancado en una creencia que en realidad es solo una excusa.

Como dijo una vez el escritor Logan Pearsall Smith, «¿Qué puede haber más mortificante que sentir que te has perdido la ciruela porque no tuviste valor para sacudir el árbol?».

3. *Se va a tardar mucho tiempo*

¿Esto es una razón válida o una excusa para no hacer nada? Si quieres elevar tu vida, la verdad es que no importa cuánto tiempo se tarde, ¿no? Y esto es particularmente cierto cuando eres consciente de que *vives tu vida, cada fragmento de tu vida, en el momento presente y solo en el momento presente*. Lo único que tienes y que tendrás es el ahora. Todo pensamiento ocurre en el momento presente, y todo cambio tiene un momento que lo define. Muchas veces se necesita algo o alguien de fuera de ti que te ayude a comprender esto.

Un ingenioso psiquiatra llamado doctor Murray Banks hace exactamente eso en el siguiente diálogo entre él y una mujer que ha decidido no volver a la universidad porque sería demasiado mayor cuando terminara.

—¿Cuántos años tendrá dentro de cinco, cuando termine esa licenciatura, si empieza ahora? —le pregunta.

—Cuarenta y nueve —responde ella.

—¿Y cuántos años tendrá dentro de cinco si no vuelve a la universidad?

—Cuarenta y nueve —responde la mujer, aparentemente confusa... pero con la mirada de quien se ha hecho consciente de las excusas que se ha inventado para no elevar su vida.

Tardarás lo que tardaras en crearte un hábito derrotista, lo hiciste día a día, momento a momento. No existe absolutamente ninguna prueba de que algo va a llevar mucho tiempo, ya que la idea misma de «mucho tiempo» es una ilusión: solo existe el ahora. Convierte este conocimiento en una parte de tu conciencia. El Tao Te Ching refuerza esto en la que seguramente es la frase más famosa de esta magistral obra: «Un viaje de mil millas comienza con un paso». Elévate o avanza en tu vida, no pensando a lo grande, en largos períodos de tiempo, sino con la conciencia enfocada en el momento presente.

4. Habría un drama familiar

Después de pasar muchos años como terapeuta familiar, he visto que mucha gente se queda estancada en sus modos habituales de pensar porque temen las críticas que podrían recibir si cambiaran. Y en mi programa semanal de radio (en HayHouseRadio.com®) recibo muchísimas llamadas telefónicas de individuos que insisten en seguir estancados debido a esta excusa. Cuando les animo a que cambien de manera de pensar, oigo habitualmente cosas como «Me gustaría intentar lo que usted propone, pero eso mataría a mis padres», o «Mi familia me repudiaría si hiciera eso. Es un precio demasiado alto». A no pocos les he oído decir que si su pareja muriera, sería una solución más sencilla que intentar cambiar.

Quiero dejar esto muy claro: yo creo en la familia. Tengo ocho hijos maravillosos, una madre nonagenaria a la que adoro, y dos hermanos a los que quiero mucho. Aprecio muchísimo a mi familia inmediata y a la más general.

Sin embargo —y eso es importantísimo—, vivir la vida que tú eliges implica estar incondicionalmente dispuesto a soportar las pedradas y flechazos que puedan llegarte cuando respondas a tu conocimiento interior en lugar de a las opiniones de tu familia. Probablemente, Samuel Butler sentía algo similar en 1902, casi al final de su vida, cuando escribió: «Creo que se produce más infelicidad por esta causa que por ninguna otra. Me refiero al intento de prolongar más de lo debido la relación familiar, y a mantener junta artificialmente a gente que nunca se juntaría de manera natural».

Tú no perteneces a tu familia inmediata; eres un miembro de la familia humana. Ni eres dueño de tus hijos ni eres una posesión de tus padres. No estás obligado a cumplir los deseos de tus familiares ni a aceptar un destino impuesto por ellos. Es importante saber conscientemente que estás aquí para crear tu música, y que no tienes que morir con tu música todavía dentro de ti. Cierto, eso puede provocar algún drama familiar, pero también es cierto que eso podría ser una simple excusa para no seguir tu camino. En mi propia experiencia, he ganado mucho más respeto que reproches de mi familia cada vez que me animo a vivir la vida que yo quiero.

Para ello tienen que desaparecer las excusas de este tipo: «No puedo decepcionar a mis abuelos o a mis padres. ¿Por qué tengo que ser yo el único que se rebele y quiera mudarse fuera de la ciudad? ¿O adoptar una nueva profesión? ¿O casarse con alguien de otra religión (o cualquier otra cosa que pueda provocar la desaprobación y censura de los familiares)?». Estos son pensamientos o memes basados en temores que se interiorizaron en la niñez, cuando parecían la única manera de asegurarte un puesto en tu «tribu». Pero lo que eran razones para el niño que eras entonces tienen que reconocerse como excusas para el adulto que eres ahora. No dejes que el miedo a los dramas familiares te impida cambiar patrones de pensamiento anticuados, innecesarios e indeseados.

5. *No me lo merezco*

En *Revolution from Within: A Book of Self-Esteem*, Gloria Steinem escribió que «La autoestima no lo es todo; simplemente, sin ella no hay nada». Creo que la falta de autoestima es la base de la excusa «no me lo merezco». La oigo en frases como estas: «Nada me sale bien», «Lo intento, pero no me sale nada... será que no soy digno de ello» y «otros salen adelante, pero supongo que yo no soy lo bastante bueno».

Estas excusas se basan en una creencia en la validez de tu indignidad. Es como si una parte de ti quisiera protegerte de lo que supone que sería el insoportable dolor de sentir que *tal vez tienen razón y no me lo merezco*. Si le preguntas a esa parte de ti por qué hace eso, tendrá buenas razones. Pero estas razones son en realidad mentiras, y funcionar bajo su dictado significa que estás viviendo una mentira. No te ganas el merecimiento: mereces tanto como cualquier otro todo lo que este glorioso mundo ofrece.

Creer que no eres lo bastante bueno para tener felicidad ilimitada, éxito y salud es una colosal fabulación que no tiene nada que ver con la verdad de tu vida actual. Te mantiene desanimado con una excusa bienintencionada para protegerte de emprender acciones. Pero no te está protegiendo; te está impidiendo hacerte consciente de tu incuestionable dignidad. En la presencia del ahora, esta excusa no tiene lugar en tu vida.

6. No es *mi manera de ser*

Las frases pertenecientes a esta categoría son más o menos así: «Siempre he sido así; no puedo evitarlo», «Nací con estos rasgos de personalidad», «Nunca he sabido pensar de otro modo» y «Sí, es mi manera de ser, así que tendré que aceptarlo». En un capítulo anterior he explicado que conozco recientes investigaciones que demuestran que tus dotaciones genética y memética se pueden alterar. Si estás dispuesto a emprender conscientemente la tarea de cambiar las creencias que sostienen lo que tú llamas tu manera de ser, descubrirás que la excusa «no es mi manera de ser» desaparece.

Creo firmemente que tu ser intrínseco está bien equipado para ayudarte a cumplir tu destino exclusivo. Que no tengas recuerdos de haber sido distinto de como eres ahora no demuestra que tu naturaleza sea inalterable. Citando otra vez a Henry David Thoreau, «Es sorprendente cuánto espacio hay en la naturaleza, si un hombre sigue su propio camino». Yo entiendo que esto significa que la naturaleza misma se adaptará para acomodarte cuando empieces a conocer tu incuestionable capacidad para elevar tu vida. Incorpora el consejo de Thoreau y empieza a seguir tu propio camino. Reconoce la lógica de la excusa, que suena así: «Siempre he sido así, esto es lo que soy. Me gustaría cambiar, pero ¿cómo puedo cambiar mi naturaleza? Es lo único que he conocido, así que supongo que tendré que seguir siendo como soy».

¿No ves que este tipo de lógica te mantiene atascado en un hábito de pensamiento que dura toda tu vida? El hecho mismo de que hayas sido de cierta manera durante toda tu vida es una razón perfecta para animarte con pensamientos como: *Estoy harto de estar asustado, de ser tímido, pobre, infeliz, utilizado por otros, sumiso, gordo o en mala forma. Es lo único que he conocido y todo se debe a la manera en que pienso y a las creencias que he llegado a aceptar como definitorias de mi carácter, así que voy a cambiarlo, empezando ahora mismo*. Estas son ideas que el filósofo Bertrand Russell podría respaldar. Russell escribió: «Si la naturaleza humana fuera inalterable, como la gente ignorante sigue suponiendo que es, la situación sería efectivamente desesperada [...] lo que se entiende por "naturaleza humana" es como máximo una décima parte de naturaleza, y los otros nueve décimos son educación».

Así que, independientemente de lo que creas que es tu manera de ser, deja que se eduque de la manera que a ti te gustaría, empezando con «¡Basta de excusas!». Nueve décimas partes de tu naturaleza son aprendidas y se han adoptado como hábitos, y puedes empujar a esos viejos hábitos escalera abajo, escalón a escalón.

7. *No me lo puedo permitir*

Raro es el día en el que no oigo alguna variante de esta excusa, como: «No fui a la universidad porque era demasiado caro», «No he podido viajar porque nunca tuve dinero» y «No pude emprender el negocio que quería, porque tuve que quedarme donde estaba y ganar dinero para pagar las facturas». Yo digo que esta creencia es floja y escapista, pero parece que existe un acuerdo casi universal sobre su existencia.

Naciste en un mundo de abundancia, al que tienes una capacidad incuestionable de acceder. Cada vez que te desanimas a ti mismo pensando que tu situación económica impide que aparezca nada, eso es una excusa. En cambio, si decides introducir el sentido de abundancia en tu conciencia, pasarás de pensamientos como *No puedo permitírmelo* a *Cualquier ayuda que necesite para guiarme en la dirección de mi vida no solo está disponible, sino que viene de camino*. Entonces estarás conscientemente atento a que aparezcan los fondos necesarios, pero también te recordarás que debes creer que tienes la capacidad de usar la abundancia para elevar tu vida.

Anímate haciéndote consciente de que tienes la capacidad de crear un espacio dentro de ti que está lleno de paz y alegría, una isla interior de satisfacción que no tiene nada que ver con el dinero. Practica la gratitud por las cosas básicas de la vida, que puedes disfrutar prácticamente gratis. Me refiero al aire, el agua, el fuego, el sol y la luna; la tierra misma sobre la que andas; el constante latido de tu corazón; la inhalación y exhalación de tus pulmones; la digestión de tus alimentos; tus ojos y tus oídos, etcétera. Muéstrate completamente agradecido por todo lo que tienes de manera natural, que está fuera de los límites de «lo que puedes permitirte». A medida que se refuerza esa actitud, determina qué te gustaría hacer de verdad, dónde te gustaría vivir y qué comodidades deseas.

Cuando tomé la decisión de asistir a la universidad después de pasar cuatro años en el ejército, por ejemplo, sabía de corazón que no iba a ser el dinero lo que me impidiera alcanzar mis objetivos. Sabía lo que iba a costar, y no actué movido por el miedo a la escasez o a lo que no podía permitirme: actué basándome en mi convencimiento interior de que iba a asistir a una universidad. Este convencimiento me llevó a investigar la posibilidad de ayuda económica del gobierno por ser veterano, abrir una cuenta de ahorros para clases y libros, hablar con los encargados de ayuda económica de la universidad en la que estaba interesado y hacer planes alternativos para asistir a una universidad estatal si el plan A no se materializaba. Tenía en mi interior la certeza de que el razonamiento «no me lo puedo permitir» es una excusa que mucha gente que no se considera rica emplea como medio para exonerarse cuando necesita racionalizar por qué se quedan atascados en la vida.

Oscar Wilde hizo este agudo comentario en 1891: «Solo existe una clase en la sociedad que piensa más en el dinero que los ricos, y son los pobres. Los pobres no pueden pensar en otra cosa». Yo añadiría que estos pensamientos incluyen lamentar el hecho de que nunca tendrán dinero. Recomiendo librarse de este meme y reorganizar los pensamientos para conectar con lo que se pretende que se manifieste, independientemente de tu actual estado financiero.

Todo lo que sientes es tu *dharma*, y por muy fuerte que parezca que esa llamada tira de ti, si mantienes la creencia en que puedes resistir el tirón, te aseguro que acertarás. Parafraseando a Henry Ford, tanto si crees que puedes permitirte hacer una cosa como si no, tienes razón.

8. *Nadie me va a ayudar*

Esta excusa me entristece de verdad, porque no hay ninguna verdad en ella. Lo cierto es que el mundo está lleno de gente que aprovecharía encantada la oportunidad de ayudarte en cualquier cosa que quieras crear. Pero si te aferras a la falsa idea de que no habrá nadie que te ayude, tu experiencia confirmará esa creencia.

Si has pasado gran parte de tu vida con exceso de peso, enganchado a una adicción, perdido en la pobreza o cualquier otra cosa, tienes que date cuenta de que la pelota está en tu campo. ¡Basta de excusas! En cuanto esa creencia empiece a cambiarte, verás que llega ayuda, pero el movimiento inicial depende por completo de tus pensamientos. Empieza con esta creencia: *Puedo conseguir ayuda*.

Empieza a animarte con afirmaciones que apoyen y eleven tus creencias, tales como: *Tengo la capacidad de crear por mí mismo si es necesario, sé que la gente adecuada para ayudarme está ahí en el momento oportuno*, y *El mundo está lleno de gente a la que le encantaría ayudarme*. Esto te ayudará a sintonizar con la fuente de energía que está siempre disponible para tu yo intuitivo. Eleva aún más tu confianza con esta entrada del diario de Ralph Waldo Emerson, fechada en noviembre de 1843: «Si he perdido la confianza en mí mismo, tengo al universo contra mí». Tú eres el universo, tu origen es el mundo invisible del espíritu. Cuando dudas de ti mismo, dudas de la inteligencia universal que eres, y parece que no hay nadie para ayudarte.

Como ejemplo sacado de mi propia vida, yo repito este pensamiento de *A Course in Miracles* cada vez que me dispongo a dar una conferencia: «Si supieras quién camina a tu lado en todo momento en este camino que has elegido, nunca podrías volver a experimentar el miedo o la duda». Al acercarme al podio y el micrófono, recuerdo que soy un instrumento de las palabras y las ideas. Confío en la sabiduría que me creó. En otras palabras, sé que nunca estoy solo. *Nadie me va a ayudar* se convierte en una excusa no válida.

Me digo que todo lo que se necesita o precisa estará ahí, y me animo conscientemente con esta incuestionable certidumbre. Y a veces parece que la ayuda viene de todas partes. El dinero que necesito aparece de alguna manera, se presenta la gente adecuada y se dan circunstancias que son inesperadamente propicias, casi como si alguna fuerza sincronizadora entrara en acción, y me asombra la belleza de todo ello. Me siento estimulado por mi incuestionable poder para elevarme en cualquier situación.

9. *Nunca ha ocurrido antes*

«No seas esclavo de tu pasado», escribió mi compañero del alma literario, Ralph Waldo Emerson, en su diario. Que «siempre» hayas sido de una manera particular no es una explicación racional para tu situación actual. De hecho, es una excusa que intenta explicar y eludir lo que tú percibes como inconvenientes.

El pasado es un rastro que dejas atrás, como la estela de una lancha rápida. Es decir, es un rastro efímero que muestra durante un tiempo dónde has estado. La estela de una lancha no afecta al rumbo de esta. Evidentemente, no puede hacerlo, ya que solo aparece detrás de la lancha. Así que piensa en esta imagen cuando proclames que tu pasado es la razón por la que no estás avanzando.

La lógica del *Nunca ha pasado antes* —o de su igualmente debilitante corolario, *Para mí siempre ha sido así*— se basa en estas creencias: *Mi pasado ya pasó, y lo que ya pasó no se puede cambiar. Lo que ocurrió antes volverá a ocurrir; por lo tanto, es imposible que yo cambie. Se acabó. Lo que yo quiero no ha ocurrido nunca, y eso significa que nunca ocurrirá.* Esto es lo que ocurre cuando vives en el rastro que has dejado atrás: convencido de que tu pasado es la razón por la que no puedes cambiar, te agarras a él como excusa para no pensar otra cosa.

Elige conscientemente un nuevo conjunto de afirmaciones que te animen a creer en tu capacidad para elevar tu nivel de vida por encima de los niveles pasados. Prueba con estas: *Puedo conseguir cualquier cosa si pongo mi mente a ello aquí y en el momento presente. Mi pasado no influye en lo que puedo crear y crearé. Si no ha ocurrido nunca, razón de más para que yo haga que ocurra ahora. Voy a dejar de ser esclavo de mi pasado.* Haz una lista de las excusas mentales que utilizas para evitar riesgos, fracasos, críticas, el ridículo o las opiniones negativas de otros. Fíjate en que las estás creando a partir de tus actuales memes de excusas. Sí, he dicho memes: esas ideas implantadas en tu mente a base de imitar las ideas de otros, hasta que se convierten en un conjunto de virus mentales. Cuando se sometan a las siete partes del paradigma «¡Basta de excusas!», en la tercera parte de este libro, se desharán ante tus ojos porque no tienen sustancia.

Dudo que este argumento se pueda resumir mejor que en los últimos versos del poema «Pradera», de Carl Sandburg:

> Yo te digo que el pasado es un cubo de cenizas,
> te digo que el ayer es un viento que pasó,
> un sol que se puso por el oeste.
> Te digo que en el mundo no hay nada más
> que un océano de mañanas,
> un cielo de mañanas.

Deja de agarrarte a ese cubo de cenizas.

Hace poco, pasé una tarde nadando con los delfines en la Riviera Mexicana. Nunca había hecho una cosa semejante en mis

68 años de vida. Pero en lugar de decirme que no podía hacer tal cosa *porque no lo había hecho nunca*, invertí la lógica y pensé: *Dado que nunca he hecho esto, quiero añadirlo a mi repertorio y tener esta experiencia única ahora mismo.* ¡Y fue sensacional!

Adopta esta manera de pensar respecto a todo lo que «nunca has hecho antes». Ábrete a panoramas que te aporten una nueva manera de ser mientras tú creas riqueza, salud y felicidad en el momento presente.

10. *No soy lo bastante fuerte*

La excusa «no soy lo bastante fuerte» te mantiene incuestionablemente encerrado en un modo habitual de pensar. Los años que has pasado creyendo en tu debilidad refuerzan la creencia en que no eres un individuo capacitado en el aspecto emocional, espiritual o físico. Solo se necesita un poquitín de crítica para desanimarte y activar esta creencia: *No soy una persona fuerte, así que recurriré a mi auténtico yo, que es débil*. Las ideas de que no eres lo bastante duro para realizar cierto trabajo, hacer frente a un matón o a un timador, cuidar de ti mismo, afrontar la vida solo o viajar sin compañía son todas virus mentales, muy útiles como excusas cuando la vida se pone dura. Esto también ocurre a nivel colectivo.

Pasé un par de años dando clases sobre historia de América, con especial interés en la América colonial. Siempre me intrigó la manera en que Estados Unidos se liberó de la pequeña isla del otro lado del océano que lo había dominado con mano de hierro durante tantos años. El mensaje que los ingleses habían enviado siempre era: «Somos fuertes, y vosotros, novatos con pretensiones, sois débiles». El resultado fue una especie de servidumbre que mantuvo a los colonos a modo de excusa, pero con la que al final se acabó de una vez por todas.

Para la transformación se necesitó un cambio de paradigma, que dio como resultado nuevos hábitos de pensamiento. Empezó con aquel magnífico grupo de Padres Fundadores, de norte a sur, que se enfrentaron al virus mental de que ellos eran débiles y los británicos fuertes. Cuando un número suficiente de aquellos valerosos líderes se convenció de la fuerza de los americanos, el nuevo meme empezó a replicarse, infiltrarse y propagarse por todas las trece colonias. A este respecto, véase un párrafo de un discurso pronunciado por Patrick Henry antes de la Segunda Convención Revolucionaria de Virginia, en 1775: «No somos débiles si hacemos uso adecuado de los medios que el Dios de la naturaleza ha puesto en nuestro poder [...] La batalla, señor, no es solo para los fuertes; es para los vigilantes, los activos, los valientes».

Desactiva la creencia mental de que eres demasiado débil. Sé vigilante y activo, y demuestra un nuevo tipo de valor. Repítete que estás liberándote de hábitos de pensamiento que te han convencido de que no eres una persona fuerte. He aquí algunas afirmaciones útiles: *Nunca volveré a verme como carente de fuerza. Lo que pensáis de mí no me importa. Mi fuerza es mi conexión con la fuente, que no conoce la debilidad.*

Hazte consciente del hecho de que ver esta creencia como una excusa ilumina su debilidad, pero también refuerza tu capacidad de animarte. Posees toda la fortaleza de carácter, mente y cuerpo necesaria para vivir a los niveles más altos de felicidad, salud y prosperidad. Déjate inspirar por estas palabras de Mohandas K. Gandhi: «La fuerza no viene de la capacidad física; viene de una voluntad indomable».

11. *No soy lo bastante listo*

Tu vasta inteligencia no se puede medir con un test de coeficiente intelectual, ni analizando tu expediente académico. Tus ideas o creencias acerca de lo que te gustaría ser, lograr o atraer son pruebas de tu genio. Si eres capaz de concebirlo, entonces ese acto de concepción visual, combinado con tu pasión por manifestar tu idea en la realidad, es todo lo que necesitas para activar tu genio. Si crees que es imposible calificarte de genio, te pregunto solemnemente: ¿Por qué no? Te originaste en el mismo campo infinito de intención que todas las personas que han existido. Tu mente es un componente de la mente de Dios, el Tao universal, así que ¿cómo podría ser otra cosa sino la inteligencia del Creador? ¿Acaso no fuiste creado a partir de ese vasto mar de inteligencia invisible? ¿Son tus ideas inferiores en algo, o incapaces de transformarse en realidad en este mundo material? Aun cuando una parte de ti se aferra a la excusa de «No soy lo bastante listo», otra parte reconoce esta verdad.

Cuando declaras «Nunca seré lo bastante listo», en realidad estás diciendo «Me he tragado una definición de inteligencia que se mide por lo que los miembros de mi familia o los educadores me dieron en la primera etapa de mi vida». Puedes proporcionarte mensajes que te animen, en lugar de los mensajes desalentadores de tu pasado, si sabes que la inteligencia nunca puede medirse y tampoco puede limitarse de algún modo. Así pues, si estás dispuesto a poner tu pasión y perseverancia en tus ideas, encontrarás al genio que forma parte de ti. Incluso si te aferras a la idea de que esta excusa está justificada porque tu cerebro es algo inferior a la media, considera las conclusiones que ofrece Sharon Begley en su libro *Train Your Mind, Change Your Brain*. Esto es lo que dice acerca del poder del cerebro para cambiar, no mediante drogas sino a base de voluntad: «El acto consciente de pensar en los propios pensamientos de un modo diferente cambia los mismos circuitos cerebrales que crean ese pensamiento», y «La capacidad que tienen el pensamiento y la atención para alterar físicamente el cerebro refleja una de las hipótesis más notables del budismo: que la voluntad es una fuerza real, física, que puede cambiar el cerebro».

Así pues, incluso si quieres aferrarte a la excusa de que tu cerebro es químicamente deficiente, tienes en tu interior el poder para cambiar esta constitución material: puedes reorganizar tus viejos sistemas de pensamiento para que se adapten al modelo del genio. ¿Por qué no pensar que las ideas que tienes en la cabeza son subproductos de tu genio, y no de una inteligencia limitada? Que te anime lo que dicen que le contestó Oscar Wilde a un funcionario de Aduanas de Nueva York cuando este le preguntó si tenía algo que declarar. Wilde replicó: «No tengo nada que declarar aparte de mi genio»; y en muchos aspectos, tenía toda la razón.

Cuando confías en ti mismo, confías en la sabiduría misma que te creó. Haz un esfuerzo consciente por no subestimar esa sabiduría originaria. Como Oscar Wilde, declara solo tu genio. Confía en tus pensamientos elevados, en especial en los que generan pasión, y después actúa siguiéndolos como si fueran incuestionables.

12. *Soy demasiado mayor (o no tengo edad suficiente)*

La edad de tu cuerpo puede parecer un verdadero obstáculo en la empresa de cambiar hábitos de pensamiento muy arraigados, sobre todo porque desde muy pronto recibiste una larguísima lista de memes acerca de la edad. Dependiendo de dónde te criaste, habrás oído afirmaciones como estas: «No puedes montar en bici hasta que tengas siete años», «No puedes acostarte tarde hasta que tengas diez», «No puedes conducir un coche hasta los dieciséis» y «No puedes practicar el sexo hasta que estés casado». Y después, en algún momento, descubres que has pasado de que te digan que no tienes edad suficiente a que te digan que eres demasiado mayor. Entonces empiezas a oír: «No puedes conseguir un nuevo empleo teniendo más de treinta y cinco años», «No puedes cambiar de profesión porque has pasado tu mejor edad», «A tu edad ya no te puedes enamorar», «Es demasiado tarde para escribir el libro o componer la sinfonía con la que siempre soñaste», y por supuesto «Perro viejo no aprende trucos nuevos». Y todos esos memes se convirtieron en tu realidad.

La excusa de la edad se deriva de una tendencia a identificarte con el número de vueltas que has dado alrededor del sol, en lugar de con ese aspecto ilimitado de ti que vive independientemente de la edad de tu cuerpo. Parte de ti tiene una mente intemporal que es bastante indiferente al proceso de envejecimiento físico, y que está a tu alcance con solo que la animes a participar en tu vida con invitaciones conscientes.

De niño, tenías fantasías acerca de lo que podrías inventar, dibujar, escribir o diseñar. Te encontrabas de manera habitual con virus mentales que hicieron envejecer tu realidad. «Espera a ser mayor para hacer ese tipo de cosas» parecía una declaración que nunca tendría fin, y que de repente se convirtió en «Eres demasiado mayor; pórtate de acuerdo con tu edad; es demasiado tarde». En algún momento entre una y otra, tu propio destino no pasó a tener una posición primordial en tu vida.

Tienes la edad que tienes, y punto. Sin embargo, esos pensamientos que dan vueltas por dentro y por fuera de tu cabeza son intemporales. No tienen formas, ni límites, ni principio ni final. Cuando hablas de edad, hablas de tu cuerpo, esa cosa finita que aloja tu esencia invisible. Esta excusa se refiere solo a tu yo físico, y está sin ninguna duda influido por tu mente. Tienes la edad perfecta aquí mismo y en este momento, y tu cuerpo no puede tener otra edad más que la que tiene. Identifícate con lo que Lao-tse llama «el reino sutil», o el dominio invisible del espíritu, con pensamientos como estos: *Soy intemporal y puedo entrenar mi cuerpo para que colabore conmigo para hacer cualquier cosa que yo pueda concebir con mi mente. No hay nada en la edad que tengo ahora que me impida cumplir mis sueños. Mi mente es libre, y puedo entrenarla para que cumpla mis deseos en lugar de someterse a un patrón de excusas.*

He tenido en mi vida dos llamadas muy persuasivas. Una tuvo lugar cuando supe que iba a cursar estudios universitarios a pesar de ser el novato más viejo del campus. La edad no tenía importancia para mí. De hecho, los ocho años que pasé en varias universidades para ganarme mis tres títulos académicos se debieron en parte a que no me preocupaba mi edad. Estaba viviendo mi pasión, y todo lo demás era secundario comparado con aquella visión.

Mi segunda gran llamada me llegó a la edad de sesenta y cinco años y un día. Impulsado a desprenderme de las posesiones mundanas acumuladas durante muchas décadas, me deshice de ropa, muebles, libros, discos, premios, fotografías y recuerdos de todo tipo. Estudiando y viviendo el Tao Te Ching, escribí un ensayo sobre cada uno de los ochenta y un versículos reunidos en un libro titulado *Change Your Thoughts – Change Your Life*. En ningún momento se me pasó por la cabeza que a lo mejor era ya demasiado viejo.

Cuando repaso mi vida, me doy cuenta de que he tomado muchas decisiones no tan importantes, en las que me negué a considerar que la edad fuera un factor. A los cuarenta y dos años decidí hacerme corredor de fondo y correr el maratón griego original. A los diecisiete, decidí escribir mi primera novela; y a los nueve mentí sobre mi edad para poder repartir periódicos (la edad «mínima» era de diez años). A los sesenta y ocho, ni se me ocurre pensar que soy demasiado viejo para hacer lo que me gusta. Libre de esa excusa, sigo viviendo la vida activando mi *dharma* o destino particular. De hecho, acabo de emprender una nueva carrera como actor y cineasta: te recomiendo que veas *The Shift* y me digas si crees que era demasiado viejo para ese proyecto.

13. *Las reglas no me lo permitirán*

Puede que uno de los comentarios más famosos de Henry David Thoreau sea este, de la conclusión de *Walden*: «Si un hombre no marca el mismo paso que sus compañeros, tal vez sea porque oye un tambor diferente». Thoreau se refiere a lo poco probable que es que marchemos siempre al mismo paso que todos los demás. Hay épocas o momentos en tu vida en los que tienes que escuchar el ritmo de las reglas que suena dentro de ti, y solo dentro de ti. Pero puede que te aferres a la creencia de que las normas de la sociedad son tan sacrosantas que incumplirlas sería cruzar una línea que ni tú ni nadie debería cruzar jamás. Las palabras que siguen a las citas en *Walden* son aún más estimulantes para vivir una vida sin excusas: «Dejadle que siga la música que él oye, por desacompasada que sea». No estoy argumentando a favor de quebrantar la ley por puro inconformismo; estoy animándote a renunciar a la conducta acostumbrada que exige cumplir las reglas y obedecer las leyes aunque ello te impida cumplir tu destino.

Bertrand Russell comentó que «a partir de la infancia, se hace todo lo posible por convertir en convencionales y estériles las mentes de hombres y mujeres». Esto incluye muchos de los dictados, tanto escritos como orales, que se te ha enseñado a respetar a medida que avanzabas en la vida. Muchas de estas reglas son simplemente «deberías»: «Deberías hacer las cosas como las hemos hecho siempre en esta familia», «Deberías callarte y hacer lo que se te dice», «Deberías adaptarte y seguir los cursos que te ofrece tu facultad», «Deberías seguir el consejo de las autoridades, en lugar de tener una opinión diferente», «Deberías querer seguir viviendo cerca de la familia, en lugar de mudarte al otro extremo del país, o al extranjero», etcétera. Todos estos «deberías» están pensados para impedirte que oigas un cierto ritmo de tambor, que si se sigue desoyendo puede conducir a resultados desastrosos.

Obedecer las leyes y normas sin pensar es peligroso para el conjunto de la sociedad y un obstáculo impenetrable en el camino hacia tu salud y tu felicidad. Mira, tu mente subconsciente puede estar tan programada que dejas que todos esos memes o virus mentales te dicten tus opciones en la vida. Si reconoces que eres de los que siempre obedecen las reglas y las leyes y hacen lo que se les dice, tienes que reconocer también que transmites virus mentales a los demás, similares a los que te están limitando tu propia vida. Algunos de los actos más atroces de la historia humana han sido cometidos bajo el paraguas de «la ley» y «las reglas». Y muchas creencias y opiniones son meras excusas que se defienden como reglas o leyes.

Escucha a tu corazón y obedece lo que sea consistente con lo que tú sabes que es la ley suprema. Cumple edictos que te animen a ti y a otros a ser todo lo que sois capaces de ser sin interferir en modo alguno con los derechos divinos de los demás. Con esta actitud de «¡Basta de excusas!» nunca estarás limitado por las leyes, las reglas o los «deberías». Tal como dice el decimoctavo versículo del Tao Te Ching:

> Cuando la grandeza del Tao está presente,
> la acción surge del propio corazón.
> Cuando la grandeza del Tao está ausente,
> la acción se basa en las reglas de «bondad y justicia».

Que la grandeza del Tao viva en tu corazón y te anime a actuar desde esa posición elevada.

14. *Es demasiado grande*

La excusa «es demasiado grande» es tan grande que parece que cae sobre la gente y la inmoviliza por completo. Tal vez resulte sorprendente, pero lo único que hay que hacer es invertir esta creencia. Si crees que la gente tiene éxito porque piensa a lo grande, por ejemplo, aquí estoy yo para decirte que el éxito exige pensar en pequeño. Mete este conocimiento en tu conciencia y habrás accedido a la capacidad de pensar en pequeño y actuar en lo que antes parecían grandes cuestiones. Algunas de estas son: tener exceso de peso, combatir una adicción a sustancias legales o ilegales, tener una imagen de ti mismo que no deseas, conseguir un doctorado, construir una casa nueva, salir de las deudas, arreglar tu relación con tu madre o tener más confianza en ti mismo.

El versículo 63 del Tao explica con claridad y suavidad de qué estoy hablando:

> Afronta las dificultades cuando todavía son fáciles;
> haz grandes cosas mientras aún son pequeñas.
> El sabio no intenta nada que sea muy grande,
> y así alcanza la grandeza.

Puede que estas palabras parezcan paradójicas, pero son la respuesta incuestionable a esta excusa en particular.

Mientras escribo esto, se está construyendo un edificio de doce plantas al lado del bloque en el que vivo. De acuerdo, tiene que haber habido algo de pensamiento a lo grande por parte de los que imaginaron y diseñaron este proyecto. Pero la creación material de este nuevo y bello edificio se está logrando en términos de lo que se puede hacer aquí mismo y ahora mismo: paso a paso, ladrillo a ladrillo, paletada a paletada de tierra. Qué gran metáfora con la que llegar a puerto cuando te sientes abrumado por las dimensiones de algo. No puedes perder veinte kilos ni dejar de fumar en un solo día, sacar el doctorado mañana o eliminar todas las deudas de tu vida para siempre... esos objetivos son demasiado grandes si se abordan de ese modo, y esto hace que sea muy fácil recaer en los modos habituales.

El método «¡Basta de excusas!» te invita a enfrentarte a tus patrones de pensamiento y estimularte para el éxito. Así que reconoce que no puedes hacer en un día cosas descomunales, pero sí que puedes dar ese primer paso. Aunque no puedas recibir tu doctorado hoy, puedes matricularte en un curso que empieza la semana que viene, y eso es lo único que puedes hacer por ahora respecto a tan elevado objetivo. Piensa en pequeño y logra lo que puedas aquí y ahora. No puedes dejar de beber alcohol o fumar cigarrillos durante los próximos diez años, pero puedes negarte a ceder a tu adicción hoy o, más pequeño todavía, en este momento. Eso sí lo puedes hacer. Y así es precisamente como se cambian todos los hábitos de pensamiento: pensar actuando en pequeño, en el mismo momento, y viviendo de la única manera en que todos viven en realidad: minuto a minuto, hora a hora, día a día. Con esta nueva conciencia, puedes empezar a pensar en términos que te animen a eliminar excusas y elevar el nivel de éxito.

15. No tengo tanta energía

No tener la vitalidad necesaria para cumplir el propósito de tu vida forma parte de una respuesta aprendida. *Estoy cansado, estoy agotado, estoy gastado* y *estoy demasiado aburrido* son algunas variedades de virus mentales que te han infectado, conscientemente o no. En general, son una excusa no intencionada, a diferencia de una explicación legítima para no hacer cosas que quieres hacer. Acepta la creencia de que te falta energía para hacer cambios significativos en tu vida y te atarás a una estrategia endeble, aunque muy efectiva, para mantener algunos hábitos bastante feos.

Utilizando la excusa de la fatiga puedes agarrarte a cualquier patrón de conducta viejo y cómodo. *Me gustaría ponerme en forma, pero simplemente estoy demasiado cansado para hacer lo necesario.* O *quiero prepararme para ese nuevo puesto, pero estoy demasiado agotado para ir a clases nocturnas.* Creer en tu «falta de energía» es un método que funciona hasta que tienes que descansar de nuevo, porque utilizar excusas es una práctica muy cansada.

La excusa de la falta de energía es simplemente la que yo empleo y he visto a muchos otros emplear cuando no sabemos cómo vencer nuestra propia inercia, y he descubierto que cuando la ponemos a prueba de verdad, no se sostiene. He sido testigo de cómo una falta de energía se convertía en una avalancha de alta energía en solo un instante. Cuando mis hijos se quejaban de que estaban aburridos o demasiado cansados para moverse, por ejemplo, solo hacía falta sugerir una visita al parque acuático, ir a comprar una bicicleta nueva o hacer cualquier cosa que ellos consideraban divertida, y milagrosamente pasaban de estar cansados a estar entusiasmado en una fracción de segundo. Y eso se aplica a todos nosotros. Utilizamos la excusa «no tengo energía» como pretexto para aferrarnos a una manera de ser inerte y patética.

El antídoto para esto consiste en encontrar una manera de inyectar ideas energéticas en el pensamiento cotidiano. Uno de los biógrafos de John F. Kennedy, Arthur M. Schlesinger, Jr., citaba estas palabras del presidente: «Supongo que si tuviera que elegir una sola cualidad, sería la vitalidad». La vitalidad no es simplemente la cantidad de átomos de alta energía que tienes dando vueltas dentro de ti; yo considero que es una manera de pensar. Puedes aprender a superar el tedio del pensamiento de baja energía y sustituirlo por una manera de procesar el mundo que te sirva de manera positiva y llene tu vida.

En términos generales, la baja energía no es un problema de la química del cuerpo: es el resultado de una larga historia de pensamiento habituado que necesita excusas para seguir igual. Puedes aprender a practicar un pensamiento más satisfactorio y vibrante, que elevará tu entusiasmo y acabará dando lugar a una manera de vivir energética y llena de propósito. No importa cuál sea tu edad cronológica; tienes el poder de usar tus pensamientos para elevarte a nuevos niveles de éxito, felicidad y salud. El modo de pensar «¡Basta de excusas!» te anima a pasar tus momentos cotidianos con vitalidad, libre de la vieja rutina del cansancio.

Niégate a ceder a la actividad mental de baja energía. Decídete a poner incuestionablemente tus pensamientos, no en lo que no puedes hacer, sino en lo que te propones crear. Mantente en este estado mental y nunca más querrás volver a utilizar la excusa de la falta de energía. Mantén tu conciencia de alta energía para lo que quieres lograr, y observa cómo se filtra en todos aquellos con los que te comunicas. La alta energía es contagiosa, y se origina en el pensamiento vital que sustituye a los viejos virus mentales.

16. *La culpa es de mi historia familiar personal*

Siempre has ocupado un puesto en tu familia, e independientemente de tu opinión al respecto, no puedes hacer nada para cambiar eso. Si eras el más pequeño y siempre te estaban mandando, esa es simplemente la condición de tus primeros años de vida. Es un hecho que el orden de nacimiento (es decir, ser hijo único, el mayor, de los intermedios o el más pequeño) o cualquier otra circunstancia familiar —incluyendo ser parte de una familia mixta, de padres divorciados o solteros, ser adoptado, tener padres alcohólicos, pertenecer a un estrato socioeconómico bajo, ser mestizo racial, o cualquiera de las infinitas combinaciones de factores que se dé en tu situación— está en el pasado y ya se terminó. Tus parientes hicieron lo que hicieron, dadas las circunstancias de sus vidas. Reconoce esto, y después vuelve a los momentos presentes de tu vida. Mira tu historia familiar como una bendición. ¡Sí, una bendición! Es precisamente lo que tuviste que pasar para llegar a donde estás ahora.

La manera en que te trataron o incluso maltrataron te proporcionó una oportunidad de ser una persona más fuerte y con más confianza en sí misma. Uno no debe ocultarse tras las primeras experiencias cuando la vida no funciona como quiere que funcione. ¡No son razones para quedarse atascado! Pero la excusa de la historia familiar tiene muchísimos partidarios, así que tienes abundante compañía si la estás utilizando para explicarte a ti y a otros por qué no eres lo que quieres ser ahora.

El divorcio que tuvo lugar cuando eras niño pudo haberte enseñado muchas e importantes lecciones de la vida, pero lo más probable es que cogieras el virus mental cultural que dice más o menos esto: *Venir de una familia rota es una experiencia traumática que causa daños irreparables a los niños*. Una parte de ti cree y promueve este meme porque parece más fácil que explorar el dolor, lo cual conduciría a un estado mental más sano y más fuerte. Probablemente, esa parte de ti piensa que te está protegiendo de aquella experiencia infantil tan sumamente dolorosa. Y así, estás dispuesto a creer que *después de ver cómo el matrimonio de mis padres fracasó tan miserablemente, las posibilidades de tener una relación feliz son prácticamente nulas.*

Puedes cambiar todo esto recordándote que tienes poder absoluto para elevar tu actitud y tus creencias. Dedica tiempo a rememorar conscientemente las experiencias familiares que tuviste en los primeros años de tu vida, por muy traumáticas o molestas que fueran entonces. De niño no tenías capacidad para hacer las paces con ellas, pero ahora sí la tienes. Adopta una actitud de apreciación y gratitud por las partes de ti que sobrevivieron y todavía quieren crecer. Estimúlalas negándote a estancarte en la «solución fácil» de las excusas.

Por ejemplo, los años que yo pasé en hogares de acogida me dieron experiencias vitales que me ayudaron a enseñar a millones de personas a tener confianza en sí mismas. Haber visto a mi padrastro matarse a fuerza de beber, además de vivir con los efectos que el alcoholismo tiene en una familia, fue (y sigue siendo) una gran lección que ahora me mantiene en la senda de la sobriedad. Las penurias y la escasez de alimentos de mi infancia me permiten apreciar todo lo que me ha venido, y ahora puedo asegurarle a la parte de mí que es consciente de la pobreza: *Aquello fue entonces, y esto es ahora.*

«¡Basta de excusas!» te anima a hacer las paces con todo lo que ocurrió en tu vida, incluyendo las dolorosas experiencias de abusos, abandono y falta de respeto. Si te agarras a estos hábitos de pensamiento derrotistas de toda la vida, te estás causando los siguientes perjuicios graves:

- **Te vuelves más débil y enfermizo.** Tu biografía puede convertirse en tu biología. Es decir, si te aferras a viejas heridas o malos recuerdos, te mantienes en una situación que atrae las enfermedades (o malestares) a tu cuerpo. Toda esa rabia, odio y ansiedad es una luz cuyas vibraciones atraen enfermedades graves... es la Ley de Atracción en acción. Si piensas en lo que te faltó o en lo que te disgustaba de tu infancia, el universo te ofrecerá experiencias que se correspondan con lo que estás pensando. En tu vida seguirá fluyendo más de lo que te faltó y más de lo que te disgustaba, en forma de enfermedad.

- **Te quedas atascado en el pasado.** Si no puedes elevar los pensamientos sobre tu pasado que te hacen seguir siendo infeliz, sin éxito y con mala salud, te quedas atascado donde estás. Mantener vivos los recuerdos desdichados del pasado, junto con restos de la rabia, el odio y la tristeza originales, se convierte en un modo habitual de procesar la vida. Por ejemplo, si te disgustaba que tu padre no te prestara bastante atención y utilizas esto para explicar tu timidez adulta, estás atascado en aquel antiguo patrón de conducta.

Hoy tienes la capacidad incuestionable de elevar tu conciencia para explorar maneras de aliviar la timidez y atraer a la gente con la que quieres estar, en lugar de seguir explicándote que no puedes atraer a esas personas porque tu padre no te prestaba suficiente atención. Recuerda, tu vida está ocurriendo ahora, en el momento presente.

17. *Estoy demasiado ocupado*

Antes de escribir este catálogo de excusas, invité a los visitantes de mi página web a que me enviaran por e-mail sus excusas para no vivir en los niveles más altos. Básicamente, me interesaban las excusas que ellos habían utilizado en sus vidas. «Estoy demasiado ocupado» se puso sin dificultades a la cabeza de la lista.

Si estás demasiado ocupado, debes saber que tú has elegido estar en esa situación. Todas las actividades de tu vida, incluyendo las que ocupan grandes porciones de tu tiempo, son simplemente el resultado de las decisiones que tú tomas. Si tus responsabilidades familiares son problemáticas, es que has optado por priorizar tu vida de ese modo. Si tu calendario está abarrotado de compromisos, es que has decidido vivir con una agenda llena. Si hay demasiados detalles de los que solo tú te puedes ocupar, también es una decisión que has tomado tú.

Sin duda, uno de los principales propósitos de la vida es ser feliz. Si estás utilizando la excusa de que estás demasiado ocupado para ser feliz, has elegido la opción de estar ocupado y, en el proceso, has renunciado a vivir tu vida con ese propósito. Si has optado por estar ocupado en lugar de cumplir activa y felizmente tu destino, tienes que reexaminar tus prioridades. Veamos lo que dice mi mentor, Thoreau, sobre las prioridades no examinadas: «La mayoría de los hombres (y de las mujeres) están ocupados en asuntos la mayor parte de sus vidas, porque el alma aborrece el vacío, y no han descubierto ninguna aplicación continua para las facultades humanas más nobles».

No dejes que tu alma languidezca frustrada en un vacío. Por el contrario, empieza a examinar cuáles son las prioridades de tu vida. Todos los detalles que la ocupan te separan de un destino que tú sabes que busca tu atención. Medita sobre estas ideas alentadoras para contrarrestar la excusa de «estoy demasiado ocupado»:

- Sé que no seré un mal padre si no organizo mi vida de manera que siempre esté disponible como chófer de los niños hasta que sean adultos.
- Me está permitido decir que no a peticiones que me impidan tener tiempo para perseguir el propósito de mi vida.
- No existe eso de «un sitio para cada cosa y cada cosa en su sitio».
- No existe una manera correcta de hacerlo todo.
- Puedo hacer las cosas a mi manera porque no existen reglas universales absolutas.

No tengo intención de describir todas las maneras en que puedes librarte de este tipo de excusa. Otras posibilidades son procurar delegar, aceptar ayuda de otros y reservar tiempo para ti mismo. Thoreau tiene razón en lo de que existen facultades más nobles a las que tienes que prestar atención, además de todos esos otros detalles que ocupan tu vida. Si te da miedo la parte de tu alma que te está llamando a una posición más elevada, probablemente seguirás invocando esta excusa particular.

Cambia esta pauta no diciendo ni dando a entender nunca que estás demasiado ocupado. Deja eso, y sustitúyelo por la siguiente afirmación: *Me propongo reservarme tiempo para mí mismo, para vivir la vida que vine a vivir, y hacerlo sin eludir mis responsabilidades como padre, cónyuge o trabajador.*

Aprendí esta utilísima técnica del gran bodhisattva (maestro espiritual) vietnamita Thich Nhat Hanh, en su libro *Peace Is Every Step*. Recita estas dos frases cada vez que puedas robarle unos minutos a tu horario cotidiano: «Al aspirar, calmo mi cuerpo; al exhalar, sonrío». Tal como escribió Hanh, «Al aspirar aire, calmo mi cuerpo». Recitar esta frase es como beber un vaso de limonada fría un día caluroso; puedes sentir la frescura penetrando en tu cuerpo. «Al exhalar, sonrío»... Tener una sonrisa en la cara es señal de que eres dueño de ti mismo. Este sencillo ejercicio te ayuda a establecer las prioridades de tu vida con una sensación de paz. Entonces puedes ver exactamente qué es lo que tienes que hacer para descartar la excusa de «demasiado ocupado».

Hay un chiste maravilloso clavado en el tablón de anuncios del estudio de yoga que yo frecuento, que resume la importancia de decir «¡Fuera!» a esta excusa particular. Bajo el dibujo de un médico hablando con un paciente excesivamente gordo, el texto dice: «¿Qué le va mejor a su apretada agenda, hacer ejercicio una hora al día o estar muerto veinticuatro horas al día?». Eso resume mi opinión sobre esta excusa concreta. Practica todos los días elevar tus pensamientos, no importa lo ocupado que estés o lo importante que seas. En lugar de insistir en que estás demasiado ocupado para hacer ejercicio, por ejemplo, piensa esto: *Hago ejercicio porque estoy demasiado ocupado para perder tiempo poniéndome enfermo.*

18. Me da mucho miedo

Una vez más, recurriendo al e-mail, he aquí lo que otros me han dicho: «Siempre me ha dado miedo estar solo», «Me da miedo fracasar y he sido así desde niño», «El mundo me intimida y alguien podría hacerme daño», «Tengo miedo de que ocurra algo malo, a mí o a mi familia», «Me da miedo que me griten y no puedo soportar las críticas» y «Tengo miedo de ser pobre o de perder mi trabajo y no ser capaz de encontrar otro». Evidentemente, el miedo es todo un personaje en el catálogo de excusas.

En *A Course in Miracles* se indica una salida del patrón de pensamiento «Me da mucho miedo». Le tengo un cariño especial a este voluminoso tomo que nos dice que solo existen dos emociones que podamos experimentar: el amor y el miedo. Todo lo que sea amor no puede ser miedo, y todo lo que sea miedo no puede ser amor. Si podemos encontrar la manera de instalarnos en un espacio de paz, sobre todo con nosoros mismos, el miedo es una imposibilidad.

Yo creo que el miedo es un virus mental que insiste en que o triunfas o fracasas, y que se transmite de una mente a otra hasta que se convierte en un hábito. Desde pequeño te enseñan a sentir: *Si no triunfo en algo que intente, entonces soy un fracaso como persona. Y me da un miedo espantoso tener que vivir con una etiqueta tan horrible.* Este virus se te ha transmitido desde otras mentes que aceptaron la misma lógica... y sigue repitiéndose y propagándose hasta que se convierte en un modo habitual de responder. Tienes pensamientos que te dan miedo, y después utilizas esos mismos pensamientos para explicar las deficiencias de tu vida. Actúas como si fueran verdad, cuando en realidad no son más que excusas.

La famosa frase de Franklin D. Roosevelt en su primer discurso de toma de posesión, «Lo único que debemos temer es al miedo mismo», se basó en el comentario de Thoreau «Nada es tan temible como el miedo». Estos hombres del Tao tenían razón: en realidad, no hay nada que temer. Cuando empieces a aplicar el paradigma «¡Basta de excusas!» que encontrarás en la tercera parte de este libro, ni «Me da mucho miedo» ni ninguna de las otras excusas de este capítulo se sostendrá.

He aquí un ejemplo personal: en la práctica del Bikram Yoga, que forma parte regular de mi vida, hay dos posturas que exigen que el practicante se doble por completo hacia atrás y mantenga la postura durante un período de unos treinta segundos. Cuando empecé esta práctica, sentí que el miedo se apoderaba de mí al intentar cogerme los talones estando de rodillas. Recuerdo que le dije a mi instructor: «No puedo doblarme hacia atrás; siento que pierdo el control. De hecho, nunca en toda mi vida he sido capaz de tirarme a una piscina hacia atrás». Tenía allí un gran meme que me decía *Tirarse hacia atrás da miedo. Perderás el control, no podrás ver adónde vas, puedes caerte, te podrías hacer daño,* y así todo el rato. Cada una de estas explicaciones era una excusa que me impedía dominar las nuevas posturas.

Mi miedo tenía sus raíces en la falta de confianza en mí mismo, basada en toda una vida de virus mentales. Pero cuando cambié mi mente del modo miedo al modo amor, ocurrió algo notable que me liberó de las cadenas de ese pensamiento habitual: me vi acunado en los brazos de una presencia amorosa. Entonces me dije algo que no había dicho nunca: «Wayne, puedes hacer estos dos ejercicios; eres un fragmento divino de la inteligencia que todo lo sabe. Primero, ámate a ti mismo y confía en esta sabiduría, y después déjate llevar por Dios». Cambiando al modo amor, el miedo era imposible, y más de sesenta años de excusas salieron por la ventana.

Ahora disfruto enseñando a nuevos estudiantes la postura del Camello y la Firme Fija. De las veinticuatro posturas, estas dos son las que me proporcionan la mayor sensación de alegría y logro. Como dice el dicho: «El miedo llamó a la puerta. El amor salió a abrir, y no había nadie».

Aquí tienes una recapitulación de afirmaciones para cada una de las dieciocho excusas de uso más frecuente. Las afirmaciones te ayudarán a hacer un esfuerzo consciente que te animará a elevar tus creencias, ¡incuestionablemente!

1. *Será difícil:* Tengo la capacidad de realizar cualquier tarea en la que ponga mi mente, con facilidad y comodidad.
2. *Va a ser arriesgado:* Ser yo mismo no implica riesgos. Es mi verdad original y la vivo sin miedo.
3. *Se va a tardar mucho tiempo:* Tengo infinita paciencia cuando se trata de cumplir mi destino.
4. *Habría un drama familiar:* Prefiero que me odien por ser quien soy a que me amen por ser lo que no soy.
5. *No me lo merezco:* Soy una creación divina, un fragmento de Dios. Por lo tanto, no puede ser que no me lo merezca.
6. *No es mi manera de ser:* Mi naturaleza esencial es perfecta e impecable. A esa naturaleza es a la que regreso.
7. *No me lo puedo permitir:* Estoy conectado a una fuente de abundancia ilimitada.
8. *Nadie me va a ayudar:* Las circunstancias adecuadas y las personas adecuadas ya están ahí y aparecerán a tiempo.
9. *Nunca ha ocurrido antes:* Estoy dispuesto a atraer todo lo que deseo, empezando aquí y ahora.
10. *No soy lo bastante fuerte:* Tengo acceso a ayuda ilimitada. Mi fuerza viene de mi conexión con mi Fuente del Ser.
11. *No soy lo bastante listo:* Soy una creación de la mente divina; todo es perfecto, y yo soy un genio por derecho propio.

12. *Soy demasiado mayor (o no tengo edad suficiente):* Soy un ser infinito. La edad de mi cuerpo no influye en lo que hago ni en lo que soy.
13. *Las reglas no me lo permitirán:* Vivo mi vida siguiendo reglas divinas.
14. *Es demasiado grande:* Solo pienso en lo que puedo hacer ahora. Pensando en pequeño, logro grandes cosas.
15. *No tengo tanta energía:* Siento pasión por mi vida, y esta pasión me llena de entusiasmo y energía.
16. *La culpa es de mi historia familiar personal:* Vivo en el momento presente y estoy agradecido por todas las experiencias vitales que tuve de niño.
17. *Estoy demasiado ocupado:* Al poner orden en mi vida, quedo libre para responder a las llamadas de mi alma.
18. *Me da mucho miedo:* Puedo lograr cualquier cosa en la que ponga mi mente, porque sé que nunca estoy solo.

Con esto concluye la primera parte. Has identificado dieciocho de las excusas más comunes y se te han presentado las razones para eliminar los pensamientos acostumbrados que te han estado impidiendo vivir la vida a los niveles máximos de éxito, felicidad y salud. Ahora, en la segunda parte, encontrarás los siete principios que conducen a una vida sin excusas.

SEGUNDA PARTE

Los principios fundamentales de «¡Basta de excusas!»

> Toda mente debe aprender por sí misma la lección entera, debe recorrer todo el terreno. Lo que no ve, lo que no vive, no lo sabrá.
>
> RALPH WALDO EMERSON

Introducción a la segunda parte

Cada capítulo de esta segunda parte ilustra uno de los siete principios de «¡Basta de excusas!» que yo he explorado personalmente y aplicado a mi propia vida. He dejado fuera todo residuo de mi personalidad de investigador académico y en cambio expreso mi desenfrenado entusiasmo por lo que se siente al vivir de esta nueva manera. Y mientras te hago partícipe de mis descubrimientos, tengo la esperanza de que compartas mi entusiasmo a través de tu propia experiencia. (Al final de cada capítulo he incluido ejercicios que te ayudarán a poner en práctica estos principios que cambiarán tu vida.)

4

El primer principio: *conocimiento*

> Pensar sin conocimiento es el principal problema de la existencia humana.
> ECKHART TOLLE

> Es el conocimiento [...] de que estás atascado lo que te hace recuperarte.
> FRITZ PERLS

Pensamientos de toda la vida, grabados en piedra, te mantienen atascado... muchas veces sin que tú mismo te des cuenta de que estás atascado. Dado que este tipo de actividad mental no puede llevarte en una nueva dirección, hacerte consciente debe ser el primer paso para librarte de tus excusas para siempre.

Cultivar el conocimiento es, en realidad, la actividad preliminar para la experiencia de «apertura del yo» que te hará conocer tu auténtico ser. Vivir la vida sin darte cuenta de tus patrones de pensamiento y creencias, día tras día, año tras año, es un hábito que fomenta y eleva tu ego o falso yo. Eckhart Tolle asegura que «el conocimiento y el ego no pueden coexistir», porque el conocimiento fomenta y eleva tu auténtico yo para que sea el centro de tu experiencia de la vida. Aunque el yo falso y el auténtico son mutuamente excluyentes, yo creo que es útil conocer los dos. Tal como yo lo veo, si vas a practicar una vida «¡Basta de excusas!», tu relación primaria tiene que ser al cien por cien con tu yo auténtico.

El ser que realmente eres se originó en un mundo invisible, sin forma. Los científicos reconocen que todas las partículas (incluyéndote a ti) emergen de un campo de energía, del no ser. El espíritu es el que da la vida, y al espíritu regresa toda la vida. Aquí hay muy poco sitio para el ego, porque este se aferra a la falsa creencia de que tú eres tus posesiones y tus logros. Hacerse consciente de nuestra verdadera esencia conduce al conocimiento de tu magnificencia, de tu divinidad y de tu poder exclusivo para crear por ti mismo lo que tú sientes que es tu destino aquí, en este planeta, por encima de todas las excusas.

Cuando el conocimiento es tu realidad, no necesitas explicar tus fallos ni tus oportunidades perdidas. Por el contrario, trasciendes el tirón del ego y pasas a una dimensión totalmente nueva, de conocimiento superior. Dicho clara y concisamente: si no te das cuenta de que ya no tienes que seguir atascado en tus viejos hábitos de pensamiento, esos hábitos persistirán y prevalecerán.

Este capítulo te introduce a lo que se siente al tomar conciencia de la experiencia elevada de la vida.

De las excusas al conocimiento

Para romper con los viejos hábitos es preciso que te des cuenta de que estás creando impedimentos en tu vida, y que esos impedimentos se han convertido en excusas para las supuestas limitaciones. Por ejemplo, si no te gusta correr riesgos y tiendes a elegir el camino seguro o fácil, esto ha hecho que levantes barreras mentales. Dichas barreras son lo que yo llamo «excusas», y te ofrecen una salida. Así, cuando llega el momento de probar algo nuevo —o de dar un paso que podría dar como resultado un fracaso, ser objeto de críticas, perder un concurso o competición, o cualquier otra cosa que te ponga en camino de convertirte en una persona más fuerte y más segura de sí misma—, tú recurres a la vieja excusa de siempre y evitas el riesgo. Todo esto es un ejercicio que empieza y termina en tu mente: es pensamiento habituado que tú racionalizas diciendo que es heredado o que te lo inculcaron unos padres bienintencionados (pero muy prudentes).

El simple hecho de ser consciente de que pones excusas te

abrirá vastos campos de nuevas posibilidades. Puedes empezar este proceso prestando atención a la parte falsa de ti mismo que cree en las limitaciones. Simplemente, observa los pensamientos en tu mente y las sensaciones en tu cuerpo y fíjate en que no fluyen en armonía con tu auténtico yo. Pero no tienes que cambiar o corregir esos pensamientos y sensaciones. Al hacerte consciente de tu auténtico ser, solo necesitas prestar una total atención a tu ego, y este retrocederá poco a poco y de manera natural ante la luz de tu conciencia. Recuerda, tú no eres solo el cascarón temporal al que llamas «tu cuerpo»; eres una esencia divina que no tiene límites ni forma, que es infinita.

Cuando te fijas en el parloteo del ego, descubres la capacidad de superar hábitos muy establecidos, y empiezas a ver todo aquello para lo que estabas cegado a base de poner excusas. El conocimiento te lleva a tu ser más elevado; el ego te lleva a tu yo terrenal. Cuando dejas que lo divino crezca en ti, aportas conocimiento a todos los aspectos de tu vida.

Tal como le dijeron a un devoto hindú: «La flor se desvanece por sí sola cuando el fruto crece, y así se desvanecerá tu yo inferior cuando lo divino crezca en ti». Dejar que dentro de ti crezca lo divino implica sinceridad, servicio a los demás, bondad y reverencia para toda la vida. Emprender el camino del conocimiento fomenta el crecimiento y la aparición de pensamientos auténticos en tu mundo interior, y tu yo inferior se desvanecerá mientras lo divino crece dentro de ti.

Permíteme que te explique cómo me ha beneficiado personalmente el conocimiento y he podido cambiar algunos hábitos de pensamiento muy antiguos. En los primeros capítulos de este libro, he descrito dos grandes excusas (la genética y la memética) que muchos de nosotros utilizamos para justificar lo que parece ser nuestra incapacidad para cambiar hábitos que nos perjudican. Cuando leí *The Biology of Belief*, la frase «la percepción controla los genes» me atrajo de manera especial. Disparó algo en mí que yo no había considerado nunca: la idea de que la manera en la que pienso y percibo mi mundo puede imponerse a mi ADN y a mi herencia genética.

Esto significa que puedo cambiar el cableado de mi circuito interno y procesar problemas físicos o de salud desde una perspectiva completamente nueva. Si siguiera sin ser consciente de mi capacidad incorporada para influir en mi programación genética, me quedaría atascado pensando que esas cosas están fuera de mi control. Por eso me he hecho cada vez más consciente de que mi mente tiene poder sobre mi entorno, lo que significa que cuando mi cuerpo se descarría es porque mis creencias están descarriadas. Toda mi vida he oído decir que lo único que no puedes cambiar es tu ADN, y siempre he asentido aceptándolo. Pero con mi actual conocimiento del poder de la percepción, se me ha abierto todo un mundo nuevo.

Por ejemplo, tengo un historial de infecciones y molestias en el pecho y la zona bronquial, y he tendido a considerar que se trata de una zona débil por la que hay que preocuparse. Aparece un ligero dolor de garganta, que provoca algunas toses y después produce una flema verdosa, seguida por dificultad para respirar, y corro a comprar antibióticos y pasar por el proceso de costumbre hasta que la infección y las molestias desaparecen por fin. Pero desde que hice la investigación para este libro, parte de la cual consistía en poner en práctica lo que estaba aprendiendo y de lo que estaba escribiendo, he entrado en un nuevo estado mental. Ahora me animo a aplicar el conocimiento en lugar de mi vieja rutina, y parece que puedo saltarme aquellos días de malestar y los molestos antibióticos.

De hecho, estoy enfocando todo lo referente a mi cuerpo con un nuevo conocimiento. En lugar de volver a recurrir a los métodos que usaba en el pasado para procesar las primeras señales de una enfermedad física, ahora cambio a un nivel que me permite suspender mentalmente mi ego e incluso mi cuerpo. Entonces me digo algo parecido a esto: «Mis percepciones (creencias) controlan mi entorno (mi cuerpo, que es el entorno de todas las enfermedades), mi estructura genética y mi ADN. Tengo el poder de ver esta situación de manera diferente de como la veía antes. Tengo inherente dentro de mí el poder de crear un ambiente interno que no sea susceptible a las enfermedades». Cuando sé que tengo una opción de conocimiento, soy capaz de evitar un episodio potencialmente doloroso.

Estoy utilizando todo el poder que este enfoque proporciona para hablar con mi cuerpo de manera diferente, y no solo acerca de potenciales infecciones bronquiales. También lo empleo con las articulaciones doloridas, los tirones musculares, los calambres en las pantorrillas, la rigidez y cualquiera de entre la multitud de molestias físicas que se producen en un cuerpo de sesenta y tantos años al que le gusta hacer ejercicio —en particular, nadar, correr, caminar y practicar yoga— de manera cotidiana. La clave está en ser consciente de que tienes a tu disposición el conocimiento mismo, en lugar del viejo y gastado enfoque dominado por el ego. La razón de que «el conocimiento del conocimiento» tenga tanto poder es que me pone inmediatamente en contacto con una dimensión de mí mismo que sabe que *aquí, en el conocimiento, todo es posible*. Esta afirmación no deja nada fuera, incluyendo la capacidad de volver a sintonizar con la fuente e imponer a mis genes un nuevo conjunto de creencias.

Leer acerca de estas vanguardistas ideas científicas y procesarlas disparó mi entrada en el conocimiento. Pero fue mi voluntad de trabajar para aplicarla allí donde antes solo residían los viejos hábitos de pensamiento lo que me llevó a este nuevo nivel donde me siento como si tuviera conmigo en todo momento un amigo que todo lo sabe. Este amigo es el conocimiento.

He aquí otro ejemplo del poder del conocimiento para alterar algunos hábitos de pensamiento de larga duración:

> Solo con ser consciente del hecho de estar haciendo ejercicio puedes mejorar tu forma física. Un reciente estudio de la Universidad de Harvard, publicado en *Psychological Science* en febrero de 2007, siguió el estado de salud de 84 mujeres encar-

gadas del mantenimiento de habitaciones en siete hoteles diferentes, y descubrió que las que veían su trabajo como un ejercicio experimentaban significativas mejoras en su salud.

A las mujeres se las dividió en dos grupos. A un grupo se le informó de que su trabajo cumplía las recomendaciones acerca de los niveles de actividad diaria, mientras que el otro (el grupo de control) siguió trabajando como de costumbre. Aunque ninguno de los dos grupos alteró su comportamiento, las mujeres que eran conscientes de su nivel de actividad experimentaron significativos descensos de peso, tensión arterial, grasa corporal, proporción cintura-cadera e índice de masa corporal, en solo cuatro semanas. El grupo de control no experimentó mejoras, a pesar de que realizaba las mismas actividades físicas.

El estudio demuestra hasta qué punto la actitud de una persona puede afectar a su bienestar físico. Así pues, si tu rutina diaria te mantiene en movimiento, empieza a pensar en ella como un ejercicio. Puede ser suficiente para avanzar hacia tus objetivos en cuestión de forma física. (Revista *Experience Life*, mayo de 2008.)

Fíjate en la primera línea de este artículo: «Solo con ser consciente del hecho de estar haciendo ejercicio puedes mejorar tu forma física». El conocimiento te hace salirte de tu manera de pensar habitual.

En cuanto a mí, desde que cambié el cableado de mis pensamientos para influir en mi cuerpo e incluso en mi ADN, mi realidad ha cambiado significativamente. Ahora, cuando siento pesadez en el pecho o me duele la garganta, las articulaciones e incluso la cabeza, empiezo por fijarme en ello sin juzgarlo. Simplemente presto atención, observando sin reservas, lo que me permite centrarme de un modo curiosamente suave. Al volverme hacia mi ser superior, todo el miedo del ego empieza a desvanecerse ante su luz. Haciéndome consciente —sin caer en pensamientos del ego acerca de dolor, trastorno, dolencia, ni crear otras barreras mentales—, los síntomas se van marchando a través de mi sistema, que está en un estado de conocimiento superior.

Si antes tenía un hábito de pensamiento de toda la vida, que decía que yo no poseía la capacidad de adaptar mis genes a mis percepciones o reescribir mis códigos genéticos a partir de mis creencias, ahora vivo de una manera nueva. Noto tranquilamente mis viejas creencias basadas en el ego cada vez que siento alguna disfunción corporal. El conocimiento me lleva a pensar de manera totalmente diferente y en muchas ocasiones, prescindiendo del ego, me ha situado en un lugar de curación instantánea.

Los muchos caminos del conocimiento

El conocimiento no te viene exclusivamente de tu intelecto. Hafiz, un poeta persa de la Edad Media, lo explica de este modo: «Oh, tú, que intentas aprender la maravilla del amor en el cuaderno de apuntes de la razón, mucho me temo que nunca entenderás nada». En otras palabras, estudiar estas páginas y aprenderte de memoria los componentes del conocimiento nunca sustituirá a experimentarlas. Así que anímate dedicando algún tiempo a notar qué estás sintiendo en tu cuerpo físico, y dónde. Este es el paso inicial para alcanzar el conocimiento del que habla Lao-tse: Las técnicas místicas para lograr la inmortalidad solo se revelan a aquellos que han disuelto todas las ataduras con el tosco reino mundano de la dualidad, el conflicto y el dogma».

Este es un mensaje revelador. Sé que me veo a mí mismo como un ser inmortal que recibe orientación sobre el conocimiento precisamente porque desato y disuelvo casi todos mis lazos con el mundo de la dualidad, el conflicto y el dogma. La emoción de vivir con esta perspectiva está fuera de mi capacidad de descripción. Me recuerda que existo en un lugar donde todo es posible, y aplico este conocimiento a todos mis viejos hábitos de pensamiento. Te insto a que hagas lo mismo.

Has de saber que eres un alma con un cuerpo, y no al revés,

y comprender que este conocimiento es tu ticket para cambiar creencias que te mantienen atascado en lo que Lao-tse llama «tus ambiciones mundanas superficiales». El conocimiento te recordará en quién eres capaz de convertirte. Todo lo que necesitas aparecerá si estás vigilando y la usas para sustituir tus viejos hábitos de pensamiento.

En estos tiempos, las palabras «infinitas posibilidades» brillan en mi pantalla interior casi todo el tiempo que paso despierto. Esta frase me asegura continuamente que nada es imposible si puedo concebirlo y estoy dispuesto a aplicar el conocimiento, en lugar de poner excusas. El conocimiento me permite percibir posibilidades en lugar de dificultades, sentirme conectado con mi Fuente del Ser y ver el resultado saliendo bien, y no fracasando. Siento una deslumbrante oleada de excitación cuando pienso en no volver a emplear todas aquellas gastadas excusas que me fueron transmitidas por mi familia, mis profesores, mi formación religiosa, mi gobierno, y así ad infinitum. Los mensajes eran similares: «Estas son tus limitaciones», «Esto es lo que puedes hacer y lo que no», «Este es el mundo real de la competencia, el dolor, la violencia, el miedo y el odio», etcétera. Estas ideas me influyeron con mucha fuerza, pero estoy aquí para decirte que ahora tengo una nueva y mejor perspectiva del mundo de infinitas posibilidades.

Cuando simplemente te haces consciente, dejas de ser una víctima de los infinitos virus mentales que parece que te impiden acceder a tu completa realización. Ya no te resulta difícil cambiar aquellos viejos patrones de pensamiento que te impiden vivir a niveles óptimos de éxito, felicidad y salud. Disfrutas conscientemente del conocimiento de que ni los memes, ni los genes, ni ninguna otra cosa del mundo material tiene control absoluto sobre ti... y no hay límites respecto a en quién puedes convertirte. Tu primera respuesta a cualquier situación problemática de la vida no es uno de los dieciocho tipos de excusas del

capítulo anterior; en lugar de eso, te instalas en tu conoci
to del conocimiento y te dices: «Un momento. Aquí ha
más que lo que veo, y primero voy a conectar con eso».

Madame Blavatsky, que hizo muchísimo para introducir las religiones orientales en Occidente, recomendaba esta manera de pensar. Veamos lo que decía al respecto: «Ten paciencia, candidato, como quien no teme el fracaso ni busca el éxito. Fija la mirada de tu alma en la estrella cuyo rayo eres, la estrella llameante que brilla dentro de las profundidades sin luz de lo que siempre es».

Sugerencias para activar un conocimiento del conocimiento

– Desarrolla un estado mental que se mantenga abierto a todas las posibilidades. Niégate a descartar la capacidad de utilizar el conocimiento como instrumento primario para combatir viejos hábitos de pensamiento. Estando abierto a el, invitas al conocimiento superior a entrar. Como he dicho a lo largo de todo este capítulo, con este nuevo enfoque, *todo es posible, y esto no excluye nada.*

– Practica el uso del conocimiento a tu propio ritmo, a tu manera, en las circunstancias que van surgiendo en tu vida cotidiana. Practica dar en lugar de pedir más. Practica no juzgar y ofrecer ayuda en situaciones en las que antes hacías críticas. Lo que quieras para ti mismo, quiérelo aún más para los demás, y observa que cada vez se te da mejor eliminar aquellos viejos pensamientos de «yo primero» que han exigido tu atención en el pasado.

– Durante la infancia, lo más probable es que se utilice mucho la repetición para reforzar cosas que se van dominando. (Probablemente te acordarás de haber insistido en leer y releer un libro o un cuento hasta que te lo sabías de memoria.) Con este espíritu, repite esta afirmación una y otra vez hasta que se solidifique, y pasa de tu mente subconsciente y habitual al primer plano de tu mente consciente: *Me deshago de las viejas maneras de pensar y accedo al conocimiento.*

– Cuando sientas el impulso de utilizar una excusa, sé consciente de que ya no la necesitas. Simplemente, sé consciente de este nuevo conocimiento.

5

El segundo principio: *sintonía*

> Solo haciéndonos semejantes a Dios podemos conocer a Dios; y hacernos semejantes a Dios es identificarnos con el elemento divino que en realidad constituye nuestra naturaleza esencial pero del que, en nuestra ignorancia casi siempre voluntaria, preferimos seguir siendo inconscientes.
>
> ALDOUS HUXLEY,
> *The Perennial Philosophy*

Las excusas controladas por el ego no existirían si fuéramos capaces de adoptar el consejo de Huxley en las líneas de arriba, que parafrasea a Platón y resume perfectamente el valor de este principio de «¡Basta de excusas!». Si nos hiciéramos «semejantes a Dios» y fuéramos constantes al pensar en armonía con la fuente universal del ser (que es nuestra naturaleza esencial), entonces no necesitaríamos utilizar excusas dominadas por el ego.

La sintonía es una verdad básica que funciona como código personal, abriendo la puerta al misterio de manifestar algo en tu vida. Puedes aprender a reajustar tu pensamiento de manera que sintonice con tu naturaleza esencial y te ponga en armonía con la energía de la fuente... esta simetría permitirá que fluya hacia ti cualquier cosa que desees. Mantente sintonizado con la fuente y disfruta explorando una vida sin excusas.

En este mismo momento, puedes empezar a practicar la sintonía. Primero, fíjate en tus pensamientos y estate atento a cualquiera de los que tienes habitualmente y que están mal sintonizados. Entonces, simplemente activa un modo de pensar diferente que sustituya al viejo hábito. Cuando cambias tu manera de pensar para sintonizar con un conocimiento de tu naturaleza esencial, la energía puede medirse.

Resulta que vivimos en un universo que es todo energía. Todo vibra, y la frecuencia de esas vibraciones determina cómo aparece todo, incluyendo nuestro cuerpo, que siente nuestros pensamientos y tiene componentes de energía que pueden medirse. Nuestro universo físico y todo lo que hay en él es una máquina que vibra. El acto mismo de creación, traer a la existencia lo que no existía, es una frecuencia vibratoria. Personalmente, esta revelación ha sido para mí un impresionante despertar, que me ha llevado a saber de corazón que tengo el poder de entrar en armonía con la fuente vibratoria y que puedo activar cualquier cosa en la que me centre. Y creo que esta capacidad la tienen todos los seres.

Hay un campo invisible de energía en el que se origina todo. Por medio del primer principio de «¡Basta de excusas!», el conocimiento, puedes sintonizar con la misma frecuencia vibratoria de ese campo de energía, y acceder a lo que yo llamo «guía divina». ¿Por qué? Por lo que parece ser una ley del universo: dos frecuencias similares se atraen una a otra, y las que son diferentes ni siquiera se reconocen una a otra. Mantenerte vigilante y supervisar continuamente todos tus pensamientos hace que te fijes en la frecuencia en que estás transmitiendo y recibiendo. Cuando percibes que un pensamiento está mal sintonizado, puedes corregirlo; al hacerlo, activas la guía divina porque ahora estás pensando en la misma frecuencia que la energía de la fuente.

Según dijo Lao-tse hace unos dos mil quinientos años, «rechaza la idea de que estás separado de la mente omnisciente del universo. Entonces podrás recuperar tu visión pura original y ver a través de todas las ilusiones [...] El aliento del Tao habla, y los que están en armonía con él lo oyen con claridad». Fíjate en que Lao-tse nos insta a ver que este es un proyecto de recuperación —es decir, el redescubrimiento de nuestra naturaleza original— y que nuestro objetivo es simplemente entrar en armonía con el Tao (la fuente de Dios) en nuestro pensamiento. ¿Y cómo piensa el Tao?

Si pudieras medir algo así, verías que la energía de la fuente es un mecanismo invisible creador, generoso, abundante, amoroso, alegre, que no juzga y para el que todo es posible. Está siempre dando, siempre sirviendo, siempre con provisiones ilimitadas. En realidad no está haciendo nada, pero no deja nada sin hacer. Hace que el ser se manifieste a partir de lo que no es, a cierta frecuencia; y tu tarea es sintonizar con esa frecuencia y al mismo tiempo desactivar las viejas y lentas frecuencias de pensamiento dominadas por el ego. Estar atascado en la carencia, las ocupaciones, las oportunidades perdidas, la mala suerte y cosas semejantes, es estar mal sintonizado con las frecuencias de tu naturaleza original. Estoy seguro de que preferirías vivir en un estado de conexión con la mente divina que todo lo crea, en lugar de seguir atascado en el lodazal de las excusas.

TODAS LAS EXCUSAS SON MALAS SINTONIZACIONES

Vuelve al capítulo 3 y considera lo que te dicen esas dieciocho excusas que he descrito. Repasa la lista y verás que todas ellas se centran en lo que «no se puede» hacer o en lo que «nunca» ha ocurrido. Lo único que la excusa te da es una opción para no vivir la vida que te gustaría vivir. Palabras como «difícil, riesgo», «no se puede», «no soy fuerte», «no soy listo», «reglas», «demasiado grande» y «demasiado complicado» te excusan de ser el tipo de persona que te gustaría ser y que estabas destinado a ser. Ahora considera cómo parece funcionar la energía de la fuente. ¿De verdad te parece posible que Dios o la Mente Divina piense en términos «no se puede hacer»? Pues claro que no.

A mí la lógica me parece suficientemente clara: *sintoniza con la energía que lo puede todo, porque esa es tu naturaleza original.* Las excusas son pruebas de que has descartado una manera de pensar que todo lo puede, en favor de una que todo lo limita. En otras palabras, es imperativo que reduzcas el pensamiento dominado por el ego (que casi siempre solo te ofrece excusas) en favor de un modo de pensar que esté sintonizado con las ideas de «todo es posible».

Uno de los tipos más comunes de ideas habituales que debilitan tiene que ver con el dinero. *No tengo suficiente dinero* es un pensamiento mal sintonizado, porque en el mundo hay unas reservas inagotables de dinero. De hecho, hay tanto dinero que sería imposible crear una calculadora lo bastante grande para contarlo.

Ahora bien, para recibir lo que se transmite, las frecuencias de pensamiento tienen que estar en sintonía. La energía del pensamiento se capta con un receptor sintonizado en la misma frecuencia, así que si la energía de la fuente se está transmitiendo a 95,1 FM, sintonizar 610 AM no te va a permitir captar lo que quieres oír. De manera similar, es imposible captar lo que la energía de la fuente está transmitiendo si no estás sintonizado y no cambias de frecuencias para sintonizar con ella. Siéntate un momento y deja que tu mente reciba ahora mismo estos pensamientos: *Procedes de una fuente que tiene abundancia ilimitada. Ahora sigue transmitiendo esa misma idea, solo que tú la dejaste atrás. Pero cuando regreses a esas frecuencias de tu fuente, empezarás a reconocerlas de nuevo. Empezarán a sonarte familiares. Y al final volverás a estar en armonía, cantando la música que cantabas mucho antes de que adquirieras un ego y emprendieras tu viaje de des-sintonización.*

Aunque aquí estoy utilizando el ejemplo del dinero, esta lógica se aplica a todos los pensamientos habituales o excusas que utilizas para explicar por qué tu vida no es como tú dices que querías que fuera. Así pues, *necesito curarme* es un buen rival vibratorio para *no tengo acceso a la salud perfecta y Dios me está negando su poder de curación*. Eres una prolongación física de la fuente de la vida, y esa fuente no es nada más que bienestar. Pero no puedes acceder a este bienestar si vibras en una frecuencia diferente.

Para ser feliz, necesito a alguien que esté a la altura de mis expectativas y que me ame del modo que yo quiero ser amado es otro pensamiento mal sintonizado muy común. Y sin embargo, la fuente es toda amor. Como escribió Meister Eckhart en el siglo XIII, «Lo único que Dios quiere de ti es que salgas de ti mismo [...] y dejes que Dios sea Dios en ti». Así que ¡vamos, despierta! Deja que la energía de la fuente sea energía de la fuente en ti. Y la energía de la fuente no lleva excusas incorporadas. Dice simplemente que tú eres amor y eres amado, y que lo único que tienes que hacer para conseguirlo es sintonizar con la vibración del amor. O, como dice la oración de san Francisco, «Donde haya odio (o cualquier cosa que no sea de la fuente), dejadme sembrar amor». Cuando conectes con esa vibración y te sintonices de este modo, verás que todos tus deseos empiezan inmediatamente a manifestarse para ti.

La sintonía es el conocimiento en acción

Puede que recuerdes del capítulo anterior que el conocimiento es una representación de tu ser superior, el ser que sabe con certeza que es una prolongación física de lo divino, la fuente invisible de todo. Sintonizar significa pasar a este estado de conocimiento. Es un verbo que connota acción, ya sea la acción de cambiar literalmente viejos hábitos de pensamiento para que sean acordes con tu conocimiento, o el auténtico cambio de conducta para pensar y actuar como un ser «¡Basta de excusas!» que ha encontrado a Dios.

Cuando estás sintonizado, tus pensamientos ya no se centran en lo que no quieres, sino en lo que te propones manifestar como co-creador en colaboración con la fuente. La mejor manera de empezar a reentrenar tu mente es pensar conscientemente de maneras sintonizadas, así que considera las siguientes preguntas:

- Tu fuente universal del ser nunca piensa en términos de lo que le falta. *¿Lo haces tú?*
- Nunca piensa en términos de lo que no puede tener o hacer. *¿Lo haces tú?*
- Nunca piensa en términos de lo que nunca ha ocurrido antes. *¿Lo haces tú?*
- Nunca piensa en términos de lo que puedan pensar, decir o hacer otros. *¿Lo haces tú?*
- Nunca piensa en términos de mala suerte o de que las cosas siempre han sido así. *¿Lo haces tú?*

Cada vez que tienes un pensamiento que se prolonga en una conversación con otros acerca de lo que te falta, de las penurias que pasas, de tu mala suerte, de lo que ha sido siempre así, de que otros no te entienden y cosas semejantes, estás practicando una mentalidad no sintonizada llena de excusas. Pero recuerda que tu misión consiste en pasar al estado activo de sintonización.

Esto me recuerda una historia que me contó un sacerdote de Maui. Parece ser que había una familia que tenía un hijo de cinco años muy revoltoso, y a los padres les preocupaba mucho que pudiera hacer daño sin querer a su hermanito recién nacido. Una noche, mientras miraban el cuarto de los niños para asegurarse de que el bebé dormía seguro, oyeron al hijo mayor preguntarle a su hermano: «Por favor, ¿quieres decirme cómo es Dios? Creo que se me está olvidando». Efectivamente, muchos de nosotros hemos olvidado cómo es nuestra fuente del ser, y esto se nota de manera particular en las excusas que ponemos habitualmente.

Estoy convencido de que el universo no solo te proporcionará aquello que tú puedas concebir, sino que tiene que hacerlo. Así que si te quejas de lo que falta en tu vida —incluyendo el dinero que tú crees que es muy escaso—, se te ofrecerán experiencias acordes con esa energía. Cuando dices «Me gusta mi trabajo, pero con él nunca me haré rico», estás sintonizando una frecuencia que te dará lo que piensas. Yo creo que por eso los ricos se hacen más ricos... desde luego a mí me ha pasado desde que dejé atrás la pobreza hace unos sesenta años.

Manteniéndome centrado en lo que me propongo crear, creyendo que el universo lo proporciona todo, y sabiendo que soy digno de la ilimitada beneficencia de la fuente del ser, atraigo prosperidad constantemente. Y al no sentir apego a lo que se presenta —lo que significa que no tengo deseos de más y más—, soy capaz de renunciar a ello con facilidad. Lo que para muchos sigue siendo un misterio, para mí es una verdad simple.

Mantente en un estado de gratitud y deja que el impresionante pero inexplicable Tao se encargue de no hacer nada y, al mismo tiempo, no dejar nada sin hacer. En lugar de pedir más —lo que implica escasez y, por lo tanto, crea un ambiente vibratorio para más escasez—, concéntrate en lo que tienes y en lo agradecido que estás por todo lo que ha aparecido en tu vida.

Con ese fin, ten siempre presente un «índice de felicidad» que se calculó hace poco para los diferentes países del mundo. Resulta que Nigeria, que es una de las naciones más pobres con poquísimas comodidades modernas, obtuvo el número uno según los informes de felicidad de sus habitantes. Estados Unidos quedó en el puesto cuarenta y seis de cincuenta, a pesar de tener uno de los niveles de vida más altos del mundo. Al parecer, lo que interesa en Nigeria no es el mantra del ego, que exige más, más y más. La insistencia en necesitar más lleva incorporada la idea de escasez, de carencia y de *no tengo suficiente*. En consecuencia, cuando piensas en más, creas la frecuencia vibratoria para experimentar más escasez en tu vida... te guste o no.

Pensar en la sintonía en todo momento

Cuando pienses en el principio de la sintonía, recuerda que la energía de la fuente está siempre presente y que tú tienes siempre el poder de ponerte en armonía con quien eres de verdad. Y lo que eres es un conocimiento superior a tu forma terrenal. Esta idea tan simple —que no eres un yo basado en el ego, sino energía divina en forma física— te ayudará a reajustar tu energía. En cuanto reconozcas tu divinidad, te saldrás de los patrones de pensamiento no sintonizados. Estos pensamientos se centran en lo que va mal o en lo que falta, en lo que otros te han dicho que son tus limitaciones, en lo que siempre ha sido, en lo que era, etcétera.

Puesto que todo viene en respuesta a la vibración de la energía, sal de las vibraciones inferiores y entra en la vibración de la fuente. *Está ahí, solo tengo que conectar con ella. Nada puede impedir que mis ideas creativas se materialicen. He desterrado todas las dudas. Pronto veré por todas partes evidencias de mis manifestaciones...* Este es un nuevo tipo de pensamiento. Aunque pueda parecerte demasiado simplista e ingenuo, te animo con todas mis fuerza a darle una oportunidad a este reentrenamiento de tu mente.

Ten en cuenta que la fuerza de la energía no física está fluyendo por todas partes. Está en ti; pero también está en cada árbol, en cada flor, en cada insecto, en cada planeta y en todo lo que quieras atraer a tu vida. La energía no física es pura unidad positiva, de la que solo tus pensamientos pueden desconectarte o des-sintonizarte. Fluye en todas partes a la vez. Y siempre está creando, siempre amando y siempre animando la vida. Lo único que le impide trabajar para ti es tu creencia en que no puede, no quiere o nunca lo ha hecho... en otras palabras, tus excusas.

En tu conciencia se manifestará rápidamente el tremendo valor de ser consciente de la sintonización de tus pensamientos. Puedes conjurar la energía de la fuente siempre que pierdas la sintonía: basta con que vuelvas a las posibilidades, las manifestaciones y tu propia sensación de estar bien (que no es más que otra manera de sentir la presencia de Dios).

Cuando te resulte difícil adoptar esta actitud de sintonía, pon más atención a lo que siente tu yo acerca de tus deseos. Por ejemplo, si aparece esa vieja sensación de escasez de dinero, es posible que no puedas evitar estar molesto por el hecho de que aún crees que algo más de dinero sería una prueba de que esto está funcionando. Prueba algo diferente, y deja que la energía de lo que estás notando revele lo que está bloqueando tu sintonización. Aunque tengas que pedir prestados unos cuantos cientos de euros solo para llevarlos encima y tener la sensación de abundancia, el hecho de sentirte próspero, seguro, a salvo y positivo acerca del flujo de dinero te sintonizará poco a poco con la fuente de la abundancia. Así lo he hecho yo desde que era niño.

He atraído dinero a mi vida porque siempre me he sentido próspero y merecedor. Esa sensación me motivaba para actuar, y me encantaba repartir comestibles o recoger botellas de refresco o segar céspedes. Mi pequeña cuenta bancaria iba creciendo mientras mis hermanos y amigos decían sin parar que no tenían dinero suficiente. Y todavía sigo cortando céspedes y recogiendo botellas de refrescos, solo que a una escala mucho mayor, y la prosperidad nunca ha dejado de fluir a mi vida. Sé en el fondo de mi corazón que el viaje de la desesperación a la esperanza y a la prosperidad y abundancia se puede hacer a base de pensamientos sintonizados. Lo sé porque lo he hecho durante toda mi vida, y he confiado en ello estando en circunstancias en las que no se habría podido prever que saldría de ellas con una ilimitada prosperidad como tarjeta de visita.

Nadie puede hacer por ti este ejercicio de sintonización. Tienes que decidir mantenerte en la sensación de amor, prosperidad, bienestar o cualquier otra cosa que desees, y dejar que esa sensación fluya a través de ti. Y recuerda que obtienes aquello en lo que piensas, tanto si lo quieres como si no. Permanece conscientemente en el campo de las infinitas posibilidades y no en el de las emociones negativas: el miedo, la preocupación, el odio y la vergüenza son indicadores de una separación de tu auténtico yo en el momento presente. Cuando vuelves a tu auténtico yo, el campo funcionará sin parar para proporcionarte aquello en lo que piensas.

Repite en silencio lo siguiente: «Obtengo aquello en lo que pienso, y desde ahora en adelante elijo pensar en armonía con mi fuente del ser hasta que sea habitual». Eso es sintonizar.

Sugerencias para activar una manera de ser sintonizada

– Pon a prueba tu capacidad de acceder a la guía divina. Piensa en armonía con la energía de la fuente emprendiendo un proyecto pequeño. Elige cualquier tema —abejorros, bombillas, plumas, céntimos, cualquier cosa— y no hagas nada aparte de tenerlo en la mente. Genera energía pura y positiva alrededor de este tema: visualiza la pluma o el céntimo, y siéntete bien cuando aparezca. Deja que tu mente esté en paz activa con ese objeto, y después conviértete en observador en lugar de pedir, y observa lo que ocurre.

Al sintonizar con un campo de posibilidades sin juzgar ni exigir, sino aceptándolo todo, notarás la manifestación en tu espacio vital de aquello con lo que estás sintonizado en tus pensamientos. Abandona todas las ideas de que eres impotente cuando se trata de co-crear tu vida.

– Practica el hecho de detenerte cuando estés metido en el hábito del pensamiento negativo. Controla todo pensamiento que exprese *No puedo, no pasará* o *no tendré esa suerte*, y cámbialos por pensamientos sintonizados como *Pasará, tiene que ser así*, o *Ya está aquí y sé que llegará a tiempo con el sentido divino de la oportunidad*. Cambia estos pensamientos mal sintonizados (excusas) minuto a minuto, hora a hora, día a día.

– Afirma: *Estoy sintonizado con mi fuente en todos mis pensamientos, y con Dios todo es posible*, continuamente, tantas veces como puedas, durante un período de cinco minutos. El acto de repetición ayuda a que el pensamiento se convierta en un método habitual de sintonización. Pronto dirás enfáticamente: «¡Excusas, fuera!».

6

El tercer principio: *ahora*

> Los recuerdos del pasado y la anticipación del futuro existen solo ahora; y por eso, intentar vivir por completo en el presente es esforzarse por lo que ya es así.
>
> ALAN WATTS

Lo has oído muchas veces, tantas que ya se ha convertido en un cliché: *Vive en el presente. El ahora es lo único que existe. Olvídate del pasado; se acabó. No te preocupes por el futuro; solo existe el presente.* Aunque son frases familiares, la verdad es que vivir en el ahora es una actividad escurridiza para prácticamente todo el mundo. Puede ser fácil decirlo, pero no es tan fácil hacerlo día tras día. Y, sin embargo, Alan Watts tiene toda la razón en la cita de arriba cuando dice que «ya es así». Por eso vivir en el momento presente es tan desconcertante.

Piensa en el pasado y ya no estás viviendo en el ahora... ¡pero el ahora es el único tiempo disponible para pensar en el pasado! Vive anticipando el futuro y se te amonestará por no estar aquí y ahora... pero el ahora es lo único que tienes para enfrascarte en esa deliciosa «futurización». Y así, como nos recuerda Alan Watts, nos esforzamos por lo que ya es. En realidad, estar en el ahora es tu única opción. Pero la verdadera pregunta no es cómo vivir en el ahora, es cómo utilizar el ahora estando presente, en lugar de malgastarlo en reminiscencias del pasado o preocupaciones acerca del futuro. Y si examinas con atención los dieciocho tipos de excusas detallados en el capítulo 3, descubrirás que ninguno de ellos se aplica si dominas el arte de estar presente.

El ego, las excusas y el evasivo Ahora

Después de pasar varios días preparándome para escribir este capítulo, estaba intentando centrarme en su importancia cuando decidí ir a nadar un buen rato en el mar. Mientras caminaba hacia el agua, noté que sentía algo de tensión en la región del plexo solar. No era nada serio, solo la incomodidad que suelo sentir cuando tengo muchas cosas que hacer o decisiones que tomar. En el momento en que me disponía a zambullirme, mis pensamientos volvieron a lo que acababa de leer acerca de la psicología del ahora. Decidí comprobar si podía sumergirme por completo en el momento (lo cual, por supuesto, significaba que estaba esforzándome por «lo que ya es así», puesto que no tengo más momento que este), solo que esta vez yo estaría plenamente presente, dejando que todo discurriera. No me preocuparía por el dolor del pecho, ni pensaría en lo fría que estaba el agua ni en qué dirección fluía la corriente, ni repasaría todas las cosas que tenía en mi lista de cosas que hacer. Estaría simplemente en el ahora.

Efectivamente, dejé que todo lo demás desapareciera y me mantuve centrado en el instante, el lugar y el entorno. Y ocurrió algo extraño y maravilloso: el pecho dejó de dolerme, me relajé, toda mi ansiedad se disolvió y me sentí completamente lleno de energía. Durante los siguientes sesenta minutos, más o menos, me moví a través del agua estando presente al cien por cien. En el momento en que decidí estar por completo ahí y nada más, con todos los demás pensamientos apartados a un lado, la molestia que estaba experimentando desapareció. Además, tuve la sesión de natación más apacible de mi vida y salí del agua completamente renovado.

Mi conclusión es que el momento presente es un antídoto para el dolor y las dificultades que experimentamos, que normalmente intentamos aliviar con razonamientos y explicaciones. Cuando nos sumergimos al cien por cien en el ahora, experimentando el ahora y nada más, estamos haciendo un viaje

«¡Basta de excusas!», sin necesitar ninguno de aquellos viejos patrones de pensamiento habitual.

En realidad, las excusas son simplemente algo que has elaborado para explicar momentos del ahora que están enredados con el pasado o el futuro Si estás verdaderamente en esa bienaventurada presencia del ahora, no hay deseos de alterar lo que es. Cuando tus palabras expresan que «va a ser difícil... se tardará mucho... no soy lo bastante listo... soy demasiado mayor», estás echando a perder un momento presente con excusas de un momento que no es ahora. ¿Y cuándo estás teniendo esos pensamientos? Has acertado: el único momento que tienes para pensar es el ahora. Así que si gastas el momento presente para repetirte que el pensamiento del momento presente es incorrecto (poner excusas), ¿puedes aprovecharlo para hacer algo constructivo? ¡Por supuesto que no!

Todas las excusas son técnicas de evitación para impedir que tomes el mando y cambies tus hábitos de pensamiento. Si no estuvieras repitiendo tus excusas y en cambio te sumergieras en el ahora, estarías experimentando tu propia modalidad de la dicha y la curación que tuvieron lugar para mí durante mi baño mágico. Y es que cuando expulsé al ego del momento, dejé de pensar en mí mismo y me centré en estar plenamente presente... y entonces pude estar verdaderamente aquí sin las excusas del ego. Tenía abundantes explicaciones para la tensión en el pecho, pero cuando me metí de lleno en el ahora sin ningún otro pensamiento, las excusas desaparecieron junto con el dolor.

El ego es un falso yo que cree en su aislamiento. Se esfuerza en adquirir y lograr, y está constantemente buscando más. No puede coexistir con el conocimiento y la sintonía, y tampoco puede sobrevivir en el ahora. Cuando te entregas al momento, es imposible pedir otra cosa, o pedir más. La esencia de vivir en el presente es precisamente la total aceptación de lo que hay aquí. Tu mente no vaga en busca de lo que fue, de lo que debería ser o de lo que falta; y no buscas excusas. En cambio, sabes mejor cómo experimentar tu ser superior.

También tienes una profunda sensación de conexión con Dios, que no está haciendo nada diferente de lo que hacía hace una hora o hace un siglo, ni de lo que estará haciendo dentro de un milenio. La energía de tu fuente está siempre —y solo— aquí y ahora. No sabe ser de otra manera. No tiene planes, ni pesares, ni preocupaciones por el futuro, ni sentido de culpa por el pasado. Simplemente, es. ¿Y qué está haciendo Dios? Nada. ¿Y qué deja Dios sin hacer? Nada.

Estando en el ahora y en un estado de gratitud por todo lo que es y por todo lo que eres, domas al ego y entras en un estado en el que las excusas no se pueden ni considerar. ¿Qué excusa necesitas cuando estás plenamente presente? Ninguna. ¿De qué sirve el ego, ese falso yo, cuando estás con la fuente en este momento? No gastes el presente con pensamientos de pesar o preocupación. La experiencia del conocimiento superior es tu premio. Cuando el ego toma el control, prácticamente todos los pensamientos están poniendo excusas, centrándose en lo que siempre ha sido o en lo que temes que siempre será. Pero cuando haces amistad con el momento presente, dices adiós a ese molesto ego.

La cuestión no es si eliges vivir en el ahora o no, porque la verdad básica es que es lo único disponible para vivir. Todo el pasado ocurrió en el ahora. El futuro, que nunca llega excepto como momento presente, es lo único que está disponible. *La auténtica cuestión es cómo decides utilizar los preciosos momentos de tu vida.* Puedes elegir el conocimiento superior y suspender los pensamientos de pasado/futuro dominados por el ego, eliminando tu dependencia de las excusas. Cuando te sumerges plenamente en la esencia del ahora, te sitúas cara a cara con tu fuente del ser. Este es el gran valor de aprender a estar plenamente presente.

Hacer amistad con el Ahora

Con frecuencia, el ego ve el ahora como un simple medio para un fin, algo que hay que soportar para llegar a un punto del futuro. Esto significa que nunca llegas a estar del todo en el momento, porque lo estás gastando anticipando dónde estarás en el futuro. Por supuesto, el futuro está siempre por delante de ti —como los pensamientos en tu cabeza—, preparándote para una vida de esfuerzo en lugar de llegar.

Sin embargo, este curso particular de «¡Basta de excusas!» adopta una postura muy diferente. En lugar de perder tiempo estando molesto porque hay muchas cosas que hacer en el futuro, detente y recuérdate que debes estar aquí y ahora, como proponía mi amigo Ram Dass en el título de su famoso libro. Para ello, hazte amigo del presente. Míralo como tu aliado: el único lugar donde has estado y donde estarás. Y haz una breve meditación que te recuerde en qué consiste esta experiencia de la vida.

Una de mis técnicas favoritas para ponerme directamente en sintonía con el presente es imaginar lo que hacen en cada momento de su existencia todas las bellas criaturas de Dios. No están preocupadas por su fallecimiento, toman el sol recreándose en el ahora. Experimentan plenamente cada momento. No veo que ningún animal parezca odiar lo que está haciendo, ni que maldiga su suerte en la vida o discuta consigo mismo o con otros sobre lo que es. No hacen de la vida un enemigo ni utilizan sus preciosos momentos en un estado de ansiedad o depresión.

Hace años, tuve el privilegio de participar en un safari en la región norte de Sudáfrica. Una tarde, los otros miembros del grupo y yo estábamos reuniéndonos para cenar cuando vimos seis o siete cebras que pastaban fuera de nuestra tienda. Al mirar más de cerca, observé algo que desde entonces he utilizado para recordarme que debo mantener una relación amistosa con el ahora, en lugar de tratarlo como un obstáculo que hay que soportar mientras vamos de camino a alguna otra parte.

Una de las cebras había sido atacada durante la noche y su cuarto trasero derecho parecía haber sido mordido por un león en busca de comida. Aquel bello animal parecía estar pastando apaciblemente, completamente en el momento, aunque la noche anterior casi le habían arrancado una de sus patas. Pensé que si aquel animal era capaz de estar plenamente presente en semejantes condiciones, ¿cómo podía yo sufrir ansiedad por lo que pudiera ocurrir o dejar de ocurrir en el futuro, cómo podía molestarme lo que tuvo lugar en el pasado? Aquella cebra parecía estar diciendo: «Este es el único momento que tengo. Esto es lo que es, y yo voy a vivir plenamente cada instante hasta que abandone este plano de existencia».

Aunque este es un ejemplo extremo, siempre sirve para ayudarme, sobre todo cuando tiendo a usar esas excusas que he empleado tantas veces cuando caigo en hacer del momento presente un enemigo, en lugar de un compañero constante. Pienso en aquella cebra asombrosa pero mutilada y vuelvo inmediatamente al ahora. Y estoy en él de tal manera que no lo gasto en molestarme por algo que ocurrió en el pasado o preocuparme por lo que está por venir.

Nuestra relación con el momento presente define nuestra relación con la vida misma. Una de las mayores revelaciones que he tenido se refiere a mi experiencia del tiempo como la ilusión definitiva. Lo que haya sucedido en el pasado —no importa si hace muchos años, siglos o milenios— ocurrió todo en el ahora. No hay manera de experimentar algo si no es en el preciso presente. Así pues, la idea de que ocurrió en el pasado tiene que ser una ilusión, ya que todo se experimenta únicamente ahora. Eso del «tiempo» es una gran ilusión.

La misma lógica se aplica igual al futuro: las fantasías que tenemos sobre lo que ocurrirá entonces también tienen lugar solamente en el ahora. Lo único que tenemos es ahora-ahora-ahora. El tiempo es lo que parece que medimos con nuestros relojes de pulsera o de otro tipo y con nuestros calendarios; pero en realidad no es nada más que una serie de momentos presentes.

El mensaje, pues, en este paradigma de «¡Basta de excusas!», es que estar en el ahora te ayudará a superar todas tus explicaciones de por qué no estás viviendo al nivel más alto. Tu relación con la vida misma refleja tu relación con el momento presente, así que si tu cabeza está llena de pensamientos frustrantes o irritados por lo que no está ocurriendo o por lo que te parece el mundo, no vas a tener una relación muy buena con la vida. Sin embargo, una relación disfuncional con la vida no es en realidad más que una relación disfuncional con el momento presente. Una vez más, *la vida solo se vive en el ahora.*

En lugar de ver tu momento presente como un obstáculo, míralo como el milagro supremo. «Wayne, este es el único momento que tienes» es una frase que me digo con frecuencia para mantenerme en términos amistosos con el ahora. Piensa en esto: *el único momento que tienes.* Cuando te das cuenta de lo que esto significa, inmediatamente quieres pasar a un estado de reverencia y gratitud por ello, independientemente de lo que esté ocurriendo. Hago esto con frecuencia en mi práctica de yoga, sobre todo cuando me enfrento a una postura difícil. Equilibrarme sobre una pierna y mantener la otra derecha, con las manos cogiéndome el talón, es un prueba que me hace murmurar: «Aquí y ahora, Wayne. Hay un momento para estar cansado y habrá un momento para descansar, pero aún no está aquí, así que mantente en el momento presente». Y, por supuesto, siempre pasa, pero el siguiente momento que aparece, asombrosamente, también aparece como un ahora... y también el siguiente. Y lo mismo ocurre con cada experiencia de la vida.

Suprimir los juicios

He descubierto que me sale mejor estar plenamente presente cuando elimino los juicios acerca de lo que estoy experimentando. En lugar de decirme que algo que ocurre es una experiencia buena o mala, me encuentro simplemente en la realidad del momento. Es decir, lo que siento me sirve de mucha más ayuda que «por qué no es lo que yo creo que debería ser». A esto se le llama permitir en lugar de resistirse a lo que es. Incluso cuando quisiera cambiar el momento, es mucho más útil permitirlo sin juzgar nada y después fijarme en todo lo que pueda acerca de ello.

Cuanto más me salgo de mi rutina de pensamiento bueno/pensamiento malo, más capaz soy de estar simplemente con lo que hay. Me encanta observar el instante sin juzgar nada. Los pájaros simplemente permiten que ocurra lo que les ocurre, por mucho que sople el viento o caiga la lluvia, y yo me esfuerzo por ser como una de esas fabulosas criaturas. La manera de hacerlo es plantearme esta pregunta: «¿Qué está ocurriendo aquí mismo y ahora mismo, independientemente de mi opinión sobre ello?». Entonces me doy cuenta de todo lo que puedo absorber: el cielo, el viento, los sonidos, la luz, los insectos, la temperatura, los juicios... todo. Me mantengo libre de opiniones y me dejo ser. En esos momentos, no necesito una excusa para nada.

Incluso cuando me siento aquí a escribir, estoy practicando estar presente y dejo simplemente que las palabras fluyan a través de mi corazón hasta mi mano y a la página, con total ausencia de juicio. Y cuando me como la comida, procuro estar simplemente presente en estado de gratitud por la comida y por la experiencia de comer, en lugar de gastar esos momentos en pensar en todo lo que tengo que hacer por la tarde o hacer juicios sobre el sabor, el color o el olor que experimento al comer. Procuro tener presente que cada vez que reacciono contra la forma que la vida adopta en el momento presente, estoy tratando el ahora como si fuera un impedimento, o incluso como si fuera mi enemigo.

Cuando eras niño sabías estar totalmente presente. Te exhorto a que observes a los niños pequeños. Fíjate en que no reaccionan a cada alteración en su mundo y en cómo están en el momento, y después en el momento siguiente, y así sucesivamente. Puedes utilizar esta manera de no juzgar para practicar tu nueva identidad desprovista de explicaciones. La inmersión total en el presente, sin juzgar —es decir, simplemente dejándote ser— es una excelente manera de librarte de esos hábitos de pensamiento de toda la vida que yo llamo «excusas».

Abstente de juzgar y nunca sentirás la necesidad de alguna vieja excusa para malgastar tus preciosos segundos, del tipo de *nunca ha ocurrido antes... soy demasiado mayor... se tardará mucho tiempo*. En cambio, estarás en el ahora, agradeciendo la compañía de tu constante momento presente, tu fuente del ser, que no sabe nada de excusas y no sabe estar más que aquí y ahora. Tal como escribió uno de mis predecesores, Dale Carnegie, «una de las cosas más trágicas que sé sobre la condición humana es que todos tendemos a posponer la vida. Todos estamos soñando con un mágico jardín de rosas más allá del horizonte, en lugar de disfrutar de las rosas que están floreciendo ahora fuera de nuestra ventana».

Hazte uno en el presente con todas las rosas que aparezcan en tu vida.

Sugerencias para activar la conciencia del momento presente

– Practica el hecho de hacerte consciente de tus reacciones cuando alguien introduce algún tipo de perturbación mental en tu vida. ¿Adónde te llevan tus pensamientos? ¿En qué piensas en ese instante? Probablemente, descubrirás que tus pensamientos son proyecciones hacia el pasado o hacia el futuro, de modo que procura volver al ahora. Cuando recibes la información perturbadora, pregúntate: *¿Cómo me siento ahora mismo?*, en lugar de *¿Cómo me voy a sentir más tarde?* o *¿Cómo me sentí entonces?* Haciéndote un suave recordatorio en el momento de incomodidad, te harás volver a lo que estás experimentando ahora. Observa cómo tu incomodidad se disuelve cuando regresas al presente. Sigue practicando el hecho de volver al aquí y al ahora, y recuerda cuando lo hagas que esta es tu relación con la vida. Acepta el momento presente y encuentra la perfección que ni el tiempo mismo puede tocar.

– Date el lujo de aprender a vivir en el momento presente adoptando las dos prácticas siguientes y haciendo de ellas una parte habitual de tu vida cotidiana.
1. *Meditación*. Líbrate de las excusas que utilizabas: que es muy difícil, que no tienes tiempo o energía, etcétera. Empieza hoy mismo, practicando cualquier forma de meditación que te atraiga. Descubrirás que te conviertes en un experto en permitir que fluyan en el ahora pensamientos que interfieren, en lugar de intentar detenerlos o cambiarlos.
2. *Yoga*. Encuentra un centro de yoga y date la oportunidad de experimentar esta antigua práctica. La palabra *yoga* significa «unión», y la práctica te ayuda a reunirte con tu fuente y librarte de muchos de tus pensamientos habituales e inútiles. El yoga te ayuda a mirar en tu alma y estar presente. Experimentarás la unidad de todas las cosas... encontrarás la paz en lugar de excusas.

– Repite esta afirmación: *Decido estar plenamente presente en el ahora, y este es el único sitio en el que podré conocer a Dios*. Repitiéndote esto en silencio durante un período de cinco minutos, reforzarás la importancia de ser una persona en el momento presente. ¡La repetición es fundamental! Convierte esto en una práctica regular y al final se convertirá en tu manera de vivir.

– Mantente presente: cada segundo, cada minuto y cada hora. Cada día de tu vida está lleno de momentos presentes de infinito valor. No encontrarás a Dios ayer ni mañana. Tu fuente está siempre y solo aquí y ahora.

7

El cuarto principio: *contemplación*

> La contemplación es la forma más elevada de actividad.
>
> Aristóteles

Todo descubrimiento de algo nuevo lleva implícito el concepto crucial de la contemplación. Piensa en los aviones que pesan cientos de toneladas y vuelan alrededor del mundo en relativamente muy poco tiempo. Hace aproximadamente un siglo no existían, pero entonces se descubrieron los mecanismos del vuelo. Generando una alta velocidad y diseñando alas que hacían que el aire empujara hacia arriba, mira qué maravilla, objetos más pesados que el aire se mantenían en vuelo. Cuando los hermanos Wright llegaron a Kitty Hawk, no habían estado pensando en cómo las cosas permanecían en el suelo; por el contrario, habían estado contemplando la elevación de las cosas que se mueven en el aire. Y gracias a que ellos y otros como ellos estaban dispuestos a pensar en serio en algo que aún no existía, el viaje aéreo entró en nuestro sistema de realidad.

La contemplación es la actividad mental que está detrás de todos los inventos; mejor dicho, detrás de toda creación. Por consiguiente, te exhorto a que te hagas plenamente consciente de cómo decides utilizar tu mente al estudiar este cuarto principio de «¡Basta de excusas!» y su relación con la acción. Es importante que entiendas que puedes crear la vida que deseas concentrándote en lo que quieres atraer. Una vez que domines las ideas que rodean a este concepto, ya no querrás usar tu mente para generar excusas. Preferirás utilizarla para considerar qué es lo que de verdad quieres manifestar en tu vida, y después visualizarlo cuando se hace realidad.

El principio de la contemplación es también lo que impulsa el progreso humano en contextos culturales, políticos y sociales. Por ejemplo, la idea de que la esclavitud es una horrible lacra en la naturaleza espiritual de la humanidad la comprendió primero una persona y después otra, hasta que se abolió por completo la práctica. También la idea de que las mujeres tenían el mismo derecho a votar que los hombres se concibió en unas cuantas mentes antes de que se convirtiera en realidad. Estas ideas primero se contemplaron, y su destino se describe en estas palabras de Victor Hugo: «No hay nada más poderoso que una idea cuyo momento ha llegado».

Contemplación y atracción

Probablemente, las excusas en las que tiendes a apoyarte incluyen algunas ideas que has contemplado durante toda tu vida hasta la fecha. Sí, incluso pensar en que *Será difícil... No puedo permitírmelo...* o *No me lo merezco* es practicar lo que Aristóteles llamaba «la forma de actividad más elevada». Cuanto más reflexionas sobre la imposibilidad de que tus deseos se cumplan, cuanto más te quejas de lo injusta que es la vida y más te molesta lo que la vida se empeña en manifestar, más definen tu vida esas mismas cosas. Eso se debe a que aquello en lo que te concentras aparece invariablemente en tu vida... ya sea lo que quieres o lo que no quieres. Así que si siempre estás pensando o hablando de lo que va mal en tu vida, estás atrayendo precisamente lo que no deseas.

Decidirse por una actitud «¡Basta de excusas!» significa negarse rotundamente a participar en el ritmo derrotista que acabo de describir. Aprendes a moverte en un nuevo terreno, donde tus pensamientos se ven como realidades potenciales, y tienes el sagrado deber de contemplar solo lo que se origina en tu auténtico ser. Y esto es algo en lo que puedes empezar a trabajar ahora mismo.

Hace mucho tiempo que aprendí de uno de mis mentores, Abraham Maslow, que las personas autorrealizadas nunca utilizan sus mentes para pensar en lo que no quieren atraer. No se preocupan por si una enfermedad se agravará, por la falta de dinero, por si les afectará una crisis económica o por el resultado negativo de un negocio, por si sus hijos se meten en líos, etcétera. Sus mentes se centran en las condiciones que quieren producir... y entonces, el golpe de suerte, las personas o circunstancias adecuadas, o la oportunidad justo a tiempo se presentan como resultado de su contemplación. Todos nos convertimos en aquello en lo que pensamos, así que es muy importante prestar atención a esos pensamientos.

Y ten en cuenta lo que dijo en una ocasión Aldous Huxley: «La contemplación es esa condición de pasividad alerta en la que el alma se abre al terreno divino de dentro y de fuera, la Divinidad inmanente y trascendente». Es como si al pensar en lo que deseas liberaras millones de pequeñas abejas obreras, invisibles pero alertas, que te guían en el acto de creación. En lugar de centrarte en una excusa floja, utilizas tu mente para sintonizar con la «Divinidad trascendente» que todo lo sabe. Y cuando utilizas tu mente de esa manera, empiezan a ocurrir milagros.

Esto me hace pensar en algo que le ocurrió hace poco a mi hija Serena. Después de graduarse en la Universidad de Miami, ella y su amiga Lauren estaban muy ilusionadas por crear un programa de televisión centrado en la comida sana, la cocina y la vida en general, dirigido a su grupo de edad. Todos podíamos imaginar fácilmente a Serena y a Lauren presentando su programa, y llegaron a elaborar una presentación de la idea en formato televisivo. Por desgracia, parecía que no podían encontrar a la persona o agencia adecuadas para representarlas.

Le dije a Serena que se contemplara a sí misma rodeada por

lo que ella y Lauren querían atraer, y que desecharan excusas como *Será difícil... Nunca ha ocurrido antes... Es demasiado grande...* o *Soy demasiado joven*. Le recordé que debía seguir contemplando porque esa es la forma más elevada de actividad. Ninguno de nosotros sabía cómo terminaría aquello. Pero para entenderlo, se necesita antes un poco de historia.

Hace unos quince años, la mejor amiga de mi hija, Jesse Gold, y su familia pasaron una tarde con nosotros en nuestro apartamento de verano en Maui. Aquella noche, Serena, que tenía siete años, tuvo a toda la concurrencia llorando un momento y riéndose a carcajadas en el momento siguiente, divirtiéndonos con su habilidad escénica natural. El padre de Jesse, Harry, llegó a redactar un contrato en el que decía que cuando Serena fuera a Los Ángeles para convertirse en actriz, él la representaría. Firmó este contrato inspirado por el momento y se lo dio a mi mujer, que lo guardó —sin que Serena lo supiera— durante todos estos años.

Volvamos al presente. Había transcurrido una década y media, y yo llegaba tarde a una cita en Burbank para hablar con unos productores sobre un programa de televisión. El tráfico era muy denso, me costó encontrar un sitio donde aparcar y sentía que nada iba bien respecto a la oportunidad de la cita. Cuando por fin entré en el vestíbulo del edificio donde iba a tener lugar la reunión, la puerta del ascensor empezó a cerrarse al acercarme yo. Pero, afortunadamente, alguien la mantuvo abierta.

Solté un suspiro de alivio, camino de mi reunión en el piso catorce. Y entonces me di cuenta de que la persona que había mantenido abierta para mí la puerta del ascensor era Harry Gold, que resulta que es uno de los principales agentes de talentos de la costa Oeste. Aunque llevábamos años sin vernos, Harry insistió en que pasara a saludar a Jesse, que estaba trabajando a media jornada en un restaurante de aquel mismo edificio, mientras seguía su carrera. Todos nos abrazamos, echamos unas risas y nos maravillamos de la combinación de circunstancias que nos había reunido a Harry y a mí en aquel momento, en aquel ascensor. Y cuando más tarde llamé a la madre de Serena, esta sacó aquel pequeño contrato, escrito en broma quince años atrás.

Yo creo que al contemplarse rodeada de las condiciones que quería atraer, mi hija creó una sintonía que me hizo llegar tarde a aquella cita, precisamente en el momento en que Harry pudiera sujetar la puerta del ascensor para mí. ¿Coincidencia? Puede ser. Pero qué hermosa coincidencia. Cuántas cosas tuvieron que parecer que iban mal para que todo esto se manifestara. Ahora a Serena se le ha dado una oportunidad de producir su programa de televisión, con su idea representada por alguien que se comprometió por escrito a hacerlo cuando ella tenía siete años... alguien que estaba tan cerca de ella como su propia familia cuando era pequeña.

No me preocupa lo más mínimo el resultado de la iniciativa de Serena. Lo que importa es que cuando te enfrascas en el acto de contemplación activa, pones en marcha una fuerza poderosa: te dejas vivir por la gran mente universal del Tao. No me cabe duda de que si mi hija continúa con sus ejercicios de contemplación interior, renunciando a todos los patrones de excusas y manteniendo toda su actividad mental en lo que se propone manifestar, verá que este tipo de cosas le ocurren con frecuencia. Lo que haga con ello y adónde llegue dependerá siempre de lo que siga contemplando.

La mecánica de la contemplación

Tanto Aristóteles como Aldous Huxley nos ofrecen maravillosas revelaciones acerca del principio de contemplación. Los dos explican que el mero acto de reflexionar sobre una idea, cualquier idea, pone en marcha el proceso de creación. Este es un componente esencial para vivir una vida «¡Basta de excusas!». Como sabemos, Aristóteles escribió: «La contemplación es la forma de actividad más elevada». Y Huxley dio en el clavo cuando nos recordó que el proceso mismo permite que nuestra alma se abra a la divina guía que actúa dentro de nosotros y al mismo tiempo en todas las partes del universo.

También me ha influido mucho en este aspecto un brillante erudito llamado Thomas Troward. En 1910 pronunció una serie de conferencias que se transformaron en libros, y que cambiaron para siempre nuestro modo de ver el proceso de creación y manifestación. Sus escritos pueden ayudarnos a entender el poder de la contemplación, sobre todo en relación con la creación misma. Te insto a que leas su notable tratado *The Creative Process in the Individual*.

En el prólogo, Troward escribe: «En el presente volumen me he propuesto presentarle al lector la concepción de una secuencia de acción creativa, empezando por la formación del globo y culminando en una panorámica de infinitas posibilidades que puede alcanzar cualquiera que siga la línea correcta para su despliegue». En las páginas siguientes, explica que todo el cosmos se creó por autocontemplación, y que hay infinitas posibilidades a tu disposición si sigues una secuencia pertinente de acción creativa. Todo esto puede alcanzarlo quien esté dispuesto a seguir «la línea correcta».

Troward te pide que tengas claros en tu mente los pasos del proceso creativo relativos a la contemplación, y que después veas cómo se disuelven las excusas y contemples el resultado de tus esfuerzos. He aquí un resumen de la secuencia de cuatro partes, o línea correcta, para que la consideres:

1. **El espíritu se crea por autocontemplación.** El proceso de pasar de la no existencia a la existencia implica una fuente invisible, a la que llamamos «espíritu», que decide expandirse en el mundo de las formas. Es Dios que se expresa a Sí mismo en todas las cosas materiales. Así, a partir de su naturaleza originaria, todo y todos son resultado del espíritu que se contempla a sí mismo y expresa su vida, amor, luz, poder, paz, belleza y alegría inherentes como parte del mundo material.

2. **Y se convierte en aquello que contempla que es.** La contemplación del espíritu da como resultado la manifestación de lo que está siendo contemplado. Troward se esfuerza mucho en su libro por explicar el ideal divino y cómo todo el cosmos empezó a existir como resultado de la autocontemplación del espíritu originario (el Tao o Dios) con el propósito de expresar vida.
3. **Tú eres Espíritu individualizado.** Aquí se te exhorta una vez más a reconocer tu propia divinidad. También tú te materializaste desde la no existencia (espíritu) a la existencia (la forma) por autocontemplación del espíritu mismo. Y ya que eres, por así decirlo, un fragmento de Dios, Troward te ofrece la siguiente conclusión:
4. **«Por lo tanto, lo que contemplas como la ley de tu ser se convierte en la ley de tu ser».** Y a continuación declara que debes utilizar el poder creativo de tu pensamiento para mantener tu unidad con el espíritu en lugar de crear una sensación de un yo separado, desconectado del espíritu y que sufre pobreza y limitaciones. Es decir, mientras seas capaz de utilizar tu poder de contemplación y te mantengas en armonía con la manera en que el espíritu se contempla a sí mismo, tienes exactamente los mismos poderes de manifestación. Al fin y al cabo, en el sentido más auténtico de la palabra, tú eres lo mismo que el espíritu que te originó. La sensación de un yo separado de la que habla Troward la crea ese molesto ego.

Para comprender el poder de la contemplación, debes esforzarte por entender la ley de tu ser como algo que te permite utilizar tus procesos de pensamiento para mantenerte sintonizado con el espíritu o la energía de la fuente.

Aunque reconozco que la información de esta sección puede parecer un poco demasiado esotérica para tu gusto, si asimilas con atención las obras de Thomas Troward —y el proceso creativo en ti mismo, como individuo que se autorrealiza—, verás con claridad que la contemplación es un instrumento poderoso que puede haberte pasado inadvertido hasta ahora. Eso se debe a que te centras en tu ego y en las excusas que has empleado para explicar tus deficiencias.

Procura imaginar que todo y todos tienen su origen en una energía sin forma que hemos acordado llamar «espíritu», y después visualiza el espíritu como una fuerza creativa que utiliza la contemplación para expresarse a sí misma en una forma material. Tú eres una expresión individualizada de esa misma contemplación, así que tienes la posibilidad de hacer exactamente lo mismo. El único requisito es que no rechaces tu naturaleza espiritual sustituyéndola por un falso yo. El falso yo contempla desde una posición de excusas, porque no puede manifestar la energía creativa necesaria para la vida que desea.

La mecánica de la contemplación se reduce a esto:

- La contemplación es el uso continuo de tu proceso de pensamiento.
- Tus pensamientos son en realidad como cosas que actúan para iniciar el proceso de materialización.
- Si contemplas con pensamientos que sintonizan con el espíritu originario, tienes el mismo poder que el espíritu originario.
- Cuando la contemplación sintoniza con la vibración del espíritu originario, te ganas la cooperación de la mente divina, que atrae y cumple tus deseos.
- Así pues, la contemplación es un tipo de acción en sí misma, que pone en marcha todas las fuerzas creativas del universo.
- Cuando te apoyas en excusas, permites que tu falso yo (el ego) se concentre en lo que no quieres o en por qué no puedes crear por ti mismo lo que quieres.
- La presencia de excusas en tu vida es una evidencia de que

te centras en lo que no puedes hacer o tener, y no en las infinitas posibilidades que son inherentes a tu ser divino y creativo.
- Para librarte de las excusas, tienes que aprender a practicar la contemplación de lo que te propones manifestar, y al mismo tiempo desapegarte del resultado.
- Contempla como lo hace Dios, con pensamientos de *¿Cómo puedo contribuir?* y no de *¿Qué gano yo con ello?*
- Recuerda el famoso comentario de Troward: «La ley de la flotación no se descubrió contemplando el hundimiento de las cosas...». En otras palabras, cuando ves lo que contemplas como si ya estuviera ahí, el universo acabará ofreciéndote experiencias acordes con lo que estás contemplando.

Sugerencias para activar una nueva manera de contemplar

– Thomas Troward nos exhorta a aceptar la idea de que la contemplación del espíritu como poder es la manera que tiene el individuo de generar ese mismo poder dentro de sí. «Todos lo tenemos dentro —dice— y —depende de nosotros hacer que se exprese.»

Tu mente está siempre contemplando algo, rumiando esto o aquello una y otra vez. Dedica algún tiempo cada día (e incluso varias veces al día) a contemplar el espíritu como poder, en lugar de continuar con el diálogo interior que suele resultar de tu enganche a los viejos patrones de excusas. Prueba algo como esto: *El poder creativo e inteligente se manifiesta a la perfección como el universo. Yo soy un resultado de ese poder. Me siento conectado a él, y sé que colaborará conmigo en crear la vida que deseo.* Considera tu mente como una fuerza poderosa que está en armonía con el mismo poder que está detrás de toda la creación.

nicamente esta idea, y activarás una cosmología
cusas!» para ti solo.

– Empieza a acostumbrarte a considerar la contemplación como una acción, y no como un vagabundeo mental pasivo. Valora tu mente como un gran regalo de tu Creador, un regalo tan maravilloso que tiene dentro de sí la propia mente del Creador. Considera tus momentos de contemplación igual que consideras el tiempo que dedicas a practicar para mejorar tu habilidad en cualquier actividad. Una hora al día lanzando la bola es una acción que conduce a mejorar tu puntuación en los bolos. Unos pocos momentos, varias veces al día, reflexionando sobre lo que pretendes manifestar en algún campo de tu vida tendrá exactamente el mismo efecto en tu habilidad para manifestar. La contemplación es acción. Es necesario entrenar la mente para poner en marcha cualquier cosa que desees.

– Repite para ti mismo el siguiente mantra durante un mínimo de cinco minutos seguidos al día: *Me contemplo a mí mismo rodeado de las condiciones que quiero atraer a mi vida*. Repítelo deprisa muchas veces, aunque te parezca ridículo hacerlo. La repetición te ayudará a empezar a imaginar las personas o circunstancias adecuadas, la financiación necesaria y cualquier otra cosa que desees. Mantente desapegado y deja que el universo se encargue de los detalles. Deja de centrarte en aquellas viejas excusas tuyas y en cambio coopera con la mente universal que todo lo crea, que puede hacer cualquier cosa y que forma parte de tu ser divino.

– Termino este capítulo con uno de los consejos de Thomas Troward que me ha servido de manera infalible desde que fui consciente por primera vez de su contribución al arte de la ciencia mental. Esta es la práctica que yo utilizo desde hace varias décadas para hacer que se manifiesten mis deseos. Deja que resuenen en tu interior las palabras de Troward sobre la manifestación de tus últimos deseos, aunque su formulación pueda parecer extraña y complicada:

Utiliza simplemente el método del proceso creativo, es decir, la autocontemplación del espíritu. Ahora sabemos que somos recíprocos del espíritu divino, centros en los que Él encuentra un nuevo punto de vista para la autocontemplación. Así pues, el modo de elevarse a las alturas de esta gran pauta es contemplándolo (y/o agradeciéndolo) como el Criterio Normal de nuestra personalidad (individualidad).

Reflexiona un rato sobre el párrafo anterior hasta asimilarlo. Adquieres el poder de creación contemplándote a ti mismo tal como ya eres.

8

El quinto principio: *disposición*

> Si estás dispuesto a que él te viva, lo verás en todas partes, incluso en las cosas más vulgares.
>
> LAO-TSE

La palabra «disposición» describe un concepto muy amplio. Puede que pienses inmediatamente *Pues claro que estoy dispuesto... dispuesto a pensar o a hacer lo que sea con tal de vivir una vida de éxito, felicidad y excelente salud*. Sin embargo, mi experiencia como profesional de ayuda durante más de cuarenta años —además de ser un hombre que intenta ayudarse a vivir aquello de lo que escribe— me ha llevado a una conclusión diferente. En realidad, la mayoría de nosotros solo habla de boquilla acerca de una vida de conocimiento superior; no siempre queremos dar los pasos necesarios para crear la vida que deseamos. Por esta razón, he decidido explorar contigo el quinto principio de «¡Basta de excusas!»: la disposición, un elemento imprescindible en la empresa de vivir plenamente tu vida.

CUATRO CUESTIONES CLAVE ACERCA DE LA DISPOSICIÓN

El pensamiento habituado es en gran medida el resultado de memes que has dejado entrar en tu cerebro. La única función de estos virus mentales es hacer montones de copias de sí mismos y después infiltrarse y propagarse por todas las partes posibles. Aunque puede que no fueras consciente de que eres capaz de decidir rechazar esos memes, la decisión estaba a tu alcance. Aunque puede que te hubiera resultado muy difícil superar las primeras influencias —tal vez creyeras que se trataba de una empresa demasiado pesada y agotadora—, lo cierto es que no estabas dispuesto a hacerlo.

Ahora mismo, declárate partidario de la disposición y no de la negativa. Empieza en este momento presente a echar escalera abajo esos viejos patrones de excusas, paso a paso.

Plantéate las cuatro preguntas siguientes, que reforzarán tus pensamientos de disposición.

1. ¿Estoy dispuesto a aceptar toda la responsabilidad por todas las condiciones de mi vida?

Examina en qué medida culpas a otras personas y circunstancias de impedirte alcanzar el nivel de éxito, felicidad y salud que te gustaría estar disfrutando: ¿estás dispuesto a dejar de hacer eso? Culpar a otros de las deficiencias o de cualquiera de las condiciones de tu vida te impide cumplir tu destino más elevado.

Todo el mundo hace en la vida exactamente lo que sabe hacer, dadas las condiciones de su vida. Así es como he decidido mirar todos los factores que componen la historia de mi vida. Por ejemplo, mi madre tenía tres hijos pequeños, de menos de cuatro años, y un marido alcohólico y ladrón que se marchó sin ofrecer ninguna ayuda. Mi madre nos metió a uno de mis hermanos y a mí en una serie de casas de acogida, y mi otro hermano vivió con mi abuela hasta que yo tuve diez años. No es una historia de pena ni de culpa. Es exactamente lo que tenía que ocurrir para que yo aprendiera de primera mano a tener confianza en mí mismo. Como yo he vivido la confianza en mí mismo, y después se la he enseñado a millones de personas, no le echo a nadie la culpa por ninguna de las condiciones de mi vida.

Veo todas mis experiencias de la infancia como regalos necesarios, incluso los que están marcados por el dolor y la tristeza. Por supuesto, mi pasado no fue un lecho de rosas, pero al fin y al cabo, tampoco el pasado de nadie lo es. Hay épocas en las que la vida presenta enfrentamientos, en las que la buena suerte se vuelve mala, en las que las rosas mueren... así son las cosas. No hay que culpar a nadie, porque eso solo sirve para dar un montón de excusas.

Debes estar dispuesto a aceptar toda la responsabilidad por todas las facetas de tu vida. No heredaste tus rasgos de personalidad de nadie de tu pasado: los has elegido una y otra vez, aunque puede que no seas consciente de cómo o por qué. Si eres tímido, ruidoso, temeroso, seguro de ti mismo, cariñoso, malévolo, amable, cruel, pasivo o agresivo, aprende a decirte: *Esto es lo que he elegido para mí hasta ahora*. De manera similar, si te encuentras cargado de deudas, languideciendo en la pobreza, desperdiciándote en un trabajo que no te llena, marchitándote en una asociación insatisfactoria, dolido por las malas decisiones comerciales de alguien, o incluso muerto de aburrimiento porque tus padres te hicieron seguir una profesión que no te gusta... cualesquiera que sean las condiciones actuales de tu vida, pregúntate si estás dispuesto a aceptar la responsabilidad exclusiva y total por esa situación.

Empieza por centrarte en las siguientes cuestiones:

- **La condición actual de tu cuerpo.** ¿Tienes exceso de peso, estás en mala forma, te atormentan las molestias, estás constantemente fatigado o eres vulnerable a muchas enfermedades debidas al ambiente contaminado en el que vives? Te harás a ti mismo muy mal servicio si no estás dispuesto a decir con convicción «En cierto modo que no comprendo del todo, he sintonizado con la vibración de todas las condiciones de mi vida, y estoy dispuesto a aceptar toda la responsabilidad por estas condiciones. No es culpa de nadie; toda la responsabilidad es mía».
- **Todo lo que eres, todo lo que tienes (o no tienes) y todo lo que te ha ocurrido.** Sí, es más fácil echarle la culpa a algún otro. Pero cuando eliges una vida «¡Basta de excusas!»,

vuelves a poner el timón de tu vida en tus manos, que es donde debe estar. Soy consciente de que a veces parece difícil aceptar la responsabilidad: los accidentes, los malos tratos, el abandono y las condiciones miserables pueden hacer muy difícil la vida. Estar dispuesto no significa sentir una sensación de culpa o vergüenza personal por las maldades que se puedan haber perpetrado contra ti, y tampoco significa creer que se te está castigando a causa de alguna deuda kármica. De hecho, puedes haber sufrido a manos de personas mal educadas, mal informadas o presas de adicciones. No fue culpa tuya.

Aunque reconocemos esto, te sigo instando a que aceptes, sin culpa, que todo lo que ha ocurrido en tu vida tiene un valor igual a tu aceptación de responsabilidad por su existencia. Como mínimo, debes estar dispuesto a aceptarlo como lo harías con un niño no invitado y no deseado al que tienes que cuidar por circunstancias imprevistas.

En toda dificultad hay algo que puedes aprender. Debes estar dispuesto a decir «Gracias, Dios, por las experiencias que he vivido» todos los días. Busca lo bueno en todas las situaciones y recuerda que ya no eres un niño, sino un adulto plenamente funcional que está dispuesto a aceptar la responsabilidad.

En el siglo I a.C., el esclavo convertido en filósofo Epícteto ofreció su sabiduría: «Es propio de un hombre mal instruido culpar a otros de su mala situación; es propio de uno que ha empezado a instruirse echarse la culpa a sí mismo; pero aquel cuya instrucción es completa ni culpa a otros ni a sí mismo».

Tu instrucción se puede completar siguiendo con aprovechamiento un modo de vida «¡Basta de excusas!». La culpa debe ser sustituida por la disposición a mirar todo lo que ocurre en tu vida y optar por pensar *Yo lo atraje y lo creé todo, y me alegro de aceptar la responsabilidad plena y exclusiva por todo ello.*

Como nos recuerda un antiguo proverbio hindú, «El que no sabe bailar se queja de que el suelo es irregular». Si no sabes bailar, es elección tuya. Pero si quieres salir a la pista y divertirte, no hay nada que te lo impida... excepto tus excusas.

2. ¿Estoy dispuesto a rendirme?

Librarte de las excusas implica receptividad para recurrir a algo más grande que tu pequeño ego. Para vivir la vida que está aguardando a materializarse para ti, tienes simplemente que estar dispuesto a renunciar a la vida que has estado planificando durante años. Lao-tse lo expresó sucintamente: «Aunque ahora te pueda parecer extraño, aquello a lo que te rindes se convierte en tu poder».

En la primera pregunta de esta sección, te preguntaste si estabas dispuesto a aceptar toda la responsabilidad por todas las condiciones de tu vida. Ahora tienes que descubrir si eres capaz de renunciar hasta el punto en que se convierta en una segunda naturaleza. Rindiéndote a un poder superior, adquieres una familiaridad íntima con lo más elevado que hay dentro de ti: tu auténtico ser, infinito y co-creador.

Si estás inmerso en las actividades del ego, puede que no tengas ni la más remota idea de lo que quiere decir subordinarse a un principio más elevado. Si este es tu caso, entonces tu falso yo es el principio y el final, la suma de toda tu existencia. En esta situación, no es nada probable que abandones las excusas, así que simplemente recita esta frase para ti mismo: «Estoy dispuesto a rendirme a esa fuerza que todo lo crea, responsable de que toda la vida adquiera forma, y a dejar que ella me viva, en lugar de vivirla yo a ella».

Me encantan las palabras de Ramana Maharshi, para quien esta cuestión no se aplica a ningún ser supremo exterior, sino más bien a la parte más elevada de uno mismo: «Rendirse es entregarse a la causa original del propio ser. No te engañes imaginando que esta fuente es algún Dios que está fuera de ti. La fuente está dentro de uno mismo. Entrégate a ella».

El secreto está en dejar que tu vida la viva esa parte superior de ti mismo. Tal como dice el comentario de Lao-tse al principio de este capítulo, «*Si estás dispuesto a que él te viva, lo verás en todas partes, incluso en las cosas más vulgares*». Mientras que el molesto ego te sigue diciendo que dirijas la función, aquel sabio maestro espiritual de la antigua China y yo te animamos a hacer lo contrario. ¿Por qué no rendirse a esta idea y dejar que te viva el espíritu creativo que está siempre dentro de ti? Déjate llevar... reconoce que no posees nada, que no estás haciendo nada, y que todo se está haciendo ante tus ojos. Ríndete y no te aferres a la idea, generada por el ego, de que el mundo está jugando sucio contigo. Esto es lo que hay, y punto.

Llegaste aquí cuando te tocó llegar, y te marcharás cuando sea el momento, independientemente de tu opinión al respecto. Si ves cómo envejece tu cuerpo, sabes que no eres tú el que lo está cambiando, que los cambios simplemente ocurren. Tu cuerpo está siendo vivido por el gran Tao, la fuente creadora de todo. Si tu ego fuera de verdad el que manda, nunca te saldrían arrugas, ni manchas de la edad, ni canas, ni morirías. Te guste o no, algo más grande que el ego está a cargo de todo.

Ahora aplica este mismo pensamiento a toda tu vida, más allá de tu cuerpo, y entrégate a esta gran fuente de energía. Tal como dijo una vez mi maestro Nisargadatta Maharaj, «La madurez espiritual se basa en la disposición a renunciar a todo. La renuncia es el primer paso. Pero la verdadera renuncia consiste en darse cuenta de que no hay nada a lo que renunciar, puesto que nada es tuyo». Aunque te pueda resultar difícil asimilarlo, cuando renuncias produces riqueza. Estar dispuesto a rendirse significa no volver a necesitar excusas. Al final, todo es como es. Dios no necesita excusas... y como tú y Dios sois una misma cosa, tú tampoco las necesitas.

3. *¿Estoy dispuesto a mantener la visión?*

Una cosa es hacer una declaración en un momento de inspiración acerca de lo que te propones manifestar en tu vida o en qué clase de persona pretendes convertirte. Y otra muy distinta es comprometerse a mantener esa visión por muchas dificultades u obstáculos que se presenten. Mantener la visión implica negarse a aceptar componendas con lo que has visualizado. Significa estar dispuesto a sufrir a causa de las críticas y de lo que parece ser un universo nada cooperativo.

Para llegar a este nivel, tienes que estar dispuesto a renunciar a algunas imágenes muy poderosas que has llevado contigo desde que eras niño... imágenes que seguramente están basadas en el catálogo de dieciocho excusas que presenté en el capítulo 3. Las excusas no son solo palabras que explican la falta de éxito en diversos aspectos de tu vida; también aparecen como imágenes o visiones que llevas siempre contigo, una serie de fotografías que ves proyectadas en tu pantalla interior.

Estas imágenes son fuertes porque han aparecido en tu pantalla tantas veces, en circunstancias tan variadas, que se han convertido en realidad. Aunque son imágenes basadas en excusas que definen tu yo imaginado con todos sus inconvenientes, se han convertido en tus guías. Han resistido la prueba del tiempo y han sido reforzadas por muchos amigos y familiares bienintencionados. Son como asesores de confianza, que te dan el mismo consejo y los mismos ánimos para afrontar la vida, desde el punto de vista de lo que no puedes hacer, de la mala suerte que tienes, o de lo desgraciado que has sido al tener las experiencias vitales que has tenido. Son muy aficionadas a enseñarte cómo transigir y aceptar menos de lo que habrías podido esperar.

Tus viejas imágenes no desaparecen ni se desintegran con rapidez, y da la impresión de que la pantalla en la que aparecen no puede mostrar otra cosa. Estas imágenes de tu destino han acabado convirtiéndose en la definición de tu persona; las has mirado durante tanto tiempo y te has acostumbrado tanto a ellas que has olvidado que en realidad son falsas. Y así, si te ves como no merecedor del éxito económico, actúas basándote en esa imagen de «no me lo merezco». El hecho de que esto sea un virus mental contagiado de otras muchas mentes carece de importancia. Sigue definiendo tu realidad e impidiéndote proyectar imágenes alternativas.

Puedes reajustar tu medidor de disposición para reconocer que estás abierto a ver una visión alternativa, afirmando: *Soy digno de atraer a mi vida abundancia y prosperidad ilimitadas, independientemente de las experiencias que haya tenido antes en la vida. Solo refuerzo y contemplo imágenes que estén en armonía con esta visión*. Al fin y al cabo, es tu pantalla interior, y es solo tuya. Nadie de tu pasado tiene derechos exclusivos sobre lo que se proyecta en tu pantalla; puedes proyectar lo que te parezca apropiado y puedes borrar todo lo que quieras.

Ahora, volvamos a la tercera pregunta de esta sección. Aunque no estés convencido de que puedes cambiar o hacer que ocurra algo que nunca ha ocurrido antes, ¿estás de verdad dispuesto a mantener una nueva visión? Si tu respuesta no es un «¡Sí!» de todo corazón, mira a ver si hay alguna vieja imagen en tu pantalla interior; si es así, deja que se desintegre mientras la miras. Con el tiempo, estarás dispuesto a mantener una visión de ti mismo como una persona inteligente, enérgica y que merece lo mejor que la vida puede ofrecer. Cuando esto ocurra, estarás sintonizado con las vibraciones de la fuente de todo, y esta nueva receptividad se convertirá en tu modo de vida «¡Basta de excusas!».

Tal como advierte la Biblia, «Donde no hay visión, la gente perece» (Proverbios 29:18). Yo añadiría que si tienes una visión defectuosa, basada en excusas y memes, tú también perecerás. No en el sentido literal, por supuesto, pero si insistes en seguir siendo un ser que no vive una vida plena, el auténtico tú destinado a la grandeza, la felicidad, el éxito y la salud morirá.

Mantén una visión que afirme: «Tengo derecho a ser respetado, amado y feliz; a sentirme realizado y próspero; a hacer ejercicio y a disfrutar todos los momentos de mi vida. Esta es mi visión, y estoy más que dispuesto, estoy absolutamente decidido a que esto sea lo que me ocurra». Cuando aparezca algo que sea inconsistente con esta visión, escucha el consejo de Lao-tse: «Para eliminar las influencias negativas, simplemente no les hagas caso». Qué palabras tan simples, pero qué profundas.

4. ¿Estoy dispuesto a rechazar toda falta de disposición?

El concepto de falta de disposición es tal vez más importante que el de la disposición cuando se trata de adoptar el modo «¡Basta de excusas!». ¿Qué no estás dispuesto a hacer para que tus sueños y deseos se conviertan en tu realidad?

¿No estás dispuesto a cambiar de domicilio y mudarte a otra ciudad? ¿A dejar a tus padres o a tus hijos ya crecidos para empezar la vida con la que soñabas? ¿A dejar tu trabajo actual, por todos los beneficios que perderías? ¿A poner fin a una relación larga que sabes que es mala para ti, por las molestias que eso les causaría a otros? ¿A gastar el dinero que has ahorrado para emergencias futuras con el fin de invertir hoy en un sueño propio? ¿A superar el miedo a empezar un nuevo régimen de ejercicios que sabes que te beneficiaría? ¿A matricularte en un curso universitario porque sientes que eres demasiado mayor para aprender algo nuevo? ¿A buscar la ayuda necesaria para superar una adicción que sigue haciendo estragos en tu vida? ¿A enfrentarte a miembros de tu familia o compañeros de trabajo que siguen tratándote injustamente? Como puedes ver, la lista de ejemplos podría continuar indefinidamente.

Elabora tu propia lista de cosas que no estás dispuesto a hacer para recrear tu vida. Después, busca una buena goma de borrar y elimina esas excusas de tu lista. Después de añadir el encabezamiento TODAS LAS COSAS QUE NO ESTOY DISPUESTO A HACER PARA VIVIR LA VIDA QUE ME PROPONGO VIVIR, LA VIDA POR LA QUE FIRMÉ ANTES INCLUSO DE VENIR A ESTE CUERPO EN ESTE MUNDO, pon ese papel tiznado y tal vez arrugado en un lugar prominente. Utilízalo como recordatorio para borrar de tu conciencia el concepto de la mala disposición.

En 1975, cuando escribí mi primer libro para consumo público, recuerdo que mi agente, Artie Pine, me preguntó: «¿Hay algo que no estés dispuesto a hacer para crear en el país el tipo de entusiasmo que convierta este libro en un gran éxito?». La respuesta fue «no». Estaba dispuesto a hacer cualquier cosa: pagarme mis gastos, viajar por todo el país, estar levantado toda la noche, noche tras noche, hablando en programas de radio, hacer de doce a catorce entrevistas al día, llevarme a mi familia en aquella aventura, y comprar las dos primeras ediciones del libro para distribuirlas yo mismo. Y todo el tiempo me lo pasé en grande viviendo lo que yo consideraba que era mi propósito, hablándole a todo el que quisiera escucharme de las sensatas ideas que llenaban las páginas de *Tus zonas erróneas*.

De manera similar, cuando empecé a grabar conferencias para la televisión pública, tomé la decisión de que no habría nada en mi lista de cosas que no estaba dispuesto a hacer. Visité más de ciento setenta emisoras de televisión para hablar de las ideas y recaudar dinero para la PBS por todo el país. No había canales demasiado pequeños para que yo los visitara. Estaba dispuesto a hacer eso siete días a la semana durante todos los períodos acordados, volando de ciudad en ciudad, acostándome tarde y levantándome en mitad de la noche para ir al sitio siguiente, la mayoría de las veces pagándome mis gastos, pero siempre viviendo mi pasión.

Y aunque ahora tengo ya sesenta y ocho años, sigo sin tener nada en mi lista de cosas que no estoy dispuesto a hacer. Si se trata de mi película, *The Shift*, me gusta tanto que nada me impedirá hablarle al mundo de ella. Sé que si la ve suficiente gente, es capaz de cambiar no solo vidas individuales, sino también el planeta entero.

Los beneficios de tener una lista en blanco de cosas que no estás dispuesto a hacer son monumentales. El mayor y más básico es que no tienes excusas en las que apoyarte cuando explicas lo que falta en tu vida, que no hay nada ni nadie a quien echar la culpa. Simplemente, haces lo que tienes que hacer para cumplir tus sueños, y te das el lujo de no tener que explicar tus actos a nadie. (Puede que quieras incluir en tu lista cosas como no estar dispuesto a mentir, robar, hacer trampas, ser inmoral, quebrantar la ley, etcétera. No he escrito acerca de ellas porque doy por supuesto que esas conductas son inconsistentes contigo cuando eres un ser sintonizado con su fuente.)

Ahora, permite que te pregunte esto: ¿Qué es lo que no has estado dispuesto a hacer para crear la vida que estás deseoso de vivir? Lo más probable es que cualquier respuesta que surja en tu mente esté en ese catálogo del capítulo 3. *Habría durado mucho tiempo, así que no me apunté para el curso. Habría causado mucho trastorno en mi familia, así que no seguí mi intuición. Soy demasiado mayor para hacer esos cambios, así que no estaba dispuesto a emprender una iniciativa completamente nueva. No había dinero y en aquella época no podía justificar el gasto.* Estas y otras muchas como ellas parecen razones legítimas para no responder a esa llamada interior que tu corazón sabe que es tu auténtico *dharma*, tu propósito fundamental.

No hay nada racional en lo que te estoy pidiendo que consideres aquí, y esto no es un ejercicio intelectual que te estoy rogando que contemples. Le estoy hablando a tu corazón, no a tu cabeza. Cuando sientes que hay algo que tienes que hacer y que esa voz interior no se dejará acallar, te insto a que mires esa hoja de papel que representa lo que no harías para cumplir tu destino. Por encima de todo, mantente sintonizado con tu fuente y vive desde el punto de vista de la conciencia divina, pero sigue siendo tú mismo. *No hay nada que no esté dispuesto a pensar o hacer (siempre que esté sintonizado con mi fuente) para hacer realidad mis sueños.* Cuando eliminas de tu vida la falta de disposición, se te guiará a un lugar donde todas las excusas desaparecerán definitivamente.

Sugerencias para aplicar a tu vida una actitud mental dispuesta a todo

– Pon fin de una vez por todas al juego de las culpas. Empieza a ver todos tus rasgos personales y las condiciones que experimentas como elecciones, y no como factores que se presentaron debido a circunstancias exteriores. Habla de toda tu vida en términos como estos: «Cuando era niño, decidí hacer caso de lo que me decían mis padres y ahora todavía sigo bajo su influencia en algunos aspectos», en lugar de «No puedo evitar ser como soy; siempre he sido así y en gran parte es culpa de mi educación infantil». De manera similar, di: «Siempre he tenido miedo de dejar este trabajo o esta ciudad porque he dejado que las opiniones de otros me importen más que las mías», en lugar de «No puedo evitar tener miedo; me educaron mis padres, que siempre tuvieron miedo de intentar algo nuevo».

Debes estar dispuesto a decir estas palabras, y decirlas en serio: «Soy el producto de todas las decisiones que he tomado en mi vida. No puedo culpar a nadie si algo no sale como me gustaría que saliera, incluyéndome a mí».

– Practica el estar dispuesto a mantener la visión, ensayando mentalmente escenas en las que trates con otros que no estén de acuerdo con tu nueva postura. No discutas con miembros de tu familia ni con compañeros que crean que eres tonto por tener una visión propia que es incompatible con la que ellos tienen de ti. En lugar de eso, responde simplemente «Gracias por contarme tu visión; tus opiniones siempre son una ayuda para mí». Y después —y esto es importante—, agárrate aún más a tu visión y esfuérzate al máximo para actuar basándote en ella sin enfrentamientos

Si estás decidido a obtener un título universitario o completar algún tipo de formación especializada que siempre has deseado, y algunos de los que te rodean piensan que esas ambiciones son ridículas, di para tus adentros: *Lo que pienses de mí no es asunto mío*. Y después, aférrate a tu visión. Tu visión de ti mismo y tu disposición a aferrarte a ella pese a la resistencia de los demás son fundamentales para tu vida «¡Basta de excusas!».

– Haz una lista de cosas que no estás dispuesto a hacer para manifestar tu destino. Después, borra toda la lista a excepción de este título: COSAS QUE NO ESTOY DISPUESTO A PENSAR O HACER PARA CONVERTIRME EN TODO LO QUE DESEO PARA MÍ. Deja esta hoja de papel en un lugar destacado, donde puedas mirarla todos los días para recordarte tu compromiso de eliminar la mala disposición. Cuando tengas dificultades y veas que estás volviendo a los viejos hábitos, mira tu papel en blanco y después afirma lo siguiente durante por lo menos cinco minutos: *No hay nada que no esté dispuesto a pensar o hacer para convertirme en todo lo que estoy destinado a ser*. Repetir este mantra para tus adentros te servirá como modificador de energía y te pondrá en el camino de la grandeza.

Virginia Woolf ofreció una vez una simple frase que me ha guiado durante toda mi vida adulta: «Ordena las piezas que te salgan al paso». Te la ofrezco junto con esta advertencia: tienes que estar dispuesto a aceptar los aspectos de la vida que te salgan al paso y ordenarlos de manera que trabajen contigo y para ti, y no contra ti. La clave es estar dispuesto. Las piezas aparecerán. Siempre lo han hecho y siempre lo harán. Tu disposición a ordenarlas, en lugar de quejarte o poner excusas, tendrá su recompensa.

9

El sexto principio: *pasión*

> Cuando un hombre está dispuesto y afanoso,
> Dios se le une.
>
> Esquilo

Apréndete de memoria estas palabras: *la pasión siempre triunfa sobre las excusas*. Sin embargo, ten presente que cuando yo utilizo la palabra «pasión», no me refiero a las ideas románticas que este concepto evoca, sino a un entusiasmo vigoroso que sientes muy dentro de ti y que no es fácil de explicar o definir. Este tipo de pasión te impulsa en una dirección que parece motivada por una fuerza que está fuera de tu control. Es la excitación interior de ir por el camino correcto, haciendo lo que te sienta bien y lo que sabes que naciste para hacer.

Yo sostengo que la mera presencia de pasión en tu interior —y el entusiasmo que viene con ella— es lo único que necesitas para hacer realidad tus sueños. Y echemos un breve vistazo a la palabra «entusiasmo». Tal como comentó en 1810 la novelista y mujer de letras madame de Staël, «El significado de esta palabra entre los griegos representa su más noble definición: entusiasmo significa Dios en nosotros».

Antes he escrito que Dios no tiene necesidad de excusas, nunca. El espíritu divino creativo es capaz de manifestar cualquier cosa que contemple, y tú y yo somos resultados de su contemplación de sí mismo en forma material. Así pues, cuando tenemos una reacción emocional que sentimos como una pasión abrumadora por lo que estamos contemplando, estamos experimentando al Dios que llevamos dentro... y nada puede detenernos. El entusiasmo se convierte en nuestro co-creador.

144

Volvamos a esas palabras con las que he comenzado este capítulo: *La pasión siempre triunfa sobre las excusas*. Quédate con tu pasión, y te aseguro que las excusas desaparecerán.

El entusiasmo vence a las excusas

La pasión es un sentimiento que te dice: *Esto es lo que hay que hacer. Nada puede interponerse en mi camino. No importa lo que digan todos los demás. Esta sensación es tan buena que no se puede pasar por alto. Voy a seguir mi bendición y actuar basándome en esta gloriosa sensación de alegría.*

Las excusas, en cambio, comunican el mensaje contrario: *No tengo que seguir haciendo esto. Mira qué aburrido es todo ello. Esto no es muy importante; si lo fuera, estaría entusiasmado. Por ahora, lo voy a dejar; siempre puedo hacerlo más adelante. En realidad, esto no es para mí. Lo acabaré deprisa y pasaré a otra cosa.*

Acuérdate de la definición de «entusiasmo» según madame de Staël, que significa que Dios está en ti. Si puedes imaginar a Dios en acción creando el ser (la forma) a partir de lo que no es (el espíritu), empezarás a entender la afirmación de Jesús de que «con Dios todo es posible». Y si con Dios todo es posible y Dios está dentro de ti en forma de tu apasionado entusiasmo, ¿por qué vas a necesitar nunca usar una excusa, del tipo que sea?

Cuando estás entusiasmado, nada parece difícil. Cuando tienes pasión, no hay riesgos: los dramas familiares pierden su importancia, el dinero no es problema, sabes que tienes la fuerza y la inteligencia necesarias, y las reglas impuestas por otros ya no te obligan. Y es porque estás respondiendo a tu llamada, el tú que está respondiendo es la parte más elevada de ti, el Dios que llevas dentro.

La presencia de pasión dentro de ti es el mayor regalo que puedes recibir. Y cuando está sintonizada con el espíritu, trátala como un milagro, haciendo todo lo que puedas para aferrarte a ella. Yo me siento así respecto a la creación de mis libros. A lo largo de los años he aprendido que cuando voy a ese lugar de pasión que hay dentro de mí, no existe fuerza en el universo que pueda interferir con que yo termine el proyecto. Lo vivo y lo respiro, teniendo siempre cuadernos a mano mientras como, conduzco, practico yoga, e incluso cuando duermo. Mi vida está consumida por la pasión que siento por lo que estoy haciendo... pero sé que mientras sienta eso, estoy experimentando al Dios que llevo dentro.

Mi entusiasmo parece hacer que mi mundo me ofrezca constantemente experiencias cooperativas y co-creativas. Me vienen ideas mientras duermo, y al despertarme las apunto. Me vienen ideas en clase de yoga, y tomo nota mental de apuntarlas cuando termine los ejercicios. Estoy dispuesto y entusiasta, y no solo respecto a mi escritura. Siento lo mismo acerca de mantenerme en forma, gozar de mi familia, prepararme para hacer una película, dar una conferencia, o cualquier otra cosa. Tal como sugería el famoso dramaturgo griego Esquilo en la cita que abre este capítulo, cuando la disposición y el entusiasmo están presentes, «Dios se te une». Por eso digo que la presencia de pasión es tan importante. No solo nos ayuda a emular a la mente divina que todo lo crea; nos permite volver a unirnos a ella.

Si tienes una pasión, no hay necesidad de excusas, porque tu entusiasmo triunfará sobre cualquier razonamiento con el que puedas salir. Tu entusiasmo te impulsará a actuar en lo que has estado imaginando, con tanta satisfacción que no necesitarás una explicación para no hacerlo. Aunque esto no garantiza que tu iniciativa tenga éxito económico o sea bien acogida, sí que garantiza que seguirás con ello hasta completarlo, ya que la fuerza que te impulsa es el Dios que llevas dentro.

El entusiasmo deja sin sentido las excusas. Cuando buscas la presencia de tu espíritu creativo y estás lleno de pasión por casi todo lo que emprendes, eliminarás sin dificultad los obstáculos de tu vida y disfrutarás de la presencia activa del espíritu.

ACTIVAR LA PASIÓN EN TU VIDA

La comodidad y el lujo suelen ser los principales requisitos de la vida para tu ego. Sus máximas prioridades suelen ser la acumulación, los logros y la aprobación de otros. Consideremos una nueva alternativa para lo que te hace feliz, una que se eleve por encima de las exigencias superficiales del ego. Lo único que necesitas para este estado de alegría es algo que te apasione. Algo que te hable solo a ti... que te produzca un hormigueo de excitación por dentro... que no te deje... que irradie dentro de ti... que te lance a un frenesí de bienestar porque te hace sentir que tienes un propósito y que estás conectado con tu fuente del ser. No importa lo que sea. El único requisito es que lo sientas intensamente y que estés dispuesto a actuar con entusiasmo, despertando al Dios dormido que llevas dentro.

Tal como comentó en cierta ocasión Abraham Maslow acerca de las personas realizadas, «tienen que ser lo que pueden ser». Ahora tómate un momento para pensar en lo que puedes ser, y compáralo con lo que has decidido ser hasta ahora. ¿Qué puedes ser? Podrías decidir apasionarte por ponerte en una forma física óptima. ¿Eres capaz de subir andando unos cuantos tramos de escalera sin jadear porque te falta aire? ¿Eres capaz de correr quince kilómetros sin quedar completamente agotado? ¿Estás sobrado de peso? ¿Perteneces a ese alto porcentaje de personas que entran en la categoría de obesas? ¿Tratas a tu cuerpo como si fuera un templo, atendiendo a sus necesidades más elevadas? ¿Puede entusiasmarte vivir una vida sana?

Tal vez tengas una idea que lleves arrastrando desde hace décadas, como un libro que sabes que necesita ser escrito y que solo tú tienes la sabiduría para crearlo. ¿Puedes apasionarte tanto por hacer realidad tu visión que llegues a activar la presencia de Dios para que te ayude a co-crear tus sueños? Recuerda, la mera presencia de esa pasión, solo eso, es una evidencia de que la energía del divino espíritu creador está viva dentro de ti. Es lo único que necesitas: solo la disposición a dejar que tu pasión hable y despierte de su estado latente. No tienes que saber cómo activar tu dormido entusiasmo ni saber exactamente en qué tienes que concentrarte. Lo único que necesitas es la disposición a decir «sí» a las señales que vienen de dentro, al Dios que hay dentro de ti y que quiere entrar en acción.

Siempre he concedido mucho valor a los comentarios del famoso erudito griego Nikos Kazantzakis, que es uno de mis autores favoritos. En su maravillosa novela *Zorba el griego*, Kazantzakis describe página tras página cómo es, cómo habla y cómo siente un hombre verdaderamente apasionado, mientras el personaje principal simplemente vive su pasión y siente la presencia de Dios en cada momento que pasa despierto. Y durante más de una década he tenido estas palabras de Kazantzakis en la pared de mi casa, y sigo leyéndolas y contemplándolas cada día: «Creyendo apasionadamente en algo que no existe todavía, lo creamos. Lo inexistente es lo que no hemos deseado lo suficiente». Probablemente, ese «algo que no existe todavía» para ti lo habrás explicado una y otra vez con toda clase de excusas, y «lo que no hemos deseado lo suficiente» describe a la perfección la ausencia de pasión.

Volviendo por un momento a las ideas que expuse en el anterior capítulo, debes practicar dos cosas: mantener la visión de tu vida y rendirla a un poder mayor que el tuyo, un poder con el que estás conectado en todo momento. Cuando me preguntan cuál es mi secreto para haber superado una montaña de adicciones diversas en mi vida, siempre respondo: «Puse todo el asunto en manos de un poder superior, y empecé a creer apasionadamente en algo que todavía no existía». He llegado a considerar la pasión como sinónimo de Dios. Cuando empecé a aferrarme fervientemente a mi visión de mí mismo, tuve acceso a la guía divina, que dirigió mi vida lejos de las sustancias y conductas nocivas; y de pronto encontraba nuevas circunstancias que estaban libres de adicciones, empezaron a aparecer las personas adecuadas, y la gente inadecuada fue «misteriosamente» incapaz de contactar conmigo.

Dale una oportunidad a esta nueva visión entusiasta. Cree en su capacidad, no solo de encender el fuego en tu interior, sino también de mantenerlo encendido. Aspíralo, huélelo, siéntelo, sonríe y verás que viene hacia ti en alas de ángeles que entran en tu vida. Líbrate de esas tediosas y sobadas justificaciones para lo que no has sido capaz de producir y busca apoyo en Zorba, como modelo de persona apasionada. Empieza a creer en el tú que aún no existe, y no en una parte de ti que está atascada y cargada de excusas. Entusiásmate con tu visión y sé consciente de que cuando cambias tu manera de mirar las cosas, las cosas que miras cambian. Revive la pasión dentro de ti y observa que el mundo no solo parece diferente, sino que actúa de manera diferente contigo.

El entusiasmo es inspirador

El entusiasmo te permite estar «in-spiritu» o inspirado. Y como todo lo demás (incluyendo las excusas), cuanto más accedes al entusiasmo y más te aferras a él, más se convierte en un hábito. Pero lo mejor de este hábito particular es que siempre va acompañado por alegría y felicidad. A este respecto, James Baldwin escribió que «no se puede hacer fuego con rescoldos apagados, ni los hombres sin espíritu pueden fomentar el entusiasmo».

La mejor manera de mantener viva tu pasión es hacer que tu relación número uno en el mundo sea la que existe entre ti y tu fuente del ser. Mantente en un estado de maravilla y asombro ante todo y toda la gente que encuentres. Ve por la vida continuamente agradecido y apreciativo, da gracias por toda la naturaleza y por la multitud de milagros que ves aparecer ante tus ojos todos los días. Para mí, esta es una práctica cotidiana, y es el factor más destacado que puedo identificar para mantener vivo mi entusiasmo por la vida.

Siento reverencia por todo este asunto que llamamos vida. Me siento aquí a escribir, pero sin tener ni idea de cómo ocurre todo. Las palabras aparecen en la página surgidas de la nada y de pronto están aquí y ahora. ¿De dónde han salido? ¿Me está guiando alguien? ¿Y qué pasa con esos árboles que veo por la ventana, o con esa diminuta criatura que se arrastra por la página del libro que acabo de abrir, que tienen dentro la misma fuerza vital que tengo yo? ¿Y esas estrellas y galaxias de ahí afuera...? ¿Estamos solos en este vasto, inmenso universo? Podría seguir escribiendo sobre los millones de cosas por las que se puede uno apasionar. Lo importante es que no hay escasez de cosas que nos inspiren. Y manteniéndonos en este espacio de maravilla, asombro y, sobre todo, gratitud, sentimos la excitación de estar vivos. Es una postura muy diferente de la que se da cuando recurrimos a excusas para explicar las deficiencias de nuestra vida.

Cuanto más vivo, más dispuesto estoy a dejar que unos poderes invisibles hagan su magia conmigo y a mi alrededor, y menos lo pongo en cuestión. He renunciado a la idea de que estoy separado de la mente omnisciente del universo. En este estado de reverencia, siento pasión todo el tiempo. No necesito hacer nada: la siento ante cada rostro que miro, ante cada noche estrellada y cada flor que observo. Mis mejores momentos de entusiasmo ocurren cuando intento pensar y actuar como lo hace la omnisciente y benevolente fuente de todo. Cuando me libro del ego, soy más capaz de mantener mi pasión.

Lao-tse dijo en cierta ocasión: «Si tu disposición a dar bendiciones es limitada, también lo será tu capacidad para recibirlas. Este es el sutil funcionamiento del Tao». Tu disposición a dar bendiciones puede ser totalmente ilimitada. Manteniéndote sintonizado con el modo de funcionar del Tao que todo lo crea, mantienes un nivel excepcionalmente alto de entusiasmo, y todo parece tener mucho más sentido. Cuando te mantienes sintonizado con Dios y piensas como piensa Dios, actúas como parece que actúa Dios. Vives in-spiritu y con entusiasmo.

Alimenta tu pasión

Experimentar esa emoción de la pasión en tu cuerpo es señal de que estás cumpliendo un destino que puede que eligieras antes aún de entrar en el mundo del ser desde la no existencia. Las primeras líneas del Antiguo Testamento transmiten que «Dios» y «bueno» son prácticamente sinónimos, así que debes saber que cuando te sientes bien es como decir que te sientes Dios.

La presencia de la pasión (sentirse bien) es también lo mismo que haber despertado al Dios que hay dentro de ti. Piensa en esta presencia despierta como algo a lo que tienes que prestar continua atención y alimentar para impedir que vuelva a quedarse dormida o desaparezca por completo. En otras palabras, tienes que mantener siempre presente esta pasión en el fogón principal de tu vida.

Te exhorto a que gastes toda la energía que puedas contactando y ayudando a otras personas. Recuerda el mensaje de Lao-tse: que tu disposición a recibir bendiciones está relacionada con tu capacidad para darlas. Sé que siento la mayor pasión cuando estoy en el proceso de servir a otros. Siempre me emociona dar dinero a individuos para financiar sueños que de otro modo quedarían sin cumplir, o enviar libros y CD a hospitales, cárceles, bibliotecas y colegios. Incluso sacar a cenar a mi madre, que tiene noventa y dos años, solos nosotros dos, me provoca ondas de placer por la espina dorsal.

Dar a otros es un gran primer paso para encontrar tu pasión. Hace poco, por ejemplo, tuve la oportunidad de pasar una mañana en una escuela primaria (se me invitó a leer *Unstoppable Me!*, uno de los cuatro libros para niños que he co-escrito con Kristina Tracy). Cambiar impresiones con los niños y escuchar las preguntas que me hacían me llenó de entusiasmo, pero lo que vi en su profesora, la señora Wimmer, fue igualmente emocionante. Es una mujer que vive su pasión todos los días sirviendo a los escolares, que irradia su alegría al alimentar el amor al aprendizaje en todos sus alumnos, y cuyo rostro brilla de entusiasmo cuando habla de alguno de los niños y niñas a los que siente que tiene el honor de dar clases.

Sus alumnos simplemente adoran a esta maravillosa educadora. ¿Cómo no iban a hacerlo? Los lleva de excursión al campo después de las clases, les hace escribir sus propios libros ilustrados, planea elaboradas ceremonias de graduación y se tira al suelo con ellos para darles instrucciones a su nivel. Todos los temas los enseña desde un punto de vista creativo.

Además, la señora Wimmer está más que dispuesta a gastar su propio dinero para proporcionar a los niños de su clase experiencias que de otro modo no podrían tener, debido a limitaciones de presupuesto. Simplemente, no existen límites a lo que haría para dar a sus alumnos una experiencia escolar ideal. ¡Eso es alimentar la pasión!

En lugar de usar nuestro tiempo solo para repetir rutinas y tener una sensación de aburrimiento, todos deberíamos ir por la vida con tanto entusiasmo como la señora Wimmer. Al fin y al cabo, ¿cómo podemos esperar encontrar pasión si parece que estamos estancados en un mundo aburrido que tipifica nuestra existencia cotidiana? Debemos descubrir la alegría y la satisfacción que se derivan de alimentar nuestra pasión. Es una idea mucho mejor que echar mano a esa gastada excusa de que «la vida es aburrida».

Puede que te resulte útil pensar en tu pasión como la presencia de la fuente creativa dentro de ti. Habla con esa invisible pero tangible presencia interior y dale las gracias por no abandonarte nunca. Sal a pasear con ella e incluso imagina que os cogéis de la mano. Hazle preguntas y escucha lo que tiene que decir, tomando notas mentales de cómo te está guiando. Siente una enorme gratitud por la realidad de esta presencia, y deja que te guíe como ella quiera.

Recuerda siempre que tu pasión es evidencia del Dios interior y que puedes convertirla en una experiencia muy privada. No tienes por qué compartir tu excitación interior con nadie que sientas que pueda hacer llover en tu desfile. En cambio, hazte a ti mismo la promesa de que prestarás atención a tu pasión, de que harás al menos una cosa pequeña cada día para hacerla realidad. Aunque solo se trate de hacer una meditación silenciosa acerca de mantener vivo tu sueño, escribir un párrafo del libro que tienes pensado, hacer una llamada telefónica para investigar cómo entrar en ese negocio con el que fantaseas o ahorrar unos pocos euros para financiar tu futura empresa, hazlo. Presta atención a tu pasión, no la ignores nunca. Háblale, para que no tengas que recurrir a excusas para explicar por qué siempre te fue imposible ver y seguir tu camino a la felicidad.

Ten siempre presente que tu pasión debe alimentarse para sobrevivir; si la alimentas, nunca te dejará tirado. ¿Cómo iba a hacerlo? Es Dios dentro de ti. Y con Dios todo es posible... y no se necesitan excusas.

Sugerencias para vivir una vida llena de pasión

– Haz todos los días algo para evitar que el Dios que ha despertado dentro de ti vuelva a quedarse dormido. Recuerda que tus sensaciones de entusiasmo son el resultado de tu manera de pensar, y cuando tus pensamientos están en armonía con la energía de la fuente, empiezas a sentir tu pasión. Por lo tanto, debes mantener una vigilancia constante de tu actividad mental. Lleva un diario para registrar las cosas que te encienden. Cuanto más escribas, más invitas a la pasión a vivir dentro de ti.

– Entra en internet y visita sitios que hablen y promocionen ideas que te entusiasmen. Telefonea o envía correos electrónicos a gente que comparta la misma visión que tú. Abre una cuenta bancaria privada para costearte en el futuro tu pasión. Con cualquier cosa que hagas, recuérdate que esta es tu pasión y que la estás alimentando y nutriendo cada día. A medida que esto se convierte en tu manera de ser habitual, verás que el universo coopera y te ofrece experiencias acordes con tus deseos.

— Desarrolla una sensación de reverencia que conduce a la creación de pasión, empezando por mirarlo todo como si estuvieras viéndolo por primera vez. No dejes que el concepto de aburrimiento se asome siquiera a tus pensamientos.

Durante las dos últimas décadas he participado en miles de entrevistas de todo tipo. Con mucha frecuencia me han preguntado «¿No le resulta aburrido que le hagan las mismas preguntas una y otra vez?». Mi respuesta, que me sale del corazón, es: «Nunca he sido entrevistado por esta persona, en este momento, sobre esta cuestión, en estas circunstancias». Así pues, cada entrevista es una experiencia nueva y gozosa, y esto mantiene viva mi pasión. Empleo la misma manera de pensar cuando me dispongo a dar una conferencia por décima vez en dos semanas: cada presentación ante un público es una experiencia nueva.

Mira toda tu vida de este modo: hazle el amor a tu pareja como si fuera la primera vez. Léeles a tus hijos como si fuera la primera vez. Sal a correr cada día como si fuera la primera vez. Cada nuevo momento es un regalo del Tao que todo lo sabe, así que cuando actúas como si cada experiencia y cada momento fueran nuevos, sientes la pasión que estoy intentando transmitir en este libro.

— Dedica cinco minutos cada día a repetir la siguiente afirmación: *Invito a la presencia de Dios a estar conmigo bajo la forma de mi pasión.* Esto te recordará que cada momento de emoción que sientes es evidencia de que cuentas con la guía divina en ese momento. Aferrándote a ella, entrarás en la zona «¡Basta de excusas!».

Tal como dijo Tomás de Aquino, «La verdadera paz consiste en no separarnos de la voluntad de Dios». Todos tus momentos de emoción, entusiasmo y pasión son momentos de conexión. Traen auténtica paz. Las excusas, en cambio, son lo que utilizas cuando te separas de tu pasión, o de la voluntad de Dios. Las excusas son hábitos de pensamiento de toda la vida que te apartan de la paz. Siempre puedes elegir: pasión, paz y sintonía con Dios, o excusas, excusas y más excusas.

10

El séptimo principio: *compasión*

> La auténtica compasión es más que echarle una moneda a un mendigo... es comprender que un edificio que produce mendigos tiene que reestructurarse.
>
> Martin Luther King

Hay una historia que se cuenta a menudo y que habla del valor de la compasión. Parece que una mujer que vivía una vida centrada en el Tao encontró una piedra preciosa cuando estaba sentada a la orilla de un arroyo de montaña, y guardó en su bolsa aquella valiosa gema.

Al día siguiente, un viajero hambriento se acercó a la mujer y le pidió algo de comer. Cuando ella buscó en su bolsa un mendrugo de pan, el viajero vio la piedra preciosa e imaginó que aquello podría proporcionarle seguridad económica durante el resto de su vida. Le pidió a la mujer que le diera su tesoro, y ella se lo dio, junto con algo de comida. El hombre se marchó, contentísimo por su buena suerte y porque sabía que a partir de ahora tendría seguridad.

Pocos días después, el viajero regresó y le devolvió la piedra a la mujer sabia.

—He estado pensando —dijo—. Aunque sé lo valioso que es esto, te lo devuelvo con la esperanza de que puedas darme algo aún más precioso.

—¿Y qué podría ser? —preguntó la mujer.

—Por favor, dame eso que tienes dentro de ti que te permitió darme esta piedra.

La mujer de este relato vivía su vida desde un lugar sagrado de compasión... que es el séptimo y último principio para una vida «¡Basta de excusas!».

Compasión y excusas

Es imposible necesitar excusas cuando el foco de tu vida cambia a *¿Cómo puedo servir?* Pensar primero en los demás —extender tu mano hacia ellos por incómodo que te resulte— hace que sientas alegría, que es lo que el viajero hambriento iba buscando en realidad. Este regalo de sentirse bien (o de sentir a Dios) por dentro viene de servir y dar, en lugar de pedir y exigir.

No hay sitio para la culpa en tu vida si la vives con bondad. Y las excusas, sea cual sea su forma, tienen todas que ver con la culpa. La culpa es de tu pasado. La culpa es de la economía. La culpa es de los defectos personales que percibes en ti. La culpa es de Dios. La culpa es de tus padres. La culpa es de tus hijos o de tu pareja. La culpa es de tu ADN. No hay escasez de circunstancias, gente y sucesos a los que culpar... y tampoco hay escasez de culpa.

Cuando cambias al estado de compasión, toda culpa desaparece. Así que, independientemente de lo que quieras para ti mismo, descubre cómo puedes querer más para algún otro, y después haz ese cambio. En ese momento de contemplación, la compasión erradicará el señalar con el dedo y derrotará a la presentación de excusas. Y empezarás a pensar como piensa Dios: servir, ofrecer, dar y amar libremente.

La mujer sabia de las montañas que le regaló la piedra preciosa a un desconocido no tenía necesidad de pensar en la pobreza o en la infelicidad, ni de mantener una visión crítica de las masas codiciosas, ni de explicar el modo en que vivía su vida. ¿Por qué? Porque su ego estaba fuera del cuadro, y el amor y el servicio reinaban supremos.

He descubierto sin lugar a dudas que cuando me acuerdo de alimentar la bondad y la cortesía, todo en mi vida parece avanzar hacia una mayor armonía y paz, por no hablar de lo mucho mejor que me siento cuando estoy dando en lugar de pedir.

Hace unos años oí al Dalai Lama hablar de la compasión, y la esencia de su mensaje contenía estos dos aspectos:

1. **La compasión es la cualidad más importante que la humanidad tiene que aprender.** Esta es la manera de encontrar la felicidad y la salud y sentir que tienes éxito.
2. **La guerra y la violencia se extinguirían en una generación si, a partir de los cinco años, se enseñara a los niños a meditar sobre la compasión durante una hora a la semana, para el resto de sus vidas.** Tal es el poder de una actitud compasiva en la vida, que consiste en pensar de verdad en los demás y vivir siguiendo la antigua regla de oro.

En el instante mismo en el que sientas que te estás refugiando en las excusas, repite el mantra *¿Cómo puedo servir?* Y después actúa basándote en las respuestas que recibas. Estarás sintonizado con la mente universal, que está siempre dando, y lo mejor es que notarás que el universo te pregunta «¿Cómo puedo servirte yo a ti?» Cuando tu compasión por otros fluya de regreso hacia ti, recuerda la verdad que he repetido tantas veces en este libro: *No atraes lo que quieres; atraes lo que eres*. Así que sé compasión.

Tres preguntas

Desde hace varios años he celebrado el Día del Padre de un modo que refleja el tema de este capítulo: les hago regalos especiales a mis ocho hijos, en lugar de recibir regalos de ellos. Ser padre es uno de los mayores privilegios que he disfrutado durante más de cuarenta años. Considero un honor increíble y una empresa sagrada ser padre de mis seis preciosas hijas y mis dos apuestos hijos, así que lo que deseo es darles las gracias por elegirme como padre y permitirme desempeñar este glorioso papel en sus vidas.

Pienso en la responsabilidad de criar y mantener a un hijo como un regalo asombroso, porque ser capaz de apoyar plenamente a otro ser humano es lo más próximo a estar en un lugar de realización divina. Al fin y al cabo, cuando Dios nos contempla y nos trae a la existencia, ¿acaso no nos apoya y permite que el libre albedrío elija una existencia compasiva?

El último Día del Padre, mi regalo a mis hijos fue un ejemplar del relato de Leon Tolstoi *Tres preguntas*. Tolstoi habla de un rey que estaba seguro de que si supiera cuál era el mejor momento para actuar, quiénes eran las personas a las que escuchar y, por encima de todo, qué era lo más importante que había que hacer en cada momento, nunca fracasaría en cualquier cosa que emprendiera.

Así que anunció que recompensaría espléndidamente a cualquier persona de su reino que le enseñara las respuestas a aquellas tres preguntas. Muchos eruditos acudieron a ver al rey, pero como cada uno daba respuestas diferentes —y él no estaba de acuerdo con ninguna—, ninguno de ellos recibió recompensa. Pero el rey seguía deseando fervientemente que le respondieran a sus tres preguntas, así que decidió consultar a un ermitaño que tenía mucha fama por su sabiduría.

El anciano ermitaño solo recibía a personas corrientes, así que el rey se puso ropa sencilla, dejó a sus guardias, desmontó de su caballo y fue a verlo solo. Cuando el rey disfrazado llegó ante el ermitaño, le planteó sus tres preguntas, pero el anciano no respondió. Notando que el ermitaño estaba muy débil y que intentaba escarbar en unos macizos de flores, el rey se hizo cargo y estuvo removiendo tierra durante horas. Cuando iba a hacerle de nuevo sus preguntas, el ermitaño señaló a un hombre barbudo que salía corriendo del bosque, apretándose con las manos una herida en el abdomen que sangraba abundantemente.

El ermitaño y el rey metieron al hombre barbudo en la casa y lo atendieron. A la mañana siguiente, el hombre le pidió al rey que le perdonara, aunque el monarca estaba seguro de que nunca había visto antes a aquel individuo.

Entonces, el herido explicó:

—Tú no me conoces, pero yo te conozco a ti. Soy aquel enemigo tuyo que juró vengarse de ti, porque ejecutaste a mi hermano y confiscaste mi propiedad. Sabía que habías venido solo a ver al ermitaño, y decidí matarte cuando volvieras. Pero pasó el día y tú no volvías. Entonces salí del lugar donde estaba emboscado para atacarte, me topé con tus guardias, ellos me reconocieron y me hirieron. Escapé de ellos, pero me habría desangrado hasta morir si tú no me hubieras vendado la herida. Yo quería matarte y tú me has salvado la vida. Ahora, si vivo y si tú lo deseas, te serviré como tu esclavo más fiel y les diré a mis hijos que hagan lo mismo. ¡Perdóname!

El rey no solo le perdonó, sino que además dijo que enviaría a sus sirvientes y a su médico para atender al herido, y prometió devolverle la propiedad que le había arrebatado.

Entonces el rey salió al exterior y vio al ermitaño plantando semillas en los macizos que él había preparado el día anterior. Decidió plantearle al viejo sabio sus tres preguntas por última vez, y se sorprendió cuando el anciano contestó que sus interrogantes ya habían sido respondidos.

—¿Cómo que respondidos? ¿Qué quieres decir? —preguntó el rey.
—¿No lo ves? —replicó el ermitaño—. Si ayer no te hubieras apiadado de mi debilidad y no hubieras cavado estos macizos por mí y te hubieras marchado por tu camino, ese hombre te habría atacado y te habrías arrepentido de no haberte quedado conmigo. Así que el momento más importante fue cuando estabas cavando los macizos. Y el hombre más importante era yo. Y hacerme el bien era tu asunto más importante. Después, cuando ese hombre corrió hacia nosotros, el momento más importante fue cuando lo estabas atendiendo, porque si no hubieras vendado sus heridas, habría muerto sin hacer las paces contigo. Así que el hombre más importante era él, y lo que hiciste por él era tu asunto más importante. Así que recuerda: solo existe un momento importante: ¡Ahora! Es el momento más importante

porque es el único momento en el que tenemos algún poder. La persona más importante es aquella con la que estás, porque nadie sabe si alguna vez tratará con alguien más. Y el asunto más importante es hacerle el bien, porque solo para ese propósito fue enviado el hombre a esta vida.

Repasemos las tres preguntas, ya que tienen que ver con vivir en un lugar de compasión. Al leer esta sección, piensa en las lecciones que el rey aprendió de su sabio maestro, el ermitaño; y también en lo que nos enseña el cuento de la mujer sabia que le regaló su piedra preciosa a un viajero.

1. ¿Cuándo es el mejor momento para hacer cada cosa?

Tanto el ermitaño como la mujer sabia comprendían lo que quiso decir Tolstoi cuando escribió: «Recuerda: solo existe un momento importante: ¡Ahora! Es el momento más importante porque es el único en el que tenemos algún poder». Tal vez recuerdes que el tercer principio de «¡Basta de excusas!» explicaba que la compasión solo se puede experimentar en el momento presente. Ahora es cuando todo tiene lugar. Así que tu relación con la vida es en realidad tu relación con el presente.

Me encanta la definición de compasión que nos ofrece el historiador Arnold Toynbee: «Compasión es el deseo que impulsa al yo individual a ampliar el alcance de su interés propio para asumir todo el yo universal».

En cualquier momento de tu vida en el que te dedicas a otro sin interés por ti mismo, estás viviendo la compasión... y también estás haciendo imposible utilizar excusas. Así pues, ahora conoces el secreto que el rey de Tolstoi buscaba y que la mujer sabia conocía instintivamente: *Este es el momento de ampliar tu alcance más allá del interés propio y asumir un yo universal que incluye a todos, y en especial a la persona que está contigo.*

¿Puedes imaginar que la mujer compasiva o el sabio ermitaño salieran con una excusa para no funcionar al nivel que les gustaba? Sé como ellos y reconoce que este momento es tu poder; hazte con él y amplía tu compasión sin mirar por ti mismo. Y recuerda que tu cita con la vida es siempre en el momento presente.

2. ¿Quiénes son las personas más importantes para trabajar con ellas?

Muchas veces oímos hablar, y respondemos a ello, de la importancia de ofrecer ayuda a otros que están terriblemente necesitados en lugares lejanos. En nuestro intento de colaborar al advenimiento de la paz mundial, nos unimos a organizaciones dedicadas a mejorar las vidas de los más necesitados. Sin embargo, esto no responde adecuadamente a la segunda pregunta.

Aquel que esté en tu espacio inmediato es la persona más importante para que trabajes con ella, ya sea un amigo, un familiar, un compañero de trabajo o un completo desconocido. Así pues, extiende la bondad a cualquiera que veas delante de ti. Tal como nos recuerda Tolstoi, no puedes saber si vas a tener tratos con alguien más. Este es tu momento, y la persona con la que trabajar está ahí mismo. La mujer sabia comprendía esto muy bien: no quería guardar la piedra preciosa para sí misma, para alguien que la mereciera más o para un familiar. Dio su regalo, movida por su corazón compasivo, a una persona que nunca había visto antes. Así que la lección es: No mires más allá de este momento. Ahora tienes una oportunidad perfecta. Aquel que esté en tu presencia es el único disponible para tu compasión.

Tal como comentó en una ocasión el maestro vietnamita Thich Nhat Hanh,

Si no puedes hacer feliz a tu hijo, ¿cómo esperas poder hacer feliz a algún otro? Si todos nuestros amigos del movimiento por la paz o de las comunidades de ayuda de cualquier tipo no se aman y ayudan unos a otros, ¿a quién van a poder amar y ayudar? ¿Estamos trabajando para otros seres humanos o solo trabajamos por el nombre de una organización?

3. *¿Qué es lo más importante que hay que hacer en todo momento?*

Las acciones compasivas del ermitaño y de la mujer sabia demuestran que ambos conocían muy bien la respuesta a esta pregunta. Tolstoi concluye *Tres preguntas* explicando por qué tiene tanto valor la acción compasiva para con la persona que está en ese momento: «Porque solo para este propósito fue enviado el hombre a esta vida». Tal como aprendimos en el capítulo anterior, hacer el bien equivale a hacer como Dios. No estamos aquí para vencer a otros, hacer la guerra, construir templos colosales para nuestra deidades, ser el número uno, ganar algo o derrotar a alguien. No, estamos aquí para ser como Dios: para servir, contactar, permitir, no interferir y ser humildes allá adonde vayamos.

Dale un descanso a tu ego y vive compasivamente siendo un ser humano decente. El rey aprendió esto cuando se despojó de su importancia. Con solo hacer el bien, salvó su vida. Y la mujer de las montañas, con una simple demostración de bondad, pudo enseñar a un hombre movido por el ego a ser feliz.

Permíteme concluir este capítulo contándote otra historia, que esta vez se refiere a mi hija Sommer y a mí. Yo la llevaba en coche al aeropuerto para que volviera a la universidad después de un largo fin de semana en casa, y ella estaba admirando mi nuevo reloj de pulsera. Era el primer reloj nuevo que yo tenía por lo menos en una década. Me gustaba mucho mirar la reluciente esfera de acero y negra, y al hacerlo pensaba que aquel era mi reloj favorito de toda mi vida. Sin embargo, en el fondo sabía que a Sommer le encantaría ponérselo, ya que, por lo visto, llevar relojes de hombre era la última moda entre las jovencitas.

Cuando dejé a mi hija en la acera y la ayudé con su equipaje, sentí el impulso de quitarme el reloj y dárselo a ella, aunque era mi posesión más preciada (sobre todo porque ya casi no tengo posesiones que me importen, y mucho menos que sean preciadas).

La respuesta de Sommer fue: «¡No, papá, si a ti te encanta este reloj!».

Yo insistí, diciéndole que sentiría más alegría dándoselo a ella y sabiendo que ella lo cuidaría como un tesoro. También le dije que sentía que aquello simbolizaría nuestra unión en el tiempo, aunque estuviéramos a miles de kilómetros de distancia. Subió al avión radiante, y yo me marché sintiendo que había crecido inmensamente como persona, ya que aquel acto de compasión habría sido muy difícil, si no imposible, para mí varios años antes.

Pocos meses después, Sommer me llamó a Maui para decirme que me enviaba un regalo por el Día del Padre, e insistió en que se trataba de un regalo muy, muy especial. Resultó ser su cuadro favorito, que ella había pintado y había tenido colgado en su cuarto durante mucho tiempo. Más adelante me dijo: «De verdad aprendí algo el día en que me regalaste tu querido reloj, y quería darte algo que fuera mi posesión más preciosa. Te lo regalo, papá, aunque me cuesta separarme de él, porque quiero que tengas contigo una parte de mí».

El cuadro cuelga con orgullo de mi pared como símbolo de la belleza y perfección de contactar compasivamente en respuesta a un momento de sentimiento. Esta historia personal es un perfecto ejemplo personalizado de la respuesta a las tres preguntas de Tolstoi: (1) hazlo ahora, el único momento disponible; (2) hazlo con la persona con la que estés en el momento; y (3) haz el bien, porque para eso estás aquí.

Siendo y viviendo la compasión, invitas y animas a otros, solo con tu ejemplo, a decidir hacer lo mismo.

Sugerencias para vivir con compasión

– Al despertarte, deja que fluya de tus labios la palabra «gracias», porque esto te recordará que debes empezar el día con gratitud y compasión. Acostúmbrate a comenzar cada día pensando primero en alguna otra persona y después tomando la decisión de hacer activamente algo, cualquier cosa, que haga aparecer una sonrisa en su cara. Cuando eres consciente de querer hacer algo amable por otro ser humano, asciendes a una manera de ser superior. Eso desvía tus pensamientos de ti mismo y de *¿Qué gano yo con ello?* y los pone en *¿Cómo puedo servir?*, que es precisamente como funciona siempre la mente universal que llamamos Tao o Dios. Cuando estás sintonizado con una actitud compasiva, toda tu jornada reflejará este tipo de conciencia.

He aquí algunas sugerencias para ponerte en marcha: envía un correo electrónico de agradecimiento, dile una palabra amable a uno de tus hijos con el que hayas tenido palabras duras, pídele perdón a algún individuo con el que tengas que arreglar cosas, coge flores silvestres y dáselas a alguien, regala algunos artículos personales, como libros o adornos, o envíale a alguien una sonrisa que le alegre el momento. Lo importante es que no tiene por qué costar dinero; lo que haces es sintonizar con la compasión y, de ese modo, programar tu día para que funcione de ese modo.

Cada vez que te descubras empleando una de tus familiares excusas personales, puedes detenerte en mitad del pensamiento y pasar inmediatamente a la persona con la que te portaste con humanidad. Observa cómo se desintegran las excusas cuando tus pensamientos están en ser amable con otros.

No necesitas limitar tu acto inicial de compasión a una persona. Todos los actos de bondad para con las criaturas de Dios, aunque solo se trate de recoger algún desperdicio que se tiró por descuido, impactan en nuestro planeta. Lo importante es poner la mente en servir, y apartarla de las exigencias del ego.

– En la cita que abre este capítulo, Martin Luther King sugiere que nuestra cultura necesita reestructurarse y que la compasión es el camino. Te insto a que te esfuerces por elegir para cargos públicos —a todos los niveles— a personas que transmitan sensibilidad y bondad en sus mensajes al público. Las actitudes de compasión tienen en cuenta a hombres y mujeres que participan en cuestiones de inmigración, tortura, orientación sexual, persuasión religiosa y estatus socioeconómico. Aquí no puede haber excepciones. Busca el corazón compasivo, y no el que excluye, castiga, busca venganza o manipula con el poder del gobierno. Cuanto más reflejen nuestras instituciones esta actitud humana, menos excusas colectivas utilizaremos para explicar por qué no hemos sido capaces de crear el cielo en la tierra, que es nuestra auténtica vocación.

– Tal como he dicho en cada uno de los siete principios de esta parte del libro, la repetición activa de un mantra para tus adentros refuerza y crea exactamente lo que te estás diciendo. Así pues, repite para ti mismo lo siguiente durante al menos cinco minutos: *Soy un ser de compasión. Propago el amor hacia fuera por todas partes, porque esta es mi naturaleza.* Afírmate esto continuamente, y ponlo en un lugar visible de tu casa, tu oficina, o incluso tu coche.

En el Sermón de la Montaña, Jesús nos da las palabras definitivas sobre la compasión. Si nuestro mundo actual las pusiera en práctica, todos viviríamos en paz. Pero aunque el resto del mundo aún no las haya captado, tú puedes. Te exhorto a que pongas estas palabras a trabajar en tu vida, hoy mismo. Si lo haces, ten por seguro que todas las excusas se desvanecerán:

Habéis oído que se dijo: amarás a tu prójimo y odiarás a tu
  enemigo.
Pero yo os digo: amad a vuestros enemigos,
bendecid a los que os maldicen, haced el bien a los que os odian
y rezad por los que os utilizan y persiguen con malicia.

(Mateo 5:43-44)

¡Esto es compasión en acción!

TERCERA PARTE

El cambio de sistema de «¡Basta de excusas!»

> Si corriges tu mente, el resto de su vida se recolocará bien.
>
> Lao-tse

11

Un nuevo modo de ver el cambio de viejos hábitos de pensamiento

> Nunca subestimes tu poder para cambiarte a ti mismo.
> Nunca sobreestimes tu poder para cambiar a otros.
>
> H. JACKSON BROWN, JR.

A estas alturas, seguro que comprendes que tienes el poder para cambiar de manera radical la manera en que funciona tu cerebro, alterando aspectos de su química para erradicar viejos virus mentales. Sabes que puedes convertirte en una persona que ya no se apoye en excusas.

He aprendido que lo que ocurre en la naturaleza ocurre también en los seres humanos cuando se comprenden a sí mismos. Así como las flores de un árbol frutal caen cuando el fruto crece, también nuestra necesidad de un puñado de racionalizaciones se desvanece cuando lo Divino hace salir el auténtico yo. Cuanto más permitimos que nos guíen los principios que nos identifican como espirituales, menos deseo o tendencia tenemos a utilizar excusas. Como dijo Carl Jung, «Nuestros problemas más importantes no se pueden resolver; hay que crecer más que ellos».

Debes crecer más que tu necesidad de volver a utilizar excusas. Aun antes de empezar a aplicar el paradigma de esta parte del libro, haz lo que puedas para trascender los problemas relacionados con tus viejos hábitos de pensamiento. Los principios sobre los que escribo en la segunda parte están diseñados para ayudarte a crecer, desde un ser humano que está teniendo una experiencia espiritual a lo contrario: un ser espiritual que está teniendo una experiencia humana temporal. Esto es lo que quería decir Jung con «crecer más», algo que la naturaleza hace siempre con sus problemas.

Una bellota es solo una pequeña semilla, un pequeño fruto seco que no puede producir nada, pero a mí me gusta decir que «hay un infinidad de bosques latente en los sueños de una bellota». Dentro de ti hay latente una infinidad de manifestaciones, pero debes trascender la latencia de tu vieja manera de pensar. Para ayudarte a hacerlo, he aquí un breve repaso de los siete principios «¡Basta de excusas!» que he explicado en la segunda parte:

- Sé *consciente* de tu potencial de grandeza y del poder de tu mente.
- *Sintonízate* pensando como piensa Dios.
- Vive aquí y *ahora* en tu mente y también en tu cuerpo.
- *Contempla* lo que eres, y no aquello en lo que quieres convertirte.
- Debes estar *dispuesto* a permitir que la salud, la felicidad y el éxito fluyan a tu vida.
- Sé *apasionado* por todo y por todos los que entren en tu vida.
- Desea más para otros que para ti, es decir, sé *compasivo*.

Estos siete instrumentos te ayudarán a crecer por encima de tu dependencia de las excusas y te ayudarán a «corregir tu mente». Cuando seas capaz de hacer esto, como te recordaba Lao-tse unas páginas atrás, «el resto de tu vida se recolocará bien».

¡Sí, PUEDES CORREGIR TU MENTE!

En los dos primeros capítulos de este libro, he descrito cuánto tiempo y esfuerzo se invierte en convencerte de que encajes y seas como todos los demás. Superar esta programación exige cierto esfuerzo por tu parte. Como explicaba el poeta E.E. Cummings, «Ser yo mismo y no otro, en un mundo que hace todo lo posible, día y noche, por hacerte como todos los demás, significa librar la batalla más dura que un ser humano pueda disputar, y no dejar nunca de luchar».

Puedes conseguir ser tú mismo y no otro sin combatir en realidad, aunque es posible que sientas que estás peleando con algo dentro de ti mismo. Pero cuando dejes que lo Divino crezca dentro de ti, cambiarás a una sensación de alegría y la vieja incomodidad se retirará.

Cuando eras joven, te inundaron con todo un aluvión de mensajes del tipo «No, no puedes». Tú los asimilaste como mensajes *No puedo*, que se reforzaron con excusas bien intencionadas. Asimilaste la idea de que *no puedo* porque te dijeron una y otra vez cosas como estas:

- «Nunca llegarás a nada».
- «No vales nada.»
- «No eres lo bastante listo.»
- «Nunca serás lo bastante bueno.»
- «El dinero no llega con facilidad.»
- «No mereces tener éxito.»
- «Nunca encontrarás a alguien que te ame.»
- «Probablemente enfermarás como hizo tu madre; lo llevas en los genes.»
- «Nunca saldrás adelante si no sigues las reglas.»
- «Eres igual que tu padre, y él nunca valió para nada.»

Estas y otras miles de variaciones sobre los mismos temas parece que han levantado barreras permanentes dentro de ti. Sientes que las excusas te protegen de estos horribles sentimientos, y de tu actual decepción ante tu vida. Aunque te has convertido en un adulto sin ningún motivo racional para aferrarte a estos memes, siguen provocando una reacción familiar cuando parece necesario justificar por qué tu vida no está al nivel óptimo que tú preferirías. Y aunque probablemente no tenías ni idea de que estos mensajes se habían infiltrado en tu cerebro, aun así ejercen mucha fuerza sobre ti.

No subestimes tu poder para cambiarte a ti mismo, como dice la cita que encabeza este capítulo. Puedes vencer por completo la convicción interiorizada de *No puedo* para que se transforme rápidamente en *Sí puedo*, afirmando lo siguiente:

- *Puedo lograr cualquier cosa que me proponga.*
- *Soy una persona digna y valiosa.*
- *Soy intelectualmente capaz.*
- *Merezco lo mejor porque soy bueno.*
- *Atraigo la abundancia en todos los campos de mi vida.*
- *Merezco salud, felicidad y éxito.*
- *Otros me aman y yo me amo.*
- *Me dejo guiar por mi deseo de servir a otros, en lugar de seguir las reglas.*
- *Soy único e independiente de las buenas opiniones de otros.*

Si miras con atención las anteriores afirmaciones, tal vez notes que todas representan un movimiento de alejamiento de tu vieja mentalidad creadora de excusas, que te acerca a pensar como debe pensar Dios.

SIETE IDEAS BÁSICAS PARA ELIMINAR LAS EXCUSAS

Antes de explicar el paradigma «¡Basta de excusas!», me gustaría compartir contigo un conjunto de creencias que yo he adoptado. Te animo a que seas receptivo a estas ideas, aunque al principio te puedan parecer imposibles de aplicar a tu vida, porque estoy convencido de que te ayudarán a iniciar el proceso de alejarte de la justificación y las posturas defensivas.

He aquí las siete sugerencias que he comprobado personalmente que son muy útiles para erradicar las excusas de mi vida:

1. Eliminar todas las etiquetas

Los viejos hábitos de pensamiento tienden a quedarse pegados, muchas veces para toda la vida, y en gran medida es porque creas razones internas para reforzarlos y mantenerlos. Estas razones, que yo llamo «excusas», pueden quedar permanentemente instaladas en tu subconsciente; son etiquetas que te pones a ti mismo y que acaban por convertirse en tu autodefinición. Según las palabras de Søren Kierkegaard, el famoso teólogo danés, «Cuando me etiquetas, me niegas». Cuando entres en el paradigma de «¡Basta de excusas!», prométete a ti mismo que dejarás de etiquetarte o negarte.

Mi hija Serena creció etiquetándose como «no atlética» e incluso como «frágil», una autodefinición que se transformó en una cómoda excusa cada vez que se planteaba una actividad física. Las etiquetas de mi hija negaban a la auténtica Serena, que podía transformarse en cualquier cosa que eligiera. Tomando conscientemente la decisión de eliminar esas etiquetas, y nada más, Serena se ha convertido poco a poco en una joven a la que le gusta participar en actos deportivos y está encantada de los cambios positivos en su cuerpo como consecuencia del ejercicio diario.

En lugar de cargarte de etiquetas que te limitan, afirma: *Soy capaz de lograr cualquier cosa en la que ponga mi atención*. Debes tener claro que nunca puedes negar tu auténtico tú: eres un ser infinito, y con Dios todo es posible. El corolario de esto sería: con etiquetas, casi todo se te niega.

2. Conversa con tu mente subconsciente

Me niego a aceptar la idea de que tenemos una mente inconsciente que nos desafía siendo completamente inaccesible. Para mí, esto es una receta para creer que durante la mayor parte de nuestras vidas estamos controlados por fuerzas invisibles e inaccesibles que residen dentro de nosotros. Reconozco que muchas veces somos totalmente inconscientes de por qué nos comportamos de cierta manera, pero esto no implica que no tengamos elección en el asunto. La *conciencia* es la sencilla clave para aliviar esta condición.

Mantén frecuentes conversaciones con tu subconsciente. Recuérdale que no quieres ir por la vida en piloto automático. Discute tu negativa a ser una víctima de los caprichos de ese «espíritu de la máquina» de tu cuerpo, cuyas órdenes están basadas en virus mentales y hábitos de pensamiento que fueron programados en él por personas que hace mucho que murieron o que ya no desempeñan un papel en tu vida adulta.

Yo suelo decirle a mi mente habitual cosas como esta: «Sé que me quedan unos cuantos hábitos verdaderamente tontos que me fueron inculcados hace mucho tiempo, y quiero que sepas que ya no estoy interesado en que seas tú quien dicta mis acciones. Estoy sacando a la superficie todos aquellos viejos hábitos y voy a hacer un esfuerzo consciente para tener más conciencia de todos los aspectos de mi vida».

Hace poco tuve una conversación como esta, referente a mi tendencia a no dejar en cualquier sitio mis llaves. Traté a mi fantasma interior, que siempre parece dejar las llaves de mi coche en sitios donde sean difíciles de encontrar, como si fuera una persona de verdad. Aunque esto pueda parecer un hábito insignificante, cambiarlo fue una tarea enorme para mí. Ahora, rara vez pierdo mis llaves.

Entabla una conversación con tu mente subconsciente en la que dejes claro que no vas a permitir que parte de tu vida esté dirigida por un extraño invisible que actúa y reacciona basándose en una programación memética o genética. Y decide que ya no vas a consentir (o a excusar) una conducta originada en una parte inconsciente de ti.

3. Empieza a practicar la atención

A punto de entrar en los siete capítulos que identifican un nuevo paradigma para librarte permanentemente de las excusas, te insto a que empieces a practicar ser más atento. Esto es, en realidad, lo que yo hice para poner fin a mi hábito de toda la vida de ser olvidadizo, sobre todo en lo referente a dónde dejaba las llaves del coche.

En una ocasión, simplemente excusé mi conducta de «No encuentro las llaves» con esta etiqueta: «Soy olvidadizo». Recuerdo que tanto mi madre como mi esposa exclamaban con frecuencia: «Ese es Wayne, nuestro profesor distraído». Los memes enterrados en mi subconsciente se convirtieron en excusas útiles para explicar mi hábito de ser olvidadizo... pero después descubrí cómo estar atento. Empecé a practicar el ser consciente de lo que antes solía hacer inconscientemente, ¡y funcionó!

Cada vez que entraba en mi casa, tomé la decisión de ser consciente de las llaves que tenía en la mano —sentir la textura y la forma de cada una, sujetarlas conscientemente, escuchar el tintineo— y después colocarlas en un sitio especial reservado solo para ellas. Y mira por dónde, un viejo hábito subconsciente había salido a la superficie, entrando en mi mente consciente, y erradicando aquella vieja excusa de que soy olvidadizo. (Ahora, en las raras ocasiones en que todavía no encuentro las llaves, eso solo sirve para reforzar mi compromiso de mantenerme atento.)

De la misma manera, hubo una época en la que mi práctica de yoga podía deteriorarse hasta convertirse en una rutina aburrida, y me sentía frustrado conmigo mismo. O cuando nadaba en el mar, corría por la playa o incluso cuando me sentaba a escribir, podía perderme en mi vieja condición de olvidadizo y perder de vista la gloriosa sensación que se puede sentir en toda actividad humana. Descubrí que practicar la atención de muchas maneras a lo largo del día era una ayuda inmensa.

En su libro *The Miracle of Mindfulness*, Thich Nhat Hanh nos aconseja esta práctica:

> El Sutra de la atención dice: «Al andar, el practicante debe ser consciente de que está andando. Cuando está sentado, el practicante debe ser consciente de que está sentado. Cuando se tumba, el practicante debe ser consciente de que está tumbado...». Pero no basta con prestar atención a las posturas del propio cuerpo. Debemos ser conscientes de cada respiración, de cada movimiento, de cada pensamiento y sensación, de todo lo que tenga relación con nosotros.

Ahora, cuando nado, experimento el movimiento de mis brazos, el pataleo de mis piernas, el estiramiento de mis hombros, la sensación y el sabor del agua salada, los dedos en copa que mueven el agua, mi respiración, mi ritmo cardíaco... todo ello. Practicar la atención me ha enseñado a estar en el momento y encontrar mi yo, además de mis llaves.

Esto me hace pensar e una historia que cuenta Mobi Ho, una erudita vietnamita que tradujo el libro de Hanh:

> Cuando estaba traduciendo *The Miracle of Mindfulness*, me acordé de los episodios de los últimos años que habían fomentado mi práctica de la atención. Un día, estaba cocinando frenéticamente y no encontraba una cuchara que había dejado entre un montón de sartenes e ingredientes. Mientras la buscaba por aquí y por allá, Thay (Hanh) entró en la cocina y sonrió. Preguntó: «¿Qué está buscando Mobi?». Por supuesto, yo respondí: «¡La cuchara! ¡Estoy buscando una cuchara!». Y Thay respondió, sonriendo de nuevo: «No, Mobi está buscando a Mobi».

4. *Comprométete a superar tu inercia*

Las excusas que utilizas con frecuencia se han instalado en tu mente, que está dominada por tu ego o falso yo. Por consiguiente, no se limitarán a hacer las maletas y marcharse sin entablar lucha. Esas excusas se han convertido en compañeros familiares para tu ego, y siempre están preparadas para saltar en tu defensa.

Yo he descubierto que para superar esas justificaciones enriquecidas por el ego resulta muy útil mantener una conversación conmigo mismo acerca de lo que me propongo ser y lo que estoy dispuesto a hacer para conseguirlo. Lo llamo «conversación para comprometerme a superar la inercia». Soy consciente de mi impulso instintivo a quedarme con lo conocido, a permanecer inactivo y a utilizar las excusas convenientes que describo en el capítulo 3. Cuando se trata de cumplir mi compromiso a terminar un libro en una cierta fecha, por ejemplo, siempre puedo recurrir a *Estoy muy ocupado... Es muy grande... Se tardará mucho tiempo... La verdad es que no tengo energía...* o algo parecido. Pero mi conversación antiinercia me ayuda a organizar unas cuantas técnicas para eliminar esas excusas.

Lo primero que hago es redactar un contrato conmigo mismo, que miro cada día. Después de conversar conmigo mismo sobre superar la inercia, pongo sobre mi mesa una maqueta dibujada a mano de la cubierta del libro, y así escribo desde el punto de vista de actuar como si lo que quiero completar ya estuviera ahí. A continuación, me recuerdo constantemente que la palabra dada a mi yo superior (Dios) es sagrada. Esto, por sí solo, me empuja en dirección a mi espacio de escribir. En cuanto estoy sentado, toda aquella indolencia —apoyada por las excusas— desaparece.

Antes de empezar con el paradigma que explico en los capítulos siguientes, te animo a que te comprometas a abandonar la inercia. Ten una conversación privada con tu ser superior y disponte a aferrarte a su visión de ti, aunque las viejas excusas vuelvan a venir corriendo, con la esperanza de ver una señal de debilidad por tu parte. El contrato escrito te ayuda a recordar que estás en proceso de redefinirte. Ahora estás practicando una filosofía «¡Basta de excusas!» para organizar y dirigir tu vida.

5. Utiliza el poder de las afirmaciones

Puedes convertir todo tu espacio vital en una afirmación haciendo que refleje la energía que quieres utilizar para cumplir tu destino personal.

Mi propio espacio vital refleja lo que yo quiero tener en mi vida, y he comprobado que esto es extraordinariamente beneficioso para subrayar mi deseo de dejar de usar excusas de cualquier tipo. Afirmo todo lo que soy; todo lo que deseo llegar a ser; y todo lo que atesoro con símbolos escritos, fotográficos, artísticos y naturales de lo que creo que son fuentes de alta energía.

Me mantengo sintonizado con este tipo de energía rodeándome de lo que deseo atraer. Por ejemplo, quiero amor en mi vida, de modo que coloco símbolos de amor a mi alrededor como afirmaciones de que estoy sintonizado con lo que quiero recibir. Entre ellos hay fotografías que inspiran pensamientos de amor, flores frescas que son regalos de amor de Dios en forma de belleza natural, libros sobre el amor, y frases escritas como estas que estoy mirando mientras escribo: «El amor... lo une todo en perfecta armonía» (San Pablo); «Aquel a quien toca el amor no camina a oscuras» (Platón); y «El que no ama no conoce a Dios, porque Dios es amor» (Juan 4:8).

No solo te conviertes en aquello en lo que piensas todo el día; te conviertes también en lo que reconoces ante el universo. Por eso, antes de empezar con el paradigma «¡Basta de excusas!» en los capítulos siguientes, te insto a que conviertas tu casa y tu espacio de trabajo en testimonios vivos de tus deseos más elevados. Afirma que mereces toda la abundancia que el universo puede ofrecer. Afirma tu amor por ti mismo. Afirma que eres una creación divina y que como tal estás dispuesto y abierto a que la fuente divina trabaje para ti.

No subestimes nunca el poder que tienen las afirmaciones para ayudarte a erradicar las excusas que utilizas para defender los inconvenientes de tu vida.

6. *Vive en un universo que te apoya y te ayuda*

Una de las decisiones más importantes que puedes tomar en tu vida es elegir el tipo de universo en el que existes: ¿Ayuda y apoya o es hostil e insolidario? Tu respuesta a esta pregunta es importantísima en términos de cómo vives tu vida y qué tipo de ayuda divina atraes.

Recuerda que consigues aquello en lo que piensas, tanto si lo quieres como si no. Así pues, si estás convencido de que este es un universo hostil, buscarás ejemplos que apoyen este punto de vista. Pensarás por anticipado que la gente intentará hacerte trampas, juzgarte, aprovecharse de ti o dañarte de algún otro modo. Culparás al cosmos antagónico e inhóspito de no cooperar contigo en la realización de tus deseos. Señalarás con el dedo, acusando a la gente beligerante y a la mala suerte del tipo de mundo en el que vivimos. Dado que esta visión del mundo se infiltra en todos los pensamientos que tienes, te conviertes en una persona que busca persistentemente ocasiones para sentirse ofendida y que por eso utiliza todo un aluvión de excusas.

Te imploro que veas el universo como algo amistoso y servicial antes de empezar a aplicar el paradigma «¡Basta de excusas!», porque así buscarás evidencias que apoyen esta manera de verlo. Cuando crees que el universo es amistoso, ves gente amistosa. Buscas circunstancias que actúen en tu favor. Esperas que la buena suerte fluya a tu vida. En otras palabras, no estás buscando excusas.

Mi afirmación favorita cuando me siento atascado o de mal humor es: *Lo que necesito está ya aquí, y todo es para mi bien*. Escribe esto y ponlo en lugares visibles por toda tu casa, en el salpicadero del coche, en tu oficina, en el horno de microondas, e incluso en el lavabo. Recuérdate: *Vivo en un universo amistoso que apoyará cualquier cosa o deseo que esté en sintonía con la fuente universal de todo*. Esta postura será un paso de gigante hacia vivir una vida «¡Basta de excusas!».

Afirmar que lo que quieres ya está ahí y que lo único que tienes que hacer es conectar con ello te hará recordar que lo que atraes es para tu mayor bien, y entonces podrás prescindir por completo del factor tiempo. Solo tienes que saber que está ahí y que llegará siguiendo el plan de Dios... como todo lo que emprende el viaje desde la no existencia a la existencia.

He comprobado que al cambiar mi creencia sobre la naturaleza del universo, atraigo a mi vida aquello que deseo. Deseo amor. Deseo paz. Deseo salud. Deseo felicidad. Deseo prosperidad. ¿Por qué habría de empeñarme en creer que nuestro universo es hostil, maligno e insolidario? ¿Cómo puedo esperar que el reino divino me oiga si le estoy pidiendo que sea lo que no es? Así veo mis deseos perfectamente ajustados al funcionamiento del universo.

Cuando rezo, lo hago con el espíritu de san Francisco. En lugar de pedir a Dios que le diera paz, aquel hombre inspirador le suplicaba a Dios: «Hazme un instrumento de Tu paz». En otras palabras, «Déjame ser como la fuente de la que me originé, y entonces descansaré sabiendo que tiene que estar aquí, en camino, y para mi mayor bien». Como puedes ver, no hay sitio para excusas cuando aplicas este modelo a tu vida cotidiana.

Tal como he escrito y dicho muchas veces, «Cuando cambias tu manera de mirar las cosas, las cosas que miras cambian». Y esto se aplica a todo el universo.

7. *No te quejes, no expliques*

Quejarse y explicar son los dos grandes aliados de la creación de excusas. En términos generales, cuando recurres a quejarte, empleas una excusa de un tipo u otro, cargando la responsabilidad de lo que te molesta a alguien o algo exterior a ti. Quejarse del modo en que alguien ha actuado (o dejado de actuar) es otra manera de presentar una excusa que explique por qué estás insatisfecho o eres infeliz. «Es culpa suya que me haya subido la tensión arterial. Fíjate en lo mal que lo han hecho» o «¿Cómo voy a disfrutar de la cena si en este restaurante son todos unos incompetentes?» son dos ejemplos clásicos. Encontrar fallos en las circunstancias, el tiempo, la economía, otras personas o cualquier otra cosa fuera de ti mismo es una manera de aferrarse a las excusas.

Además de poner fin a las quejas, te recomiendo que nunca intentes dar explicaciones. Como yo intento tener una mentalidad sin excusas, mi política es mantener como asunto privado las cosas que quiero lograr. Haciendo eso, nunca me veo forzado a tener que explicarme. Soy perfectamente consciente de que muchas de las misiones de mi vida personal les parecen extrañas o espantosas a otros. Por consiguiente, he aprendido a no comunicar mis intenciones a cualquiera, aparte de unos pocos escogidos a los que conozco y en los que confío a nivel espiritual. (De todas maneras, cualquier cosa que les diga a estas personas no me obligará a dar ningún tipo de explicaciones.)

El problema de tener que explicarse es que, al hacerlo, invocas necesariamente al ego para que cumpla tus órdenes. Tienes tendencia a tener razón, ser sensato y hacerte comprender. Y al mismo tiempo, a tratar con las dudas y antagonismos de los que no comparten tus opiniones o tu optimismo. Cuando te guardas las cosas para ti mismo, te mantienes conectado con tu lado espiritual, con ese lugar dentro de ti en el que no tienes necesidad de tener razón ni de demostrar que otros se equivocan.

Dado que toda la creación procede del mundo de la no existencia, si quieres dar vida a tus sueños y deseos —si quieres manifestar tu destino—, debes confiar en la gran fuente de toda la creación, el espíritu. En el momento en que inyectas ego en la imagen, invitas a las excusas; y en cuanto invocas esas familiares excusas, impides que se manifieste lo creativo y el proceso de creación.

Como dijo Lao-tse:

> El Tao da origen a todas las formas, y sin embargo no tiene
> forma propia...
> Deja de esforzarte por causar admiración.
> Pon tu estima en el Tao.
> Vive de acuerdo con él,
> comparte con otros las enseñanzas que conducen a él,
> y te verás inmerso en las bendiciones que fluyen de él.[2]

En lenguaje más moderno, deja de quejarte y dar explicaciones, y tus excusas cesarán pronto.

Estas son, pues, mis siete ideas favoritas para que las contemples mientras te preparas a estudiar el paradigma «¡Basta de excusas!».

Cómo utilizar el paradigma

He creado el paradigma «¡Basta de excusas!» debido a mi firme creencia en el espíritu de la cita que hay al comienzo de este capítulo: «Nunca subestimes tu poder para cambiar. Nunca sobreestimes tu poder para cambiar a otros». La palabra clave en esta cita es «poder». Sé que dentro de ti hay un poder que es capaz de realizar cambios espectaculares en períodos de tiempo relativamente cortos.

El problema que he encontrado es que la mayoría de las personas se sienten impotentes cuando se trata de superar toda una vida de pensamiento derrotista. En realidad es muy fácil cambiar de manera de pensar y actuar, por mucho tiempo que llevemos haciéndolo, y por mucho reforzamiento que hayamos recibido hasta solidificar una manera de ser. Me he sometido a esta prueba en muchas ocasiones, y siempre he comprobado que conseguir esos cambios es mucho más fácil de lo que otros quieren hacerme creer. Creo que, así como nuestro cuerpo sabe cómo mantener un estado de salud óptimo sin ninguna interferencia exterior, nuestra mente está programada por la energía de la fuente para saber cómo y qué pensar con el fin de optimizar nuestro desarrollo emocional y espiritual.

He dejado de subestimar el poder que llevamos dentro para hacer cambios aparentemente radicales, y he aplicado el paradigma «¡Basta de excusas!» para superar adicciones de todas clases en mi vida. También lo he utilizado para ayudarme a atraer a la gente adecuada, las circunstancias adecuadas, los trabajos adecuados, los fondos que necesitaba, la curación que deseaba, etcétera. He visto a muchos individuos dejar atrás viejos pensamientos y conductas en muy poco tiempo y sin dedicar mucho esfuerzo para lograr el resultado. El impacto de las primeras impresiones y condicionamientos se siente durante toda la vida hasta que se inicia un cambio, pero nunca me he creído la idea de que nuestra programación infantil es invencible. Tampoco acepto que tengamos una mente subconsciente a la que no podemos acceder. Y ya sabes que incluso rechazo la idea de que nuestros genes y ADN sean excusas para toda clase de pensamientos y conductas. En cambio, he decidido creer en el poder innato para cambiar que todos llevamos dentro.

Cada uno de los capítulos que siguen en esta última parte del libro se presenta como una pregunta que debes plantearte. Tómate algún tiempo antes de responder, y lee todos los capítulos con la mente abierta a todo y apegada a nada. Considera los ejemplos que presento, examina las dos caras, y mantente neutral en tu estimación de cómo se aplican a ti ahora. En otras palabras, deja simplemente que todo vaya entrando... en especial las partes que inmediatamente piensas que no se aplican a ti.

No hay ejercicios que realizar, listas que hacer, reglas que seguir ni instrucciones complicadas que aprender de memoria. Lo único que necesitas hacer mientras lees las páginas siguientes es tener en la mente las palabras de Lao-tse: «Si corriges tu mente, el resto de tu vida se recolocará bien». Este paradigma para cambiar el pensamiento habitual trata de ayudarte a corregir tu mente. Disfruta mientras todo lo demás se coloca en su lugar.

12

La primera pregunta: *¿Es verdad?*

> Intentaré corregir errores cuando se demuestre que son errores, y adoptaré nuevas ideas con la misma rapidez con que parezcan ser ideas verdaderas.
>
> ABRAHAM LINCOLN

He oído cálculos de los que se dedican a contar esas cosas, según los cuales el adulto medio tiene aproximadamente sesenta mil pensamientos en un período de veinticuatro horas. Aún más sorprendente es que hoy pensamos los mismos sesenta mil pensamientos que pensamos ayer y que pensaremos mañana. Así pues, muchos de nosotros pasamos por nuestras vidas cotidianas siguiendo un patrón habitual, repitiendo hasta el infinito los mismos pensamientos una y otra vez.

Ahora permítanme que añada un poco de gasolina al fuego. Yo creo muy probable que la vasta mayoría de estas ideas continuamente reiteradas, en especial las que entran en la categoría de excusas, no son ciertas. De esto se deduce que todos los días utilizamos nuestras mentes incomparablemente brillantes para procesar sin darnos cuenta pensamientos falsos. *¿Es verdad?* tiene que ser el primer enfrentamiento con esta repetitiva, habitual e inconsciente actividad de poner excusas.

Esta primera pregunta del paradigma «¡Basta de excusas!» te llevará a ser consciente de la naturaleza personal de tus justificaciones. Cuando descubras que tu mente elige pensamientos falsos para guiarte, encontrarás también más fuerza para poner fin a ese hábito que te está privando de tanto en la vida.

Encontrar la verdad en cuatro populares excusas

Si descubrieras que una idea que utilizas para definir quién eres ante ti y ante otros es falsa, ¿querrías seguir utilizándola? Evidentemente, lo planteo como una pregunta retórica, ya que lo más probable es que los lectores de un libro titulado «¡Basta de excusas!» no quieran agarrarse a algo que les está impidiendo mejorar su calidad de vida. Es mucho más beneficioso y deseable dejarse guiar por la simple enseñanza de que la verdad te hará libre. Así que mantente abierto a la verdad cuando leas este capítulo; tus respuestas sinceras te ayudarán enormemente a sacar a la superficie tus patrones de pensamiento.

La pregunta *¿Es verdad?* exige que determines si puedes o no estar absolutamente seguro de que esas muletas mentales en las que te apoyas son de verdad ciertas. Si no lo son, debes decidir inmediatamente invalidarlas: utilizar estas excusas para mantenerte alejado de lo que te atrae hacer o ser es como organizar tu vida sobre la base de una mentira.

En los primeros días de nuestra democracia, Thomas Paine escribió: «Pero tan irresistible es la naturaleza de la verdad que lo único que pide y lo único que necesita es libertad para aparecer». Esto indica que la verdad solo quiere poder mostrarse; no quiere abrumarnos ni dominarnos. Así que permite que «la naturaleza irresistible de la verdad» haga su aparición ahora mismo.

Examinadas con atención, las viejas y familiares explicaciones casi siempre resultan ser falsas, así que es importante poner a prueba su veracidad. Aquí voy a utilizar cuatro de las dieciocho categorías de excusas que detallé en el capítulo 3 para mostrar cómo se trabaja con la primera pregunta en nuestro nuevo paradigma.

1. *Va a ser difícil*

Esta es sin duda una de las excusas más comunes. Este meme te impide hacer realidad tu visión más elevada, pero ¿acaso es cierto? ¿Estás completamente seguro de que lo que quieres lograr va a ser muy difícil? ¿Existe la posibilidad de que lo que deseas no sea difícil sino que en realidad requiera muy poco esfuerzo? Aunque a ti te parezca que esto no es probable, tendrás que admitir que la posibilidad de que sea fácil y no difícil es real.

Ten presente que todos los sucesos aparentemente imposibles que ocurren bajo la forma de lo que Carl Jung llamaba «sincronía» ocurren con aparente facilidad y con un inexplicablemente extraño giro del destino, en el que apenas se invierte esfuerzo. Esto nos ocurre a todos con bastante frecuencia, sobre todo cuando estamos más sintonizados con el espíritu que con el mundo material. Parece como si existiera una colaboración con el destino, y tiene lugar una conexión mágica que convierte en fácil lo que se percibía como difícil.

Si es posible que la idea *Va a ser difícil* sea falsa, entonces bien podría ocurrir algo que lo facilitara, lo que significa que el meme habituado es falso. Así que ahora tienes dos opciones con esta excusa: (a) puedes creer en una idea (*Va a ser difícil*) que probablemente es falsa y que con seguridad te impedirá lograr los que quieres; o (b) puedes creerte el pensamiento contrario (*Va a ser fácil*), que también podría ser falso, pero que te ayudaría a cumplir tu deseo. Cuando hay posibilidad de elegir, la idea de que algo es posible o fácil resulta sin duda más invitadora que la que insiste en que es imposible o difícil. Así que ¿qué idea preferirías sostener?

Recuerdo el consejo que recibí cuando intentaba publicar mi primer libro de texto, un año o dos después de terminar mis estudios de doctorado. Lo que oía constantemente era: «Seguro que va a ser difícil», «Es imposible conseguir que te publiquen», «Eres desconocido. ¿Quién va a querer publicar lo que tienes que decir tú, un novato de treinta años?», y cosas parecidas. Sin embargo, nunca me rendí a esa lógica y, en consecuencia, no adopté el meme-excusa *Va a ser difícil*. Envié cien copias de mi manuscrito, y al cabo de una semana tenía noventa y nueve cartas de rechazo... pero también una oferta de una pequeña editorial de New Jersey. Lo importante era que lo que a otros les parecía una dificultad, a mí no me lo parecía. Sabía instintivamente que en alguna parte habría alguien interesado en lo que yo tenía que decir, y todo sucedió con relativa facilidad.

También recuerdo con toda claridad mi experiencia para conseguir publicidad a nivel nacional para *Tus zonas erróneas*, mi primer libro escrito para el público en general, en 1976. Todos los expertos proclamaban que era casi imposible aparecer en *The Tonight Show*, el *Phil Donahue Show*, *Today* y otros programas parecidos; esta excusa prefabricada habría sido una razón tan buena como cualquier otra para dejarlo.

Pero resultó que Howard Papush, coordinador de talentos de *The Tonight Show*, leyó *Tus zonas erróneas* en un vuelo de Nueva York a Los Ángeles. Me llamó para que acudiera a una entrevista previa, y aparecí en el programa una semana después. Durante los tres años siguientes, hice treinta y siete apariciones en *The Tonight Show* y estuve invitado a casi todos los demás programas de coloquios. Resultó que esta primera excusa no se aplicaba en absoluto; en realidad fue muy fácil obtener cobertura en los medios nacionales. ¡Solo tuve que responder al teléfono!

Así que, una vez más, si la creencia de que *Va a ser difícil* no es cierta al cien por cien, ¿por qué habrías de elegir sostener esa idea? En 1976, no dije ni una sola vez que fuera a ser difícil salir en un programa de televisión de alcance nacional. Confié en que el universo me proporcionara experiencias acordes con mis deseos, y que todo redundaría en mi máximo beneficio. Lo más importante es que al mantenerme sintonizado con este pensamiento, no tuve necesidad de volver a recurrir a una excusa gastada (y falsa).

2. *Habría un drama familiar*

Esta es una de esas explicaciones que la gente utiliza constantemente para explicar por qué se sienten atascados o impedidos de algún otro modo para vivir la vida que desean. Son interminables las razones para seguir donde estás y cumplir los deseos de los miembros de tu familia: «A mis padres les daría un ataque», «Todos se enfadarían conmigo», «En mi familia nadie ha hecho jamás una cosa semejante», «Me llamarían problemático o rebelde», «Nadie se ha enfrentado jamás con mi padre; sería una pesadilla», y así hasta el infinito.

Si tiendes a utilizar esta excusa, pregúntate esto: *¿Es seguro al cien por cien que habría un drama familiar si hago esto que pienso? ¿Existe la posibilidad de que pueda hacer lo que deseo y no provocar un escándalo?* Si existe la posibilidad de que no haya problemas, entonces esta excusa debe incluirse en la categoría de «falsa».

El pensamiento contrario de *Habría un drama familiar* es *No habrá drama familiar si llevo a cabo mis planes como a mí me gustaría*. Tal vez pienses que sin esta excusa te meterías automáticamente en el peligroso camino de hacer algo que has estado evitando. Pero piénsatelo otra vez. Tienes la opción de creer que habrá un escándalo familiar o que no lo habrá. Ya que ambas cosas tienen posibilidades de ser ciertas, ¿por qué no optar por el pensamiento que podría producir el resultado deseado?

Manteniéndote sintonizado con la idea de que tus seres queridos te comprenderán y te apoyarán en tu deseo, es muy posible que lo veas ocurrir. También es posible que tus familiares reaccionen efectivamente del modo desconcertante que tu excusa predecía. Pero ¿qué pensamiento crees que tiene más probabilidades de producir el tipo de resultados que te gustaría obtener? Lo importante es que no puedes estar absolutamente seguro de lo que predice esta excusa, así que te insto a no elegir una explicación de tu conducta habituada que casi con seguridad es falsa.

Puedo decirte con cierto grado de certeza que si no esperas recibir un impacto negativo o temible, tienes muchas más posibilidades de obtener la reacción que deseas. Tienes más posibilidades de que los miembros de tu familia te apoyen si tú apoyas tus propios deseos e intenciones. Y hazlo dispuesto a soportar la desaprobación que puedas encontrar, afirmando tu firme creencia en tu propósito en la vida. Es muy probable que esa desaprobación se transforme en respeto, gratitud e incluso admiración.

En mi vida personal, sé que si no me presento en la boda de un primo, el entierro de un tío, el cumpleaños de un nieto o cualquier otro acto familiar, no tendré que soportar ningún drama. Les he demostrado a mis parientes que no me interesa responder a las censuras ni a las críticas, así que nunca tengo que utilizar esta segunda excusa.

Puedes decirle adiós a esta excusa preguntándote simplemente: *¿Es absolutamente seguro que mis familiares desaprobarán que yo haga ...?* Dado que no puedes garantizar el drama familiar en todas las ocasiones, revisa tus pensamientos para que reflejen que no lo habrá, y punto. Ahora bien, no puedes estar seguro de que no ocurrirá algún episodio turbulento o emocional, pero al menos has puesto tu mente en lo que deseas, y estás sintonizado con la idea de una respuesta familiar pacífica. Refuerza tu nueva realidad afirmando: *Lo que deseo ya está presente y viene de camino.*

Cuando eliminas por completo de tu vida la creencia de que *Habría un drama familiar*, recordarás una vez más lo que ocurre cuando te mantienes sintonizado con una expectativa de la energía superior de la paz, la tranquilidad y el amor. Será mucho más probable que veas emerger esta actitud apacible que si estás furioso, frustrado y dolido porque «nadie te entiende nunca» en tu familia.

3. *No me lo puedo permitir*

Siempre he tenido un concepto diferente de mi capacidad para generar la financiación necesaria para las cosas que quería o deseaba. Como probablemente sabes, mi historial incluye casas de acogida, escasez, depresión económica y tener que trabajar para todo lo que he tenido desde los nueve años, con mi primera ruta de reparto de periódicos. Sin embargo, nunca me he permitido utilizar esta tercera excusa.

Examinemos este meme tan común para ver si es cierto. ¿Puedes estar absolutamente seguro de que eres incapaz de costearte lo que te gustaría hacer o adquirir? Si hay alguna duda en tu mente, por muy improbable que pueda parecerte ahora la prosperidad, debes rechazar esta excusa. Lo contrario de *No me lo puedo permitir* es *Me lo puedo permitir, aunque por el momento no sé cómo podré financiarlo para que se haga realidad*.

Una vez más, la importancia de esta pregunta acerca de tu capacidad para reunir dinero resulta evidente. Si el pensamiento *Me lo puedo permitir* es cierto o falso, y si lo mismo puede decirse de *No me lo puedo permitir*, entonces ¿por qué optar por la idea que está casi garantizada para impedirte alcanzar tu objetivo?

Tal vez estés convencido de que te hallas en una posición insolvente y eres incapaz de atraer los fondos necesarios para tus sueños. Uno de los principios básicos de la mentalidad «¡Basta de excusas!» es que obtienes aquello en lo que piensas, tanto si lo quieres como si no. Por lo tanto, pensar en la falta de dinero te sintoniza con el concepto de escasez y carencia. Cuanto más te centras en lo que no tienes y no puedes conseguir, más oportunidades proporcionas al universo de darte experiencias que reflejen esas creencias. Asegurando que no puedes permitirte algo, confirmas esta expectativa (que, dicho sea de paso, tiene tantas probabilidades de ser cierta como de ser falsa). La creencia misma se convierte en la fuente de lo que atraes: actúa como obstáculo para un universo de abundancia ilimitada.

Lamento decirte que no existe solución para los procesos de pensamiento centrados en la escasez. Lo que tienes que hacer es crecer por encima de este tipo de pensamiento inmaduro, recordándote que tiene mucho más sentido afirmar que eres próspero en lugar de centrarte en *No me lo puedo permitir*. Atrae la guía universal que te ayudará, y no la del tipo que te obstaculiza. Aquí mismo, ahora mismo, afirma: «Nunca puedo estar absolutamente seguro de que los fondos que necesito o deseo no están en camino. Así pues, la creencia *No me lo puedo permitir* es falsa, y me niego a permitirme utilizar esta excusa».

Aquí no se trata de ayudarte a manifestar más dinero, aunque desde luego es una posibilidad. De lo que se trata es de eliminar de tu vida la excusa de *No me lo puedo permitir*, porque utilizándola te mantienes sintonizado con la escasez, la carencia y el dolor. Amar lo que eres y mantenerte en constante estado de satisfacción es la clave para tener lo que quieres. Además, debes estar dispuesto a contemplar que la ayuda que necesitas está ya en camino, aunque no puedas predecir de dónde viene. Esto te ayuda a vivir en sintonía con las leyes del universo. Dado que este es un universo de abundancia ilimitada, ¿por qué tener pensamientos contrarios a esa verdad?

Siempre he dicho que lo que necesito financieramente no solo está en camino, sino que llegará a tiempo y siempre para mi mayor beneficio. De hecho, ya existe; lo único que tengo que hacer es conectarme con ello. Llámame loco si quieres, pero esta manera de pensar me ha servido de manera infalible. La falsedad del *No me lo puedo permitir* es aún más patente ahora, que tengo sesenta y tantos años y me mantengo desapegado de lo que me sale al paso, ofreciéndoselo a otros de la manera más generosa que puedo. Esto no significa que, simplemente, yo abra la ventana y el dinero entre volando. Más bien, me permite actuar basándome en pensamientos en los que no hay sitio para la escasez. Actúo sobre la base de lo que creo, y me niego a creer que el dinero sea una razón para no hacer algo.

Durante toda mi vida, me he sorprendido en muchas ocasiones en las que la financiación para uno de mis proyectos parecía manifestarse de la nada. Cuando era un joven marinero que quería desesperadamente ir a la universidad después del servicio militar, por ejemplo, el dinero no estaba inmediatamente disponible. No obstante, actué basado en mi firme intención de ir a una universidad importante y guardé el 90 por ciento de mis ahorros en una cuenta bancaria especial en Guam. Cuando me licencié con honores después de un servicio de cuatro años, tenía suficiente dinero en el banco para pagar mis cuatro años de universidad.

Lo importante es que tomar la decisión de guiarse por la idea *Puedo permitírmelo* permite que ocurran las dos cosas siguientes: (1) se activa la cooperación universal al sintonizar con un universo que no tiene límites ni carencias; y (2) empiezas a actuar sobre la base de lo que estás pensando.

4. Nadie me va a ayudar

Esta excusa pertenece a la categoría de las inculpatorias. ¿Siempre es culpa de alguien que no seas capaz de manifestar la felicidad, el éxito y la salud que te gustarían? ¿Los demás siempre te dejan tirado? ¿Parece casi imposible conseguir que se hagan las cosas porque no encuentras a nadie que te eche una mano? No estoy insinuando que seas incapaz de hacer realidad tus sueños sin ayuda de otros; lo que me gustaría es que consideraras la validez de la premisa de que no hay nadie que te ayude.

Somete esta cuarta excusa a la prueba de la verdad. Pregúntate si puedes estar absolutamente seguro de que no habrá nadie que te ayude o de que estás solo en esta empresa. Si existe la más mínima posibilidad de que haya gente que te ayude, debes rechazar esta idea como una falsedad que has decidido utilizar como guía de tu vida. Lo cierto es que hay un número ilimitado de posibles ayudadores, pero puede que se mantengan apartados de ti porque tú insistes en validar una idea incorrecta. Revisa esta excusa afirmando: *La ayuda que necesite aparecerá cuando sea necesaria, y confío en que ya está ahí y viene de camino para ayudarme a cumplir mi bien más elevado*. Esta manera de pensar tiene las mismas posibilidades de ser cierta o falsa que tu excusa original, de modo que ¿por qué no elegirla? Una idea tan favorable te sintoniza con la manera de funcionar del universo.

Existen miles de millones de seres humanos en este planeta, así que ¿por qué suponer que no habrá nadie que te ayude a cumplir lo que tú sientes que estás destinado a crear? La respuesta está en el juego de las culpas, que es un meme plantado en tu mente por otros que también estaban atormentados por virus mentales. Tan probable es que la ayuda esté ahí cuando la necesites como que no esté. Así que ¿qué sentido tiene gastar preciosa energía mental en una excusa que lo más probable es que produzca un resultado indeseable? Tienes la opción de utilizar esa misma energía en producir un resultado deseable.

Cambia tu sintonía para dejar de centrarte en ti mismo y los deseos de tu ego, y pasa a *¿Cómo puedo servir?* Cuando deseas para otros lo que te gustaría para ti mismo, descubres que nunca hay escasez de personas serviciales, amistosas, amables, que se desviven por ayudarte. Por cada acto de maldad, ira, odio o indiferencia que se da en el mundo, hay un millón de actos de bondad, ayuda y amor. Elige centrar tu atención en todo lo que es bueno, y despídete de esta falsedad: *Nadie me va a ayudar*. Si lo que buscas es que «nadie» te ayude, te puedo garantizar que el universo te ofrecerá experiencias que reflejen tus bajas expectativas. En cambio, si crees que estás sintonizado con una energía favorable, eso es lo que encontrarás.

Líbrate de esta excusa reconociendo y recordándote que la idea de que no va a haber nadie que te ayude no resiste la prueba de la verdad: nadie tiene la culpa y hay miles de personas que estarían encantadas de ofrecerte la ayuda y los consejos que deseas. Opta por la idea de que vives en un universo que te apoya en todo momento.

Thomas Merton escribió en una ocasión: «No podemos poseer plenamente la verdad hasta que esta haya entrado en la sustancia misma de nuestra vida a base de buenos hábitos». Y precisamente para esto está diseñada la primera pregunta del paradigma «¡Basta de excusas!». Es decir, pretende ayudarte a eliminar hábitos de pensamiento contraproducentes, que son falsos pero se han convertido en la sustancia de tu vida. Con certeza, la verdad te hará libre. Ya no necesitas poner excusas, porque los pretextos que has estado utilizando para explicar por qué tu vida no va bien no resisten la prueba de la verdad.

Si repasas las dieciocho excusas del capítulo 3 (aquí solo hemos repasado cuatro) y las examinas con atención una a una, comprobarás que no puedes responder con un sí inequívoco a la pregunta que constituye el tema de este capítulo: *¿Es verdad?*

Si puedes elegir entre utilizar una excusa que puede ser falsa o no, pero que te mantendrá atascado donde estás, o utilizar una explicación diferente, que también puede ser falsa o no, pero que te hará salir de los hábitos de pensamiento derrotistas, ¿qué elegirías? Para mí, la respuesta es obvia. Tu objetivo es desarrollar hábitos que te sirvan y que aumenten tus oportunidades de alcanzar un máximo de éxito, felicidad y salud... y eso significa evitar esas viejas excusas, que son puras mentiras.

Sugerencias para aplicar la primera pregunta del paradigma

– Cada vez que sientas la tentación de utilizar una excusa para explicar alguna deficiencia en tu vida (o incluso después de caer en la cuenta de que acabas de utilizar una vieja coartada), somete en silencio la excusa a la prueba de la verdad. Simplemente, responde con sinceridad a estas dos preguntas: (1) *¿Es verdad?* y (2) *¿Puedo estar seguro al cien por cien de que es verdad?* Al hacerlo, descubrirás que ningún patrón de excusas resiste este escrutinio.

Aunque no entiendas del todo cómo vas a lograr esto, repítete que no quieres seguir justificándote con ideas falsas. Esta simple prueba de la verdad conducirá a nuevas exploraciones de otras cosas que puedes hacer para eliminar las excusas.

– Crea una explicación que invierta la excusa que estás utilizando. Tiene que tener las mismas posibilidades que tu muleta mental de ser cierta o incierta, pero la diferencia está en que esta explicación te aleja de la autoderrota.

He aquí un ejemplo de lo que quiero decir:

Excusa: *Soy demasiado mayor para estudiar una carrera universitaria.*
Pregunta: *¿Es verdad?*
Respuesta: *Podría ser verdad, pero también podría no serlo. No puedo tener un cien por cien de seguridad de que esa afirmación es una verdad garantizada, sólida como una roca.*

Para destruir esa excusa que te está impidiendo estudiar una carrera, crea el pensamiento contrario: *Tengo la edad perfecta para estudiar una carrera*. Aferrándote a esta nueva idea, que en realidad puede ser cierta al cien por cien o no serlo, abres un mundo de posibilidades. Y además, te sintonizas con el campo de todas las posibilidades e invitas a que vengan refuerzos en tu ayuda.

Ya que ni tu vieja excusa ni tu nueva creencia pueden estar garantizadas al cien por cien, y que eres libre de aferrarte a cualquiera de estas dos visiones, ¿por qué no elegir la que actuará *a favor* de tus máximas aspiraciones, en lugar de la que actúa en contra? La fuente creadora que te hizo nacer desde la no existencia a la existencia te apoya en esta empresa. Como dice la Biblia, «Confía en el Señor con todo tu corazón, y no te apoyes en tu propio conocimiento; en todos tus caminos piensa en Él, y Él te allanará toda tus sendas» (Proverbios 3:5-6).

Tu conocimiento te ha llevado a todas las excusas en las que te has apoyado durante buena parte de tu vida. El «Él» de los Proverbios es Dios (o el eterno Tao), que es la verdad definitiva. Debes estar dispuesto a revisar tu fórmula de excusas; puede que Dios te esté llamando a Su verdad.

Henry Ward Beecher ofrece un valiosísimo consejo para distinguir lo verdadero de lo falso: «Si empujas una verdad demasiado lejos, te encuentras con una verdad contraria». Te recomiendo que prestes tanta atención a la «verdad contraria» como la que prestaste a las excusas que has estado tratando como verdades.

13

La segunda pregunta: ¿*De dónde salieron las excusas?*

> No consideres que el irrevocable Pasado está totalmente perdido, fue totalmente en vano, si, alzándose sobre sus ruinas, al final accedemos a algo más noble.
>
> HENRY WADSWORTH LONGFELLOW

Cuando acudes al médico con un problema de salud, estás dispuesto a responder preguntas pensadas para ayudarle a determinar qué te ocurre y qué tratamiento aplicarte. Una importante función de este interrogatorio es ayudar a u médico a comprender qué provocó la enfermedad, la infección o el trauma. Voy a utilizar este modelo del médico como metáfora para explorar la pregunta ¿*De dónde salieron las excusas?* con la intención de hacer que desaparezcan de tu vida.

LLEGAR AL FONDO DE TUS EXCUSAS

En lo relativo a esas muletas mentales en las que te has apoyado durante tantos años, te vendrá bien convertirte en tu propio médico y enterarte del origen y duración de tu «trastorno» antes de aplicar un tratamiento. Igual que los problemas físicos, los patrones de pensamiento habituado que te impiden alcanzar la vida de tus sueños se pueden remediar sabiendo cómo y por qué se presentaron, y entonces se puede diseñar un programa de prevención.

Utilizando el mismo modelo de «entrevista informativa» que tu médico te aplicaría, he aquí cinco preguntas que te ayudarán a comprender de dónde salieron tus excusas:

1. ¿Cuáles son tus síntomas?

Imagina que las excusas que has estado utilizando son síntomas que te han impedido llevar al máximo tu potencial de felicidad, éxito y salud, aunque puedan no ser tan evidentes como la fiebre, la congestión nasal, el dolor de garganta y otros síntomas físicos que te llevarían a buscar atención médica.

Describe lo que sientes cuando sabes que tienes el virus de las excusas, y sé todo lo concreto que puedas. Algunos de los síntomas más comunes son: episodios frecuentes de culpabilización y búsqueda de defectos, cuando echas la culpa de tu infelicidad a todos y a todo lo que te pasa por la mente; vergüenza que te ataca a traición; ira contra ti y contra otros, que estalla a la mínima irritación; envidia que se manifiesta cuando te comparas con otros; y dejadez, inactividad y quejas. Cuando el virus de las excusas se apodera de ti, notas que pierdes mucho tiempo buscando ocasiones para sentirte ofendido; el éxito, la felicidad y la buena salud de otros solo sirven para intensificar tus síntomas. También pueden aparecer dudas, resentimiento, ansiedad, preocupación, desesperanza, tristeza, baja autoestima y muchos síntomas más.

2. ¿Cuándo aparecieron por primera vez tus síntomas?

Es muy posible que tus síntomas tengan su origen en recuerdos de la infancia que todavía persisten en versiones adultas. Por ejemplo, la racionalización *Soy demasiado viejo* pudo empezar siendo *Soy demasiado joven* cuando eras adolescente; y la excusa adulta *Estoy demasiado ocupado* pudo originarse como *No puedo jugar con mis amigos porque tengo que hacer los deberes, estudiar e irme a la cama*, cuando estabas en edad escolar. También es posible que admiraras a miembros de tu familia que sirvieron de modelo para tu utilización de excusas de aparente éxito.

Estos hábitos de pensamiento de toda la vida se han incorporado de tal manera a tu ser que solo ahora estás empezando a verlos como síntomas de un proceso patológico. Aunque no existe remedio para las condiciones a las que estuviste expuesto y que contribuyeron a la actual presencia de tu «enfermedad de las excusas», ahora puedes ver cómo te infectaste de joven. Y la mejor medicina para esta situación se encuentra a veces en el humor, como hacía la actriz Tallulah Bankhead, de la que se dice que declaró: «Lo único que lamento de mi pasado es lo mucho que duró. Si tuviera que vivir mi vida de nuevo, cometería los mismos errores, solo que antes».

3. ¿Con quién estabas?

Por desgracia, solo con saber con quién estabas cuando contrajiste la enfermedad de las excusas no cambiará las cosas. Ganarás un poco de información, pero la conclusión sigue siendo la misma: tu pasado siempre será como fue, y no hay manera de alterarlo.

A estas alturas, ya debería ser muy evidente para ti con qué gente estabas cuando adquiriste tantos hábitos de pensamiento derrotistas. La lista incluye miembros de tu familia inmediata y menos inmediata, en especial tus padres y abuelos; profesores, compañeros de clase y amigos; miembros de organizaciones religiosas; e incluso personas que aparecían en programas de televisión que tú veías, en las revistas y periódicos que leías y en la música que escuchabas. Podría seguir citando todas las maneras en que quedaste expuesto a virus mentales. El único propósito que tenían estos virus era replicarse, infiltrarse y propagarse por todos los sitios posibles... y sin duda, tu mente abierta, inquisitiva y dispuesta era un lugar invitador para que ellos establecieran su residencia.

Así que cuando te preguntas con quién estabas cuando contrajiste la enfermedad de las excusas, puedes responder de forma realista que con casi todos y casi todo con lo que estuviste en contacto habitual desde los primeros momentos de tu vida.

4. *¿La gente que te rodeaba tenía síntomas similares? ¿Eran contagiosos?*

Si estuvieras en tratamiento médico por alguna enfermedad, sería importante evitar su propagación: no solo habría que tratarte a ti, sino también a aquellos que te la contagiaron. Además, te dirían cómo reducir al mínimo el peligro para otros, e incluso podrían aislarte para evitar que se propagara la epidemia.

La gente con la que tuviste estrecho contacto durante tu vida padecía la enfermedad de las excusas. Evidentemente, aquí no son necesarios la medicación o el aislamiento, pero sí que necesitas tomar la decisión de rehabilitarte si quieres superar hábitos de pensamiento habituado de toda la vida.

Cuando estabas creciendo y expuesto a la enfermedad de las excusas, no eras consciente de lo que estaba ocurriendo. La manera de transmitir los virus mentales que contrajiste fue la magia de la memética, que ya he comentado en los primeros capítulos de este libro. Recuerda que la palabra «memética» se deriva de «imitar», y es cierto que tú imitaste a la gente que te rodeaba. Erais un terreno preparado, dispuesto y crédulo para que los memes echaran raíces, se replicaran y se propagaran. Si tu entorno no hubiera sido tan fértil, ahora no estarías luchando con los efectos de aquellas excusas.

Esto no es motivo para culpar a nadie: hubo montones de oportunidades, sobre todo en los años de adolescencia y después, en los que pudiste elegir si dejar o no que las excusas arraigaran. De lo que se trata es de ver que en tus primeros años eras un imán para la energía que se dirigía a ti. Y al hacerte mayor, no dejaste precisamente de presentar excusas ni empezaste a atraer y alimentar las cosas que te habrían permitido crecer por encima de ellas.

5. ¿Estuviste expuesto?

Aquí la respuesta concisa es sí. Claro que estuviste expuesto, porque tenías contacto diario con portadores de virus mentales. Sin embargo, el paradigma «¡Basta de excusas!» está diseñado para fortalecer tu sistema inmunitario natural de manera que puedas atajar los procesos enfermizos similares que se te presenten, ahora y en el futuro.

ACEPTAR TODA LA RESPONSABILIDAD

A pesar de tu historia, el único lugar donde se originaron tus excusas fue en ti. Independientemente de la edad que tuvieras cuando se implantaron esas ideas; de lo contagioso que fuera el condicionamiento de tu familia en la infancia; de la frecuencia con la que estuviste expuesto; y de lo potentes que fueran las enfermedades en tu familia, colegio, iglesia y cultura, la responsabilidad es tuya. Para vivir una vida totalmente libre de excusas, debes estar dispuesto a proclamar: «Yo adopté estas conductas, yo las elegí todas. Puede que fuera un niño y que no tuviera capacidad o habilidades naturales para resistir las influencias tempranas, pero aun así fue elección mía. Acepto toda la responsabilidad por todas y cada una de las excusas que he adoptado».

Si te he hecho recorrer las cinco preguntas en la sección anterior no ha sido para que pudieras encontrar nuevas explicaciones para tu hábito, sino para que pudieras ver lo frecuentes que eran los virus mentales durante los años formativos de tu vida. Ahora bien, en cada fase de exposición a estos virus mentales, siempre estabas tú. Puede que fueras vulnerable, crédulo, temeroso, deseoso de encajar, o que simplemente siguieras el programa, pero seguías siendo tú. No eres una silla que se puede reformar y retapizar, ni un robot al que sus dueños han creado en un laboratorio y lubricado para que funcione a la perfección... no, eres un ser humano vivo, con una mente propia. Al fin y al cabo, algunos miembros de tu familia —tal vez incluso alguno de tus hermanos— no se dejaron engañar como tú, y probablemente viste a alguno de tus amigos resistir los esfuerzos de otros por programarlos de esa manera.

Te animo a que aceptes toda la responsabilidad por todas tus tendencias a utilizar excusas. Eres capaz de tomar decisiones ahora para frenar hábitos de pensamiento que te sabotean, y eras igual de capaz cuando eras niño. Pero, por favor, no aceptes la responsabilidad con sentimientos de vergüenza o autorreproche. Hazlo sabiendo que, durante toda tu vida, hiciste siempre lo que sabías hacer; y ahora no se te está castigando, ni estás atrayendo esas inclinaciones debido a alguna deuda kármica de una vida anterior. He descrito los síntomas de la acumulación de excusas y el efecto contagioso de aquellos memes de la infancia para que puedas comprenderlos, darles un abrazo cariñoso y despedirte de todos ellos. Piensa en lo que dijo san Pablo en su Carta a los Corintios: «Cuando era niño [...] pensaba como un niño» (1 Cor. 13:11). Rememora aquellas conductas infantiles de imitación y recuérdate: *Ya no necesito seguir aferrado a algo que adopté de niño, por muy poderosas que hayan sido las influencias.*

Cuando preguntas *¿De dónde salieron las excusas?*, la respuesta es que salieron de ti, un individuo que en otro tiempo estuvo dispuesto a escuchar este tipo de pensamientos. Pero métete en la cabeza que ahora te propones decir adiós para siempre a las excusas que te impiden experimentar los niveles más altos y gloriosos de felicidad, éxito y salud.

El concepto clave que hay que captar aquí es que en cuanto empiezas a comprender, puedes dejar de racionalizar y justificar. Tu pasado no es otra razón para explicar tus deficiencias. ¡No vayas a decirte que las viejas influencias son tu excusa para elaborar excusas! Acepta que eres responsable de tu vida, y deja de echar culpas y buscar defectos.

Echemos un vistazo a cuatro de las dieciocho excusas del

capítulo 3 para ilustrar cómo se ha ido formando tu hábito de utilizar excusas:

1. No me lo merezco

¿Cómo es posible que una creación divina sea indigna? Eres y siempre has sido un fragmento de Dios. Y ahora sabes que todos los seres vienen de la no existencia; la Biblia misma te recuerda que es el espíritu el que da la vida. Así que ¿cómo demonios aprendiste a utilizar esta excusa?

Cuando eras un niño en desarrollo, se te destetó con ideas de que tus merecimientos se basan en formulaciones dominadas por el ego que te convierten en lo que haces, lo que tienes y lo que otros piensan de ti. Tu valía quedó entremezclada con estas fabricaciones del ego: *Si lo hago bien, es que valgo; si no, es que no valgo. Si acumulo más cosas valiosas y gano más dinero, es que valgo; si no, es que no valgo. Si me gano la aprobación de otros, es que valgo; si soy impopular, es que no valgo.*

Como la mayoría de nosotros, estabas inmerso en una cultura que enseñaba y reforzaba estas ideas, que son obra del falso yo. En consecuencia, al hacerte adulto, cuando ves a otros que tienen más éxito que tú, que tienen más juguetes que tú y reputaciones mucho mejores que la tuya, tu primer impulso es establecer una relación entre tu posición en la vida y tus merecimientos como ser humano. Años de intenso entrenamiento en el desarrollo del ego te empujan a refugiarte en una postura mental de *No me lo merezco/No valgo*. Dado que estas excusas proceden del falso yo, permanecerán contigo hasta que dejes el planeta, a menos que estés dispuesto a decirte: «Vale, entiendo dónde se originó este tipo de razonamiento del ego —y me doy cuenta de que sigo utilizándolo—, pero a partir de ahora voy a practicar el modo de vida «¡Basta de excusas!».

Por cada una de estas categorías de excusas, te recomiendo que decidas empezar a pensar cosas parecidas a estas: *Todas las personas de mi vida hacían lo que sabían hacer, y yo entonces decidí creérmelo. Pero ahora voy a poner fin a este insidioso tipo de pensamiento absurdo y voy a recordar que soy un ser divino, una manifestación individualizada de Dios. Por lo tanto, ya no aceptaré esas ideas de que no soy digno. He vivido con ellas demasiado tiempo y nunca han servido para mi mayor bien.*

2. No es mi manera de ser

¿Se te ha permitido desarrollarte como si tu Creador estuviera a cargo del proceso? Por supuesto, a tu envoltura física se le permitió seguir el curso natural prescrito: desarrollaste la estatura, la estructura y forma corporal, el color del pelo, los ojos y la piel, y los rasgos faciales que la naturaleza determinaba. Pero ¿qué me dices de tu personalidad, tu desarrollo emocional e intelectual, tus aspiraciones, tu concepto de ti mismo o tu conciencia espiritual? ¿Se procuró que estos aspectos se desarrollaran naturalmente?

La excusa *No es mi manera de ser* surgió directamente de la lista de cosas que te enseñaron que no podías hacer o no podías ser, de la que ya he hablado en este libro. Se te formuló y después se te modeló para que te convirtieras en el producto final que tu familia y tu cultura deseaban. Cuando se te dice bastantes veces «No puedes hacer eso; solo puedes hacer esto», y tú estás dispuesto a convertirte en el producto que la gente que te rodea quiere que seas, llegas a creerte que tu naturaleza es lo que te han dicho. Actúas basándote en lo que opinan de ti, y que tú has absorbido. Así que si oyes decir suficientes veces que eres perezoso, que no vales o que eres torpe, ello acaba llevándote a adoptarlo como un autorretrato. Si te dicen una y otra vez que eres igual que tu padre y que él nunca llegó a nada, acabarás viendo tu manera de ser como otros veían la de tu padre.

Vuelve a la pregunta que te planteé en la primera parte de este libro: *¿Quién serías, si no tuvieras a nadie que te diga quién* *eres?* Acepta toda la responsabilidad por lo que tú crees que constituye tu manera de ser, recordándote que tienes que pensar de una manera nueva en cómo se originó esta excusa. Prueba algo así: *Decidí permitir que las opiniones de otros fueran más importantes que mis incipientes opiniones sobre quién era yo y en lo que pretendía convertirme. Sí, era pequeño y vulnerable, pero aun así fue decisión mía.* Esto echa a patadas y escalera abajo a la vieja excusa y te ayuda a amar a la persona que eras entonces, permitiéndote deshacer con cuidado lo que tú (y no algún otro) hiciste. Aunque no puedes cambiar lo que otros hicieron, aceptar la responsabilidad de tu propia vida te ayudará a hacer la transición a una existencia «¡Basta de excusas!».

3. No soy lo bastante listo

¿Dónde crees que aprendiste que se quedaron cortos contigo en el departamento de cerebros? Bueno, estabas metido en un sistema educativo que asignaba puntuaciones a tu capacidad intelectual. Un examen te dio un número de Coeficiente Intelectual para que lo llevaras toda la vida. Aprendiste a escuchar a un profesor cuyo programa de lecciones no estaba diseñado para la variedad de modos de aprendizaje que había en la clase, así que todos los estudiantes recibían la misma instrucción. Al final de la semana, un examen te daba una puntuación que te comparaba con el rendimiento de todos tus compañeros; todos teníais vuestro puesto en una curva en forma de campana, dependiendo de las aptitudes demostradas ese día, aquella semana y en aquella materia concreta. Desarrollaste una imagen de ti mismo basada en lo que indicaban los profesores, las puntuaciones y el rendimiento académico: aprendías que eras normal en ortografía y por encima de la media en arte, pero que tenías problemas con las matemáticas. No tardaste en tener los materiales para construir una gran excusa (*No soy lo bastante listo*) que has esgrimido siempre que era conveniente.

De lo que no te enteraste es que los tests de inteligencia solo miden lo bien que se te dan los tests de inteligencia. Resulta que el rendimiento académico no tiene nada que ver con tu potencial para la maestría intelectual. No obstante, tu joven mente se aferró a aquellas experiencias escolares y las añadió a los mensajes que ya habías absorbido, del tipo de «No eres tan listo como tus hermanos», «Nunca se te han dado bien los problemas numéricos» o «No tienes tanto talento como el chico del vecino». Esta cascada de críticas dirigidas a tus capacidades intelectuales puede conducir fácilmente a que te defiendas de esos puyazos con excusas.

Lo cierto es que, siendo como eres una creación que se originó en el mundo del espíritu, tienes exactamente la cantidad de inteligencia precisa para hacer todo lo que harás mientras estés aquí. Todo es perfecto... y tú también.

Para mí, una persona como mi yerno Joe, que puede poner un suelo de madera perfecto y sin un fallo, es un genio. No sé lo bien que lo haría en otra prueba de aptitud, pero el genio de Joe se manifiesta en su sentido artístico, en esa magnífica mente que dispone y coloca la veta de la madera, nivelando y sellando, con infinitas mediciones y cálculos. También tú tienes toda la inteligencia que necesitas para todo lo que encienda tu pasión creativa y de resolución de problemas. Cree esto de ti mismo y nunca querrás ni necesitarás sacar a relucir la excusa de *No soy lo bastante listo*.

4. *Las reglas no me lo permitirán*

Obedecer siempre las reglas es un meme, un virus mental que se ha convertido en un indicador aceptable de tu honradez e integridad. Pero fíjate en esta frase de una carta que Martin Luther King escribió desde la cárcel de la ciudad de Birmingham el 16 de abril de 1963: «No podemos olvidar nunca que todo lo que Hitler hizo en Alemania era "legal", y todo lo que hicieron los húngaros que lucharon por la libertad en Hungría era "ilegal"». También me encanta este comentario de Ralph Waldo Emerson: «Ninguna ley puede ser sagrada para mí, excepto la de mi naturaleza».

No estoy propugnando vivir fuera de la ley e indiferente a las normas que gobiernan una sociedad civilizada. Pero te animo a reconocer lo que dicen algunas de nuestras mejores mentes acerca de guiar tu vida siguiendo las reglas. Incluyo aquí lo que escribió mi gran maestro Lao-tse en el Tao Te Ching:

> Cuando la grandeza del Tao está presente,
> la acción surge del corazón.
> Cuando la grandeza del Tao está ausente,
> la acción la dictan las reglas...

Vive tu vida de acuerdo con un punto de vista centrado en el Tao o en la realidad de Dios. Sabes lo que está bien, lo que tu corazón te dice. Sabes que no necesitas molestas reglas impuestas por otros, algunas de las cuales no tiene sentido obedecerlas, para que te guíen. Esta cuarta excusa es una enorme evasiva en todos los sentidos de la palabra.

Quiero citar a otro famoso americano que era inquebrantable en cuanto a la necesidad de tener una sensación de independencia como criterio para vivir una vida plena, feliz, exitosa y sana. Lee con atención sus palabras: «El cuidado del alma de un hombre le corresponde a él. Pero ¿y si la descuida? Pues bien, ¿qué pasa si descuida su salud o sus propiedades? ¿Acaso el magistrado dictará una ley que le prohíba ser pobre o enfermar? Las leyes defienden de las agresiones de otros, pero no de las de uno contra sí mismo. Ni el mismo Dios salvará a los hombres contra la voluntad de estos». La persona que escribió estas palabras no era otro que Thomas Jefferson.

Así que aquí tienes a varios de los maestros más admirados de la historia recordándote que las reglas nunca pueden ser un factor definitivo para determinar algo acerca de ti. Por el contrario, estos sabios te piden que mires dentro de ti y te dejes guiar por lo que dicta tu pasión (siempre que no hagas daño a otros, por supuesto).

Si tienes tendencia a utilizar la excusa *Las reglas no me lo permitirán*, debes saber que te fue transmitida e impuesta por personas que querían controlar tu conducta. Pero también aquí es importante aceptar toda la responsabilidad por tus acciones. Ya no eres un niño que necesita reglas para asegurase de que estás a salvo, sano y funcional en una familia o en una clase. Debes estar dispuesto a consultar tu sentido adulto de lo que es correcto para ti. Sigue esta visión positivamente, manteniendo una callada vigilancia de tu pasión interior. No hagas caso de las presiones para que hagas las cosas siguiendo instrucciones y edictos que, simplemente, ya no son apropiadas para ti.

Como puedes ver, todas estas excusas se originaron en los primeros años de tu vida. Pero así como debes aceptar la responsabilidad de tu tendencia a poner excusas, debes ser siempre amable contigo mismo. Recuerda que solo hiciste lo que sabías hacer cuando eras niño. Así que ve a visitar esas «ruinas» de las que habla Longfellow en la cita que abre este capítulo: descubre de dónde vinieron y por qué han persistido tanto tiempo como maneras usuales de pensar. Haz lo que sugiere el poeta y cambia a una vida «¡Basta de excusas!», que es mucho más noble que una existencia llena de explicaciones que te sabotean.

Sugerencias para aplicar la segunda pregunta del paradigma

– La sugerencia más útil que puedo ofrecerte en relación con la pregunta *¿De dónde salieron todas estas excusas?* es responderla con las tres palabras siguientes. *Vinieron de mí*. Acepta toda la responsabilidad de tus pensamientos, bajo la forma de las palabras que salen hoy de tu boca. Sin lugar a dudas, debes estudiar la proliferación de virus mentales y prácticas de condicionamiento que se te aplicaron en la infancia. Pero practica también pensar y decir esto: *De niño, decidí utilizar excusas. Entonces no me daba cuenta de que tenía otras opciones. Y soy consciente de que he seguido utilizando esas excusas hasta ahora.*

Acepta ser el único responsable: no tienes nadie a quien echar la culpa. No tienes que esperar a que venga alguien y deshaga lo que hizo, porque no te puedes convertir en un utilizador de excusas sin tu consentimiento. Y si has dado tu consentimiento, ahora el paradigma «¡Basta de excusas!» lo revoca.

– Perdona a todos, incluyéndote a ti mismo. Todos aquellos individuos que propagaron virus mentales y condicionamiento no hacían más que lo que sabían hacer, dadas las circunstancias de sus vidas, y aquellos repartidores de memes habían recibido en su generación el mismo tipo de pensamiento acostumbrado. Recuerda siempre lo que dice la oración de san Francisco: «Al perdonar, somos perdonados». Renuncia a echar culpas y líbrate de todo lo que está atormentando tu vida e impidiéndote activar tu vocación superior. Perdonando a todos, los perdonas a ellos y a ti mismo. Y recuerda, si nunca hubieras culpado a nadie de tus tendencias a utilizar excusas, no tendrías a nadie a quien perdonar.

14

La tercera pregunta: *¿Qué se consigue?*

> Nos mentimos a nosotros mismos para poder seguir teniendo la excusa de la ignorancia, la coartada de la estupidez y la incomprensión, con cuya posesión podemos continuar cometiendo y tolerando con buena conciencia los crímenes más monstruosos.
>
> ALDOUS HUXLEY

En la cita que hay sobre estas líneas, del ensayo de Huxley «Palabras y conducta», los «crímenes monstruosos» los cometes tú contra ti mismo al permitirte seguir patrones de pensamiento habituados —y perjudiciales— a base de insinceridad. Esta tercera pregunta te ayudará a aclarar el sistema psicológico que sostiene estas mentiras.

¿Por qué mantener un hábito de pensamiento que te impide realizar la visión más elevada que tienes de ti mismo? La solución parece bastante fácil: simplemente, ¡deja de utilizar las excusas! Pero es evidente que se necesita algo más que esto para eliminar tus muletas mentales; de lo contrario, ya las habrías abandonado a estas alturas. Es similar a lo que le pasa al alcohólico o drogadicto, que sabe que sus pretextos para no dejarlo lo mantienen inmovilizado, pero que sigue sin alterar su conducta. De algún modo, debes sentir que te estás beneficiando de tus pensamientos de autosabotaje, aunque los hechos indiquen otra cosa.

Tu respuesta a *¿Qué se consigue?* te revelará el sistema de recompensas que has construido tan cuidadosamente. Es la razón de que puedas meter la mano en tu saco de excusas y sacar algunas auténticas joyas cuando sea conveniente. Y el hecho de que estos patrones de pensamiento hayan estado contigo durante casi toda tu vida los convierte en respuestas casi automáticas.

Ahora tómate un momento para reflexionar por qué tus pensamientos habrían de sostener conductas que no sirven a tus ideales más altos. William Wordsworth, el visionario poeta inglés, comentó en una ocasión: «Los hábitos guían al rebaño irreflexivo», utilizando «rebaño» como término peyorativo para los que piensan como todos los demás. Tu objetivo es romper esos hábitos que te han llevado a actuar como un miembro más del rebaño obediente, y para eso se necesita un nuevo tipo de conocimiento. Este conocimiento puede ser más accesible ahora que en la primera parte de tu vida, que fue cuando empezaste a formar y acumular tus hábitos. Las palabras de Thoreau te animan a hacer que esta segunda parte de tu vida funcione para ti, cambiando tu camino.

> Así como un solo paso no crea un sendero en la tierra, tampoco un solo pensamiento creará un camino en la mente. Para hacer un sendero físico marcado, andamos por él una y otra vez. Para hacer un sendero mental profundo, debemos tener una y otra vez el tipo de pensamientos que queremos que domine nuestra vida.

El paradigma «¡Basta de excusas!» te invita a explorar los mismos tipos de razonamiento que crearon tu hábito de poner excusas, y después desarrollar un nuevo conjunto de creencias. Así como a un elefante se lo puede sujetar con un hilo si él cree que está cautivo, si tú crees que estás encadenado a tus excusas, eres su esclavo. Preguntarte *¿Qué se consigue?* te permitirá llegar a conocer la naturaleza de tu sometimiento a viejos procesos de pensamiento, y te ayuda a formar un nuevo camino en tu mente que pronto estará muy usado.

Por ejemplo, hubo una época en mi vida en la que consumía ocho o más refrescos con edulcorantes artificiales al día. Mi excusa era que siempre lo había hecho, de modo que sería muy difícil romper el hábito. Entonces leí el *Manual de la vida consciente* de Epícteto (escrito por sus discípulos a partir de sus enseñanzas orales, hace más de dos mil años) y este pasaje me saltó a los ojos: «En realidad, nada es agradable o desagradable por naturaleza; pero todas las cosas llegan a serlo por costumbre». Esto fue una gran revelación para mí. La basura que bebía a diario no era agradable por sí misma o por su sabor; era simplemente algo que yo llevaba tanto tiempo haciendo que había formado un sendero en mi cerebro del que yo pensaba que no podría escapar.

En 1969, armado con esta nueva revelación y nada más, empecé a crear un nuevo sendero. No dejaba de recordarme que aquella agua parda endulzada artificialmente no era agradable por sí misma; era mi hábito el que la había vuelto así. Y hasta ahora no he vuelto a beber ni una gota de ningún tipo de refresco. Así que, como puedes ver, llegar al fondo de los motivos de que andemos por el mismo camino día tras día puede ser muy útil y cambiarte la vida.

RESULTADOS OCULTOS MÁS COMUNES DE LA UTILIZACIÓN DE EXCUSAS

He empleado la palabra «ocultos» para advertirte del hecho de que muchas veces eres totalmente inconsciente de los motivos por los que sigues andando por el mismo camino y apoyándote en las mismas viejas excusas. Muchos patrones de conducta y de pensamiento persisten por sus supuestos beneficios... que pueden no ser tan buenos para ti. De hecho, la mayoría de los beneficios psicológicos que recibes de tu hábito de poner excusas son en realidad autodestructivos.

En las páginas siguientes se comentan los beneficios psicológicos más frecuentes que se alegan para justificar tus malos hábitos. Aplica las enseñanzas que adquieras al leer acerca de ellos para crear en tu mente un nuevo camino libre de excusas.

1. Evitar cosas

Cuando te agarras a una creencia que te sabotea, eso solo sirve para mantenerte marcando el paso sin avanzar. *Va a ser muy difícil... Me va a ocupar demasiado tiempo... Lo que quiero es demasiado grande... No tengo dinero...* y las demás solo sirven para justificar tu inacción con una explicación. Y una vez que lo has hecho eres libre para disfrutar el premio de la evitación.

En los años setenta, trabajé durante seis años como asesor de estudiantes de doctorado en una importante universidad. Descubrí que, con muy pocas excepciones, casi todos los estudiantes de doctorado eran capaces de terminar los cursos... pero cuando llegaba el momento de escribir su tesis (que es un trabajo de investigación muy absorbente, que suele tener la longitud de un libro y debe completarse para ganar el título de doctor) y defenderla ante un tribunal de miembros del profesorado, muchos de ellos no lo conseguían. Justificaban su conducta con *Estoy muy ocupado... No soy lo bastante inteligente para escribir y defender un libro... Se tardaría mucho tiempo... No tengo energía suficiente...* y muchas más del catálogo de excusas. Estas explicaciones eran absolutamente imprescindibles para los que pretendían evitar algo.

La evitación es un beneficio frecuente y fácil de identificar, la recompensa psicológica que te permite estar algo en paz contigo mismo cuando tomas decisiones que te perjudican. La excusa se convierte en tu aliado, aunque se trata de un aliado que no tiene en consideración tus mejores intereses.

2. Seguridad

A ninguno de nosotros le gusta sentirse inseguro, así que tendemos a utilizar excusas para evitar situaciones potencialmente peligrosas. En lugar de adentrarnos en un territorio inexplorado donde podríamos correr el riesgo de hacerlo mal, fracasar, recibir críticas, quedar agotados, enfrentarnos a lo desconocido, parecer tontos, salir lastimados y cosas semejantes, es más conveniente retirarse al refugio de lo familiar. El problema es que el hábito de las excusas solo nos da una falsa sensación de seguridad, igual que una mantita tranquiliza a un niño asustado.

Dentro de ti hay una poderosa vocación que te llama a cumplir el destino que sientes burbujear en tus venas, pero seguir el camino más seguro te está haciendo desoír esa llamada. Por una parte, te sientes arrastrado hacia tu propósito; y por la otra, un número indeterminado de convenientes excusas te cantan como sirenas: *Sería peligroso... No es mi manera de ser... Me da miedo... Habría un drama familiar... Soy demasiado mayor... Es demasiado grande...* y puede ser muy difícil hacer caso omiso de afirmaciones como estas.

Esto me recuerda a mi hija Tracy, que desoyó su vocación durante años. Tenía un trabajo seguro de ejecutiva, con beneficios, excelente paga, compañeros agradables, un lugar estupendo y otras muchas razones que habrían podido mantenerla allí hasta que se retirara en algún punto del camino. Pero dentro de ella ardía un fuerte deseo de ser independiente, de utilizar sus habilidades para el diseño y el marketing para crear sus propios productos. Pero cuando se planteó dejar su seguro empleo, con todas sus ventajas, no pudo dar el paso y sus excusas le proporcionaron la justificación que necesitaba.

Después de años de explicar por qué no podía perseguir su sueño, mi hija decidió por fin poner a funcionar el sistema «¡Basta de excusas!». Ahora es la directora de su propia empresa, llamada Urban Junket. Diseña bolsos de señora y fundas de calidad para portátiles, y viaja por todo el mundo para adquirir los mejores materiales. Aunque todavía no ha llegado a su nivel anterior de salario y beneficios, es feliz, se siente realizada y está muy satisfecha de lo que ha creado. Tracy ya no es una esclava de la recompensa que le ofrecían sus excusas. Puedes ver sus bellas creaciones en la red (www.urbanjunket.com) y enviarle una nota de apreciación si la historia de cómo abandonó sus excusas te inspira... como me inspira a mí, su orgullosísimo padre.

3. La salida fácil

Cualquier excusa ofrece la generosa recompensa de la salida fácil. Reconozcámoslo, cuando tienes que elegir entre hacer algo que requiere esfuerzo o algo fácil y sin esfuerzo, es posible que elijas lo segundo, aunque en realidad no sea la opción que conduce a tus objetivos.

Tu ser superior quiere que cumplas tu destino, lo que con frecuencia implica algún tipo de sacrificio, tiempo de dedicación, energía física y mental, y recursos materiales. Con frecuencia, el ego está en conflicto con lo que desea tu ser superior: tu falso yo te empuja y halaga para que te quedes donde estás, sintiéndose amenazado por cualquier cosa que trastorne su misión de mantenerte cómodo y a gusto evitando las decisiones difíciles. Así pues, se gana mucho utilizando excusas que te permiten tomar el camino fácil.

Sé el esfuerzo y la lucha diaria que me esperan cuando decido sentarme a escribir, un día sí y otro también, muchas veces durante todo un año, hasta que termino un libro. Lo he hecho el tiempo suficiente para saber con absoluta certeza que la realización del proyecto está plenamente sintonizada con el propósito de mi vida. Reconozco que sentarme aquí a solas y hacer el trabajo me mantiene en equilibrio, sintonizado con las más altas vocaciones de mi alma. Aun así, con los años he notado la intensa tentación de dejar que las excusas me impidan hacer lo que mi corazón me dice que debo hacer. Ellas insisten: *Es un proyecto demasiado grande y no tienes tanta energía. Ya no tienes que demostrar nada, así que relájate. Estás cansado, no te exijas tanto. Escribir te aparta de tu familia, y ya tienes muchos compromisos.*

Estas declaraciones y otras parecidas me darían un premio

fácil si yo se lo permitiera. Podría evitarme la ansiedad, la fatiga, la soledad y el trabajo con ahínco que son parte necesaria del proceso creativo. Pero hay mucha más alegría cuando veo el resultado de mi trabajo y el bien que estos esfuerzos parecen hacer en el mundo, que en el placer temporal que podría obtener tomando la salida fácil y evitando lo que sé que tengo que hacer.

4. Manipulación

Uno de los grandes beneficios que muchas de estas excusas proporcionan es la oportunidad de manipular a otros para que hagan lo que tú quieres. Aunque puede que esto no parezca lo más positivo del mundo, es precisamente lo que ocurre. Cuando tomas la decisión de utilizar una excusa como *No tengo tanta energía... estoy muy ocupado... No soy lo bastante fuerte o lo bastante listo...* o algo parecido, le cargas la responsabilidad a alguna otra persona. Cuando le has dado a esa persona tus explicaciones de por qué no puedes hacer algo, puedes sentarte cómodamente y mirar cómo la espolean para que entre en acción.

Como padre de ocho hijos, he visto esta estrategia miles de veces. Por ejemplo:

- *Estoy muy cansado* se traduce como: *Que lo haga otro.* ¿El beneficio? *Me voy a dormir mientras otra persona se hace cargo de mis responsabilidades.*
- *No me lo puedo permitir* o *Ya me he gastado todo mi dinero* se traduce como: *Compra tú lo que yo quiero o necesito.* ¿El beneficio? *Te he manipulado con mi excusa genérica.*
- *No me lo merezco* se traduce como: *Sentid lástima por mí.* ¿El beneficio? *Me vas a dar lo que quiero porque no podrás soportar ver que me siento indigno.*

Por supuesto, no hace falta ser un niño en una familia numerosa para beneficiarse de prácticamente todas las excusas que, de un modo u otro, te permiten manipular a otros para que hagan lo que tú quieres.

5. *Tener razón*

No hay nada que le guste tanto al falso yo como tener razón —y demostrar que algún otro se equivoca—, y las excusas están hechas a medida para esto. Cuando utilizas una excusa, consigues sentirte superior y pones a otro en la posición de perdedor... y al ego le encanta sentirse ganador, sobre todo a costa de otros.

Las excusas son simples explicaciones que te das a ti mismo y que no están necesariamente basadas en la verdad... pero a pesar de que son mentiras, te dan alguna especie de recompensa. Así, aunque tu única evidencia sea un pensamiento habitual, si te convences de que tienes razón, consigues refugiarte en la ilusión de que has ganado. En este caso, la excusa es un engaño que levanta tu baja autoestima. Has utilizado una excusa como sucedáneo de la auténtica valía, y el beneficio es que tu razonamiento te ayuda a vivir contigo mismo sin reconocer tu autoengaño.

Así pues,

- *Nadie me va a ayudar* se traduce como: *No merezco ni tendré la suerte de que otros me ayuden, como he dicho siempre. Así que ya lo ves: otra vez tengo razón.*
- *Las reglas no me lo permitirán* se traduce como: *¿Ves lo listo que soy? Siempre he dicho que no se puede salir adelante, y el que no esté de acuerdo conmigo es un perdedor.*
- *Habría un drama familiar* se traduce como: *Tengo razón acerca de esta familia, y siempre la he tenido. Lo que pasa es que vosotros no sabéis tanto como yo.*

Y esta lógica retorcida sigue y sigue. Cuando eres un fabricante de excusas, debes tener razón y agarrarte a todo lo que se te ocurra para demostrarle al mundo lo equivocado que está. Y a la inversa: cuánta razón tienes.

6. *Culpa*

Cuando recurres a utilizar una excusa, la recompensa definitiva es que te quitas de encima la responsabilidad de tus fallos y la cargas sobre los hombros de algún otro. He escrito sobre este juego de la culpa a lo largo de todo este libro. Una vez más, esto es obra del ego, el falso yo que no cree en tu naturaleza infinita pero no pierde la cuenta de lo bien que quedas frente a las personas y sucesos de este mundo material.

Si no te va bien, el ego dice que es por culpa de algún otro. Si eres *infeliz*, *tienes mala salud*, *eres pobre*, *tienes mala suerte*, *tienes miedo*, o cualquier otra descripción negativa que se te ocurra, es siempre por culpa de algo o alguien exterior a ti. Mientras que tu ser superior prospera felizmente en la humildad, el ego es excepcionalmente orgulloso. Por eso, cuando algo va mal, la tendencia del ego es culpar a algún otro y así mantener su orgullo.

La culpa rinde un dividendo colosal, de modo que el ego inventa algo para sacarla a relucir siempre que le es posible. Por eso, cuando culpas a la economía, al partido político en el poder, a los jeques petroleros de Arabia Saudí o a cualquier otro que te pase por la cabeza, tu falso yo recibe un premio. ¿Eres incapaz de ahorrar dinero, de encontrar inversores para tu proyecto soñado, de pagar tus facturas o de justificar tu bancarrota? El juego de la culpa no solo te proporciona un conveniente chivo expiatorio, sino que además aporta un generoso incentivo para seguir usando todas las excusas que se han convertido en un modo de vida.

7. Protección

Cuando eras niño, es muy probable que se te ofreciera la protección de tu familia. Eras pequeño y ellos eran grandes. Tú no tenías mucho, y ellos lo controlaban casi todo. Tú tenías que pedir permiso; ellos ejercían constantemente su autoridad. En otras palabras, estabas protegido. Al crecer y hacerte adulto, resultaba conveniente agarrarse a estos comportamientos residuales, a pesar de que haber crecido significaba no tener que pedir permiso a tus padres ni contar con el sustento que tenías cuando eras pequeño. Así evolucionó una legión de excusas que tenían como premio principal la sensación de estar protegido, y es posible que todavía pienses y actúes como un niño.

Para mantener los beneficios de la infancia sin parecer infantil, has creado excusas que te permiten refugiarte en el territorio familiar de sentirse cuidado. Las razones que explican por qué no estás manifestando la vida que deseas te proporcionan la recompensa de poder retirarte a la sensación de ser de nuevo un niño o una niña. Es verdaderamente un potente beneficio, aunque no te sirve de mucho cuando eres adulto.

Como padre, he sentido que mi tarea no consistía en ser alguien en quien mis hijos puedan apoyarse, sino más bien ayudarlos a darse cuenta de que es innecesario apoyarse. No obstante, cuando algunos de mis hijos se hicieron adultos, observé que eran evidentemente reacios a adoptar plenamente la carga de la responsabilidad. En cuanto aparecían excusas, yo veía que estaban buscando la protección de que alguien lo decidiera todo por ellos. *No soy lo bastante fuerte* se traducía como *Hazlo por mí, papá, y así volveré a sentirme protegido*. Y *No me lo puedo permitir* se traducía por *Págalo tú y me quito esto de encima*.

De manera similar, muchas de las excusas que tal vez utilices llevan incorporado ese beneficio de permitirte justificar tus deficiencias y sentirte de nuevo como un niño protegido. Pero aunque regresar a la infancia puede hacer que te sientas temporalmente protegido, es evidente que te va a dejar atascado donde estás; al fin y al cabo, la realidad dicta que papá y mamá no pueden protegerte hasta el infinito.

8. Escapar del momento presente

El ahora es lo único que existe. Es lo único que ha existido y lo único que existirá. Pero así como existen muchas maneras de vivir feliz y gloriosamente en el momento presente, también existen muchas maneras de intentar escapar de vivir plenamente en el ahora. Y ahí es donde intervienen las excusas.

Como todas las demás actividades mentales, la fabricación de excusas tiene lugar por completo en el aquí-y-ahora. Cuando te dedicas a esta práctica, gastas así el presente. Si dedicas el momento a la justificación y la defensiva, no es posible utilizarlo para hacer algo constructivo, intentar cambiar, hacer el amor, maravillarte ante tus hijos, disfrutar de cada respiración, etc. La recompensa es que así tienes algo que hacer con tu tiempo. Aunque sea un proceso neurótico, es un mecanismo de escape muy conveniente para mantenerte estancado en tus viejos hábitos.

El presente es lo único que vas a tener, y cada excusa que utilizas te impide estar aquí y ahora. Aunque nunca puedas evitar el ahora, la utilización de excusas garantiza que no cambiarás los viejos hábitos, ya que vas a estar muy ocupado llenando de excusas tus preciosos segundos.

Sugerencias para invertir estos resultados

Ahora repasemos los ocho resultados y veamos cómo pueden trabajar para ti y no contra ti. Lee estas sugerencias con la intención de crecer por encima de los viejos hábitos de pensamiento, además de descubrir la armonía de vivir siguiendo tu visión más elevada.

1. Evitar cosas

Toma la decisión de dejar de utilizar excusas para no hacer lo que tú sabes que es tu mejor interés. Dedícate hoy a algo que siempre hayas evitado, explicándolo con una excusa conveniente. Haz esa llamada telefónica que has estado aplazando, escribe una carta a un amigo o pariente que viva lejos, ponte unas botas de andar y haz una caminata de dos kilómetros, ordena una parte de tu armario... haz cualquier cosa, con tal de que sea algo que no has hecho, justificándolo con excusas.

Afirma: *Tengo libre albedrío y no necesito evitar nada. Me voy a abstener de utilizar excusas para justificar mi conducta de evitación.*

2. Seguridad

Vete de vacaciones sin ninguna garantía: simplemente ve y déjate guiar por tus instintos, en lugar de seguir un itinerario detallado. Come en un restaurante que sirva comida que no te resulte familiar, asiste a un concierto sinfónico o a un partido de fútbol, visita una mezquita, toma clases de yoga, haz senderismo o cualquier otra cosa que antes temías hacer. Decide crecer por encima de las excusas que has empleado y adopta la filosofía de tener una mente abierta a todo y apegada a nada.

Afirma: *Elijo el camino menos transitado y me resisto a buscar lo familiar y la ilusión de seguridad.*

3. La salida fácil

Ten una conversación con tu mente subconsciente, que se ha acostumbrado a elegir el camino conocido, y explícale que ya no estás interesado en vivir de esa manera. Después, cambia al modo inverso: en lugar de felicitarte por haber evitado algo difícil, anímate para que tengas el valor y la determinación de moverte en una dirección nueva y posiblemente incómoda.

En otro tiempo, mi sistema de recompensa para el perjudicial hábito de fumar consistía en creer que *obtengo placer con esta actividad, así que no lo voy a dejar*. Evidentemente, mi mente sentía que continuar con aquel sucio hábito era mucho más fácil que dejarlo. Pero después de muchas conversaciones con mi mente subconsciente, llegó el día en que invertí mi sistema de recompensas. En lugar de utilizar mi viejo procedimiento, empecé a felicitarme por tener la fuerza interior para tomar la decisión difícil, en lugar de la familiar y fácil.

Afirma: *Estoy dispuesto a tomar decisiones difíciles cuando están en armonía con mi bien superior.*

4. Manipulación

Ten una conversación contigo mismo antes de hablar o actuar de una manera en la que sea probable que manipules a otros. Un diálogo interior privado es crucial para eliminar este viejo sistema de recompensa psicológica que has creado sin darte cuenta. Si se trata de miembros de tu familia o amigos íntimos, ten también estas conversaciones silenciosas; nadie tiene por qué saber lo que estás haciendo. Con tus hijos, por ejemplo, practica la no interferencia y recuérdate que en la mayoría de los casos ellos ya saben qué hacer.

Sopesa las probables consecuencias que tendría decir una cosa concreta. Anticipa la posible reacción de los demás, cómo responderías tú y qué podría ocurrir a continuación (todo esto solo te llevará uno o dos segundos). El resultado final puede ser que simplemente te quedes callado y dejes que tu ego se tome un merecido descanso, en lugar de repartir consejos que en realidad son una forma de manipulación.

Afirma: *Estoy satisfecho conmigo mismo. No tengo necesidad de controlar ni manipular a nadie para que piense y actúe como yo prefiero.*

5. Tener razón

El ego se pasa mucho tiempo practicando para tener siempre razón. Para eliminar este elemento de tu portafolio psicológico, empieza por dejar que otros tengan razón. Cuando alguien diga algo de lo que normalmente discreparías, con la intención de demostrar que se equivoca, prueba a decir «Tienes razón en eso». Esto le dará inmediatamente un giro contrario a la necesidad del ego de tener razón.

Si alguien te dice «Nunca haces caso de mi punto de vista y acabamos haciendo lo que tú quieres», prueba a responder algo parecido a: «¿Sabes? Es un buen argumento que nunca había considerado antes. Cuanto más pienso en lo que me estás diciendo, más me doy cuenta de que tienes razón». Y *voilà*, el ciclo de discusión se detiene, el sistema de apoyo psicológico para utilizar excusas se invierte, y tú inicias una vida libre de conflictos.

Haz de estas palabras la piedra angular de tu nueva política, repitiéndoselas a los demás con la mayor frecuencia posible: *Tienes razón en eso*. Aunque el ego protestará a gritos, esta estrategia solo te puede traer paz y felicidad. ¿Qué prefieres, tener razón o ser feliz?

Afirma: *Renuncio a la inclinación a demostrar que los demás se equivocan.*

6. Culpa

Recuérdate que nadie puede hacer que sientas algo sin tu consentimiento. Por lo tanto, no hay nadie a quien culpar por lo que ocurre en tu vida. Con este simple concepto, eliminas permanentemente el sistema de recompensa consistente en culpar a otros de tus deficiencias, y erradicas una tendencia a poner excusas.

Di para ti mismo: *Soy la suma total de todas las decisiones que he tomado en mi vida, incluidas las que tomé siendo niño.* Cuando tu ego se lanza a su juego de las culpas con *No es culpa mía... No pude evitarlo... Me obligaron a hacerlo...* y cosas parecidas, mantente firme en tu decisión de empezar a abolir estas gratificaciones con la guía de «¡Basta de excusas!».

Afirma: *Practico la responsabilidad en lugar de buscar culpables, y estoy dispuesto a renunciar a la inclinación a culpar a otros de lo que ocurre en mi vida.*

7. Protección

Las palabras de Johann van Goethe pueden ayudarte a librarte del deseo de buscar la protección de la infancia: «Si los niños crecieran de acuerdo con los primeros indicios, no tendríamos nada más que genios». Y también las del gran poeta indio Rabindranath Tagore: «Todo niño llega con el mensaje de que Dios todavía no está harto del hombre». Goethe y Tagore están diciendo que eres alguien que vino aquí a cumplir un *dharma* personal, así que deja por fin que ese genio que Dios te dio se active en tu vida.

Todo lo que necesitas para cumplir tu destino estaba ya contigo en el momento anterior a tu concepción, durante y después de ella, así que retírate ahora a ese conocimiento. Tu sistema de gratificación al sentirte frágil y necesitado y deseoso de protección se disuelve cuando empiezas a confiar en ti mismo. Al mismo tiempo, estás confiando en la sabiduría infinita que te creó.

Afirma: *Soy una persona adulta y he llegado aquí desde la no existencia con todo lo que necesito para cumplir mi grandeza.*

8. Escapar del momento presente *en el presente*

Cuando te sientes abatido o de mal humor, pregúntate: *¿Quiero utilizar de esta manera el momento presente, el precioso capital de mi vida?* Esto te ayudará a hacerte consciente de la importancia de estar aquí y ahora, no solo en tu cuerpo, sino también en tu pensamiento. Te insto a que pienses en el presente simplemente como lo que es: un maravilloso regalo de tu fuente. Cuando estés llenando el ahora con pensamientos acerca de lo que eras antes, enfadándote por lo que alguien ha hecho para perjudicarte, o preocupándote por el futuro, estás diciendo «No, gracias» a tu fuente que te ha hecho este maravilloso regalo.

Tal como he indicado a lo largo de todo este libro, todo lo que ha sucedido no ocurrió en el pasado, sino en el ahora, de modo que tu relación con la vida es tu relación con el ahora. Sé consciente de lo valioso que es este presente, y anula aquella vieja tendencia a utilizar excusas con el fin de escapar del momento.

Afirma: *Me niego a gastar mis preciosos momentos presentes en cosas que me alejen del amor divino del que me originé.*

Con esto concluye la tercera pregunta del paradigma «¡Basta de excusas!». ¿Ves la locura de esa mentalidad que te paraliza con excusas? Mientras cierras este capítulo y pasas al siguiente, reflexiona sobre estas poéticas palabras de *Hojas de hierba*, de Walt Whitman:

> Había un niño que salía cada día,
> y el primer objeto que miraba y recibía
> con asombro o piedad o amor o miedo, en aquel objeto
>   se convertía,
> y aquel objeto se convertía en parte de él,
> por todo el día o cierta parte del día...
> o por muchos años o largos ciclos de años.

Así que cuidado con lo que miras. Aún más importante: no crees un sistema de gratificaciones para las excusas de defensa, lástima o miedo. Este es un buen momento para recordar este pensamiento, que yo me repito con frecuencia: *Cuando cambias tu manera de mirar las cosas, las cosas que miras cambian.*

15

La cuarta pregunta: *¿Cómo sería mi vida si no pudiera utilizar estas excusas?*

> Lo que ahora está demostrado, antes solo se imaginaba.
>
> WILLIAM BLAKE

En la cuarta pregunta del sistema «¡Basta de excusas!», entras en el poderoso mundo de tu imaginación. La cita de arriba, del poeta inglés William Blake, revela una importante verdad: las cosas que das por sentadas y tratas como si fueran el evangelio, fueron inicialmente imaginadas. Así como el teléfono móvil tuvo que ser primero una idea antes de convertirse en realidad, lo mismo ocurre con todo lo que encuentras en la vida.

La imaginación es fundamental para traer cosas del mundo de la no existencia al de la existencia. Jesús de Nazaret dijo que es el espíritu el que da la vida, y Lao-tse dijo que todo ser viene del no-ser. Lo que era válido para estos dos gigantes espirituales tiene también una importancia inmensa para ti.

Este camino desde el no-ser o espíritu al mundo de una existencia «¡Basta de excusas!» tiene su origen en tu imaginación. Me encanta recordar esta impresionante idea que ya mencioné en el capítulo 11: *Hay una infinidad de bosques latente en los sueños de una bellota*. Incluso un bosque necesita una visión, un sueño, una idea; en otras palabras, una imaginación fértil.

Este capítulo está pensado para ayudarte a hacer el mismo tipo de trabajo que una pequeña bellota, que tiene el potencial de crear todo un bosque. Tú tienes dentro de ti el poder de crear una serie de ideas para tu uso, que borren los obstáculos a tu vocación superior. Cuando imaginas que estás libre de la necesidad de utilizar excusas, acabas actuando sobre la base de lo que estás imaginando. Así que practica el proceso de visualizar exactamente cómo sería tu vida y cómo la sentirías si te fuera imposible recurrir a tus patrones de excusas. Una buena manera de empezar es acostumbrándote a visualizar exactamente quién eres, como si ya hubieras llegado.

Ver quién quieres ser como si ya estuviera aquí

Miremos con más atención la cita que abre este capítulo, dentro del contexto de romper tu hábito de poner excusas. Nuestro amigo poeta, el señor Blake, está diciendo que imaginamos estas ideas limitadoras antes de que se convirtieran en hechos de nuestra vida. La memética, la genética, los reforzamientos de la primera infancia, el condicionamiento cultural y los años de tener pensamientos limitadores unieron sus fuerzas para convertirse en las excusas que has llegado a sentir como una realidad.

Si el comentario de Blake se aplica a ti, también es aplicable su corolario. En otras palabras, si haces el cambio a «¡Basta de excusas!» y te aferras a sus ideas, te demostrarás a ti mismo lo poderosa que es tu imaginación. Por eso he incluido las palabras «ya» y «aquí» con relación al modo en que quieres verte a ti mismo. En todas las intenciones y propósitos, lo que imaginas activamente ya está aquí, auténtica e innegablemente, así que eres perfectamente capaz de cambiar de las excusas derrotistas a las acciones enriquecedoras. Una vez que tus nuevos hábitos de pensamiento estén verdaderamente instalados, se puede decir que ya estás haciendo realidad lo que deseas.

Cuando yo tenía veintipocos años, utilicé la práctica de la imaginación con la excusa *Estoy muy cansado*. La había oído con tanta frecuencia que acabó convirtiéndose en un virus mental que yo imité y que utilizaba de manera habitual. Era una excusa conveniente pero debilitante, porque pensar y hablar de lo cansado que estaba me dejaba más fatigado de lo que estaba. Cuanto más decía las palabras *estoy cansado*, más parecía agotarse mi energía, incluso cuando no había razones físicas para ello.

Una mañana, después de escuchar a un amigo que me decía que estaba demasiado cansado para ir a una excursión de fin de semana que teníamos planeada, decidí poner fin de manera permanente a mi utilización de esta excusa. Me prometí no volver a decirles a otros (ni a mí mismo) lo cansado que estaba, y empecé a imaginarme en posesión de una energía ilimitada. No cambié mis hábitos de sueño, ni tomé complementos energéticos ni alteré mi modo de vida; lo único que hice fue imaginarme como una persona de alta energía. Pude cambiar la manera en que me veía a mí mismo en relación con la fatiga, y empecé a verme como una persona incansable. Todo esto empezó con un solo pensamiento, que primero estuvo en mi imaginación. Y hasta ahora, unos cuarenta años después, me he negado firmemente incluso a pensar que estoy cansado.

Uno de los ensayos de Ralph Waldo Emerson incluye una frase que siempre me ha impactado: «La imaginación es una forma de ver muy superior». Para mí, esto es ver con V mayúscula. Verme con energía ilimitada durante todos estos años me ha permitido eliminar los obstáculos de la fatiga y el agotamiento energético, y en aquellos momentos imaginativos creé un nuevo yo.

Avanza con la imaginación hacia una vida sin excusas

Te animo a examinar activamente la pregunta *¿Cómo sería mi vida si no pudiera utilizar estas excusas?*, dándote permiso para dejar que tu imaginación vuele. Visualiza algo como una pócima mágica que no te permita pensamientos que tengan algo que ver con las excusas, y presta atención a lo que esta visualización provoca dentro de ti. ¿Qué aspecto tendría la vida? ¿Cómo te sentirías? ¿Qué pensamientos alternativos tendrías?

Voy a guiarte a través de este ejercicio, utilizando varias de las excusas del catálogo de dieciocho que detallé en el capítulo 3:

1. *Sería difícil / Se tardaría mucho tiempo*

Estas dos excusas similares se usan con frecuencia para no actuar. Ahora, imagina que eres incapaz de crear esos pensamientos. Así como no puedes imaginar la actividad mental de una medusa que no tiene ojos ni oídos y vive en medio del mar, tampoco puedes concebir que una tarea sea difícil o lleve mucho tiempo. Así que, si te fuera absolutamente imposible pensar de ese modo, ¿cómo sería tu vida?

Sea lo que sea lo que te gustaría lograr, ya se trate de hacerte artista, crear una composición musical, emprender un nuevo negocio, arreglar tu relación con tus padres, tu pareja o alguna otra persona, construir una nueva casa, ponerte en buena forma física —lo que sea—, ¿cómo cambiaría tu vida si no pudieras ni siquiera concebir la idea de que sería difícil y/o se tardaría mucho tiempo?

– Sin estas excusas, ¿cómo sería la vida? Puedes apostar a que entrarías en acción de inmediato, impulsándote en la dirección del cumplimiento de tus sueños. Hablarías con otros que tuvieron sueños de tipo similar y lograron realizarlos. Tendrías un montón de energía y estarías activamente implicado en el proceso de vivir la vida que imaginabas. Atraerías ayuda oportuna y te fijarías en las personas adecuadas, los acontecimientos adecuados y las circunstancias adecuadas que se presentarían persistentemente. ¿Por qué? Porque estarías actuando como hace la fuente de toda la creación. Estarías sintonizado con un universo que dice «¡Sí, puedes!» y te da los instrumentos para demostrarlo. No tendrías vacilaciones ni miedo a que algo sea difícil o lleve mucho tiempo... serías feliz haciendo en lugar de dar explicaciones o quejarte.

– **Sin estas excusas, ¿cómo te sentirías?** Con estas limitaciones completamente fuera del camino, permíteme aventurar que te sentirías entusiasmado y con un completo sentido del propósito. La sensación de libertad te deleitaría, porque ya no tendrías que evitar tu auténtico *dharma*. Sentirías una enorme satisfacción en lugar de preocuparte por lo que estás evitando o por la dirección en que vas. No te centrarías en tu punto de destino porque lo de «mucho tiempo» ya no existiría para ti, y el ahora del viaje te proporcionaría el éxito y la felicidad que deseas. Experimentarías una gran felicidad porque te guiarían tu creatividad y tu iniciativa, en lugar de tener miedo a la decepción, y la alegría gobernaría tu vida.

– **Sin estas excusas, ¿qué pensamientos alternativos tendrías?** En lugar de centrarte en lo que no puedes hacer porque es difícil y se tardaría mucho tiempo, pensarías cosas como estas: *Esto es definitivamente algo que puedo crear y que crearé. Sé que puedo hacer cualquier cosa en la que ponga mi mente. Preveo que está dentro de mi capacidad hacer esto sin dificultades. No tengo miedo, porque reconozco que la orientación y la ayuda que necesito están ahí. Estoy emocionado, excitado y entusiasmado por hacer realidad este sueño. Me doy cuenta de que los pensamientos que tengo están mezclados con entusiasmo y pasión, y de que nada puede detenerme. De hecho, estoy seguro de que todo lo que necesito para hacer realidad mis sueños está ya en camino. Espero satisfecho lo que el universo me envía.*

2. *Habría un drama familiar*

Una vez más, sugiero que te veas como si fueras completamente incapaz de utilizar esta excusa. Imagina que no puedes conjurar ni un solo pensamiento que prevea algún tipo de perturbación familiar. Pensar de este modo equivale a anticipar que a tus familiares les parecerá bien cualquier decisión que tomes: que no experimentarás absolutamente ninguna resistencia, crítica, hostilidad o rechazo. Tu familia es, como mínimo, neutral y tal vez incluso indiferente. No hay riñas ni antagonismos, ni tendrás que hacer frente a ningún drama.

– **Sin esta excusa, ¿cómo sería tu vida?** Puesto que ya no tienes que tener en cuenta las consecuencias de que tu familia conozca al auténtico tú, tu vida sería exactamente como siempre has querido que sea. Nunca tendrías que consultar a nadie cuyas opiniones no valores; elegirías el tipo de trabajo que tú prefirieras, estudiarías las materias que te interesaran, vivirías donde quisieras, e irías y vendrías como a ti te pareciera, sin un solo momento de conflicto o desaprobación de tus familiares. Contradiciendo el dicho popular de que «los amigos son la manera que tiene Dios de disculparse por nuestros familiares», los miembros de tu familia se convertirían incluso en amigos íntimos.

– **Sin esta excusa, ¿cómo te sentirías?** Te sentirías libre, porque ahora el drama nunca podría ser una consecuencia de seguir tu destino.

Ahora tómate un segundo para imaginar que tu familia apoya con entusiasmo todas las decisiones que tomas acerca de tu vida... así es como te sentirías todos los días si te fuera imposible concebir los pensamientos que son la base de esta excusa. Estando en paz con todos los que te rodean, sentirías el efecto sosegante de un entorno armonioso y que te apoya. Desaparecerían la ansiedad y las preocupaciones, y te sentirías al mando de tu mundo interior, puede que por primera vez. La sensación de seguridad sustituiría a todo el miedo a las posibles condenas que te hizo comportarte como un miembro tan obediente de tu familia.

– **Sin esta excusa, ¿qué pensamientos alternativos tendrías?** Tus nuevos pensamientos estarían basados exclusivamente en la mejor manera de llevar tu vida, ya que no serías capaz de utilizar la excusa del drama familiar. Pensarías: *Estoy en posición de preguntar la opinión de todos los que amo, y puedo aceptar o rechazar su consejo sin tener que hacer frente a ninguna repercusión negativa. Soy libre para profesar cualquier religión que elija, o ninguna. Soy libre para salir, casarme o cohabitar con quien yo elija. Soy libre para escoger cualquier trabajo, residir en cualquier lugar y simplemente vivir mi vida, y todos los miembros de mi familia me aman y apoyan mis decisiones.*

Esto no tiene por qué ser una fantasía: es tu mente, y tienes libertad para llenarla con los pensamientos que tú elijas. Esta nueva manera de pensar está a tu inmediata disposición, con tal de que hagas una reforma «¡Basta de excusas!» en esta vieja creencia.

3. No soy lo bastante fuerte / No soy lo bastante listo

¿Qué pasaría si no pudieras utilizar estas excusas? Si fueras incapaz de creer que eres física e intelectualmente deficiente, te centrarías en la idea contraria. Tendrías pensamientos como los siguientes, que reflejan una nueva actitud mental: *Soy tan fuerte como necesito ser para hacer cualquier cosa en la que ponga mi atención. Soy un genio creativo, un fragmento del divino Creador; por lo tanto, estoy en posesión de toda la potencia cerebral que voy a necesitar para cumplir los deseos que yo elija.*

Antes de que pongas objeciones a estas grandilocuentes declaraciones, recuérdate que el objetivo de este ejercicio es ayudarte a imaginar una nueva existencia sin tus viejas muletas mentales.

– Sin estas excusas, ¿cómo sería la vida? Una vez más, te recrearías en la exquisita convicción de que posees todas las capacidades físicas e intelectuales que vas a necesitar. Tu vida fluiría de manera natural desde una posición de suprema confianza en ti mismo y en todas las capacidades innatas que Dios te dio. Aceptarías riesgos y serías capaz de intentar cualquier cosa, satisfecho con los resultados, sean los que sean. Exudarías valor, porque serías incapaz de fabricar pensamientos de duda que se manifestaran como excusas. Nunca te compararías con otros ni evaluarías tus facultades sobre la base de lo que hacen otros: la comparación de tus niveles de actuación con los de otros no influiría en absoluto en ti ni en lo que intentaras. Sabrías que Dios no comete errores, de modo que los niveles personales de fuerza y capacidad intelectual que posees son absolutamente perfectos. En pocas palabras, estarías satisfecho, agradecido por lo que eres y por todo lo que se te ha dado, tanto en el plano físico como en el perceptivo.

– **Sin estas excusas, ¿cómo te sentirías?** Las sensaciones más notables que experimentarías serían la confianza en ti mismo y el orgullo personal. Tendrías una sensación de bienaventuranza, surgida de estar completamente satisfecho con lo que eres. Sentirías reverencia y placer por el milagro de tu mente y tu cuerpo. Ya no echarías un vistazo al exterior y te sentirías inadecuado por comparación; en cambio, mirarías hacia dentro y te sentirías en paz y bienaventurado, independientemente de la opinión de los demás.

– **Sin estas excusas, ¿qué pensamientos alternativos tendrías?** Sin más excusas basadas en tu incapacidad mental y física, adoptarías toda clase de creencias nuevas y fortalecedoras. La primera podría ser algo así: *Tengo todos los instrumentos mentales y físicos que necesito para hacer realidad cualquier sueño que haya tenido. Lo único que tengo que hacer es mantener mi pasión, y toda la ayuda que necesito vendrá a mí.*

Sin excusas, no habría manera de que te crearas obstáculos. Solo con pensar *Soy fuerte* o *Soy inteligente* se empieza a parar en seco la fabricación de excusas. Con la actitud positiva de *Puedo hacerlo; tengo todo lo que necesito aquí mismo y ahora mismo*, estás en camino de cumplir el destino que estaba en aquel diminuto embrión que se convirtió en ti. Aquel pequeño embrión no sabía nada de limitaciones, debilidades, estupidez y cosas semejantes. Tenía una naturaleza divina; era perfecto, y tenía todo lo necesario en cuestión de fuerza mental y física para cumplir el destino que aceptó realizar.

Una vez que desaparezcan las excusas, no habrá nada que te impida pensar y actuar en armonía con los dones que se te dieron en el momento de tu transición del no ser al ser, del espíritu a la forma, de la nada al aquí y ahora.

4. *No tengo energía / Estoy muy ocupado*

Una vez más, acuérdate de jugar con tu imaginación. Estás imaginando que tu cerebro está construido de manera que no existe un aparato de fabricación de excusas. Así que en el momento en que contemplas intentar algo que siempre has querido hacer, tus pensamientos se centran en la idea de que posees energía ilimitada para hacer cualquier cosa en la que pongas la mente, y que tienes tiempo de sobra para emprender esas actividades.

– **Sin estas excusas, ¿cómo sería la vida?** La vida tendría una apariencia de alta energía, y tú disfrutarías pensando en realizar las cosas con las que soñabas. Podrías decirte: *Soy una persona vigorosa y poseo toda la vitalidad y energía para lograr cualquier cosa en la que ponga mi mente*. Y como solo podrías disponer de este tipo de sentimiento, ese sería precisamente el tipo de acción que emprenderías. Esta actitud te espolearía, dándote energía y vigor sin límites. Encontrarías alegría al hacer las clases de cosas que siempre quisiste hacer, pero que no podías hacer cuando asegurabas que no tenías energía o que estabas muy ocupado.

Sin estas pobres excusas, tu vida pasaría de la desmotivación al compromiso con las actividades diarias que te dan una sensación de bienestar. Aunque estarías más ocupado que antes, no estarías pensando en el trabajo y las agendas apretadas como excusas para no vivir la vida completamente según tus términos.

Te deleitarías sabiendo que tus actividades te sirven de la mejor manera porque están sintonizadas con tus máximas aspiraciones.

– **Sin estas excusas, ¿cómo te sentirías?** Te sentirías completamente vivo, alegre, bienaventurado y otras expresiones similares de felicidad. Pero, además de esto, notarías un significativo descenso de las sensaciones corporales de fatiga, jaquecas, calambres, tensión arterial alta, tos, congestión, fiebre, sobrepeso, falta de aliento y otros síntomas. Eso se debe a que cuando te enfrascas en actividades que te hacen sentir bien, tu cuerpo reacciona con sensaciones de bienestar; y como no puedes utilizar una excusa para escapar o para explicar por qué no vives tu vida con un propósito, disfrutas de una salud óptima. Esto equivale a sentir la presencia de la energía de tu fuente, que sabe exactamente por qué estás aquí y coopera en cuanto te sintonizas con la energía que te trajo aquí en un principio.

– **Sin estas excusas, ¿qué pensamientos alternativos tendrías?** Imagina que no fueras capaz de pensar las ideas que constituyen la base de estas excusas. ¿Qué alternativa te dejaría esto? Pensarías: *Tengo toda la fuerza y vitalidad que necesito para cumplir con mi dharma. Estoy rebosante de energía. Confío en la sabiduría de la fuente en la que me originé, para que me proporcione todo lo que necesito para cumplir el gran designio que tengo para mi vida. El hecho mismo de que sienta pasión por lo que quiero lograr significa que tengo toda la energía necesaria.*

Como sabes, tus acciones fluyen directamente de tus pensamientos. Así que si no pudieras encontrar excusas para explicar una falta de energía o una vida excesivamente ocupada, tus pensamientos se centrarían en lo que es posible, y no en lo que no lo es. Pensarías en lo que te trae alegría y te mantiene en armonía con tu más alta visión de ti mismo. Te encantaría llevar una vida plena, pero eliminarías alegremente las actividades que vinieran bajo el encabezado «pesadez»: no llenarías tus días de trabajos penosos o actividades sin sentido.

Así es como piensas cuando eres incapaz de invocar excusas.

En cierta ocasión, Victor Hugo hizo un comentario que resume escueta y enfáticamente el mensaje que he intentado transmitir en esta cuarta pregunta del sistema «¡Basta de excusas!»: «Se puede resistir la invasión de ejércitos; lo que no se puede resistir es la invasión de ideas». Con este fin, considera este ejercicio de imaginación como la esperada llegada de una nueva idea. He comprobado que es tan poderosa que, con solo unas pocas aplicaciones, he conseguido desterrar permanentemente muchas excusas en las que antes me apoyaba.

Si estás a punto de culpar a algún otro de que tu vida no se desenvuelva de la manera que tú preferirías, te animo a pensar en cómo cambiaría tu mundo si no tuvieras la capacidad de echar culpas. Plantéate las preguntas expuestas en este capítulo: *¿Cómo sería mi vida? ¿Cómo me sentiría? ¿Qué pensamientos alternativos se me ocurrirían si mi cerebro no pudiera procesar ningún tipo de excusas que echen la culpa a otro que no sea yo?*

Sí, eso es: te volverías inmediatamente hacia ti mismo. No resolverías tu problema; simplemente, crecerías por encima de él. Este es el propósito de este paradigma, de este capítulo y de todo este libro: crecer y vivir una vida «¡Basta de excusas!». Cuando integras este concepto, acoges en tu vida estas nuevas ideas.

16

La quinta pregunta: *¿Puedo crear un motivo racional para cambiar?*

> No creas ni rechaces ninguna cosa porque otra persona o conjunto de personas la han rechazado o creído. Tu propia razón es el único oráculo que el cielo te ha dado...
>
> THOMAS JEFFERSON

Mi hijo Sands, de veintiún años, tiene desde hace mucho el hábito de ser incapaz de levantarse para sus clases matutinas, y muchos fines de semana se queda durmiendo hasta las dos de la tarde. He mantenido incontables discusiones con él para que rompa este hábito, porque está continuamente llegando tarde a las clases, corriendo por las mañanas en estado de ansiedad, conduciendo a demasiada velocidad porque llega tarde y pasándose el día cansado porque no dispone de ese precioso tiempo para dormir como su cuerpo parece necesitar. Su hábito se interpone en sus estudios, su felicidad y su salud, ya que se siente fatigado durante todo el día siempre que tiene que levantarse antes del mediodía.

Cada vez que discutimos acerca de romper ese hábito, las respuestas de mi hijo son del tipo «Es que no puedo cambiar y aprender a madrugar», «Siempre he sido así; es mi manera de ser», «No tengo energía por las mañanas», «Soy joven, y así es como viven mis amigos», «Lo he intentado, pero nunca he sido capaz de hacerlo» y «Es demasiado difícil». ¿Te suena familiar? Como la mayoría de nosotros, mi hijo ha dejado que las excusas gobiernen su vida.

Cuatro criterios para crear un motivo racional para cambiar

Las cuatro preguntas anteriores del sistema «¡Basta de excusas!» te instaban a examinar si tus excusas son ciertas, a buscar sus orígenes, a revisar la forma de gratificar, y después a imaginar cómo sería tu vida si fueras incapaz de crear estos patrones de pensamiento que te limitan. Ahora lo que tienes que hacer es comprender la necesidad de utilizar la lógica cuando estás provocando un portentoso cambio en tu vida, lo que nos lleva a la quinta pregunta: *¿Puedo crear un motivo racional para cambiar?*

Si tu deseo de romper un hábito no va acompañado por un proceso de razonamiento que se ajuste a ti, tu trabajo en este nuevo sistema se verá debilitado hasta llegar a ser ineficaz. Así que cuando aceptes intelectualmente los cuatro criterios que vienen a continuación, tu capacidad para socavar y erradicar tus viejos patrones habituados tendrá una sólida base sobre la que proceder, y te graduarás con honores en este curso completo de «¡Basta de excusas!».

Primer criterio: Tiene que tener sentido

Eliminar hábitos de pensamiento de toda la vida es algo que no se puede hacer, y que no ocurrirá, si a ti no te parece una cosa sensata. En realidad no importa que todos los que te conocen te digan lo importante que es cambiar: si no tiene sentido para ti, te refugiarás en tus viejos hábitos y seguirás explicando tus fallos con tu utilísima lista de excusas. Si la respuesta a *¿Quiero de verdad provocar este cambio?* es sí, eso es todo lo que necesitas para seguir adelante y triunfar. Pero si tienes dudas del tipo que sea, tus viejas excusas saldrán a la superficie y tú volverás a tus hábitos de toda la vida.

Por ejemplo, cuando yo tenía treinta y tantos años, tomé la decisión de que ya no me iba a permitir seguir manteniendo los hábitos nocivos para la salud que habían dominado mi vida hasta entonces. Me veía ganando peso en la cintura, comiendo y bebiendo cosas que no me sentaban bien y, en general, no prestando la debida atención a este templo que aloja temporalmente mi alma. Recuerdo que pensé: *Voy a cambiar. No sé cómo, pero sé que no puedo apoyarme en nadie más que en mí mismo. No voy a entrar en la tarde de mi vida como un hombre obeso, sin aliento e intoxicado. Para mí tiene sentido hacer este cambio, así que voy a seguir con ello.*

Un día de 1976 inicié un régimen que incluía ejercicio, beber muchísima agua, tomar vitaminas y mejorar mi dieta. Aunque nadie de mi entorno comprendió del todo mi afán por mantenerme en forma, para mí tenía sentido. En consecuencia, fui capaz de comenzar una nueva estrategia de vida que dio como resultado la eliminación de todas aquellas gastadas excusas que había estado utilizando para explicar mi alejamiento del bienestar.

A lo largo de los años, cada vez que alguien me ha dicho que no comprendía por qué soy tan «compulsivo» en mis hábitos de salud, siempre pienso: *Si no tuviera un cuerpo sano, no tendría dónde vivir.* Como mi modo de vida tiene sentido para mí, soy inmune a los perplejos interrogatorios de otros y nunca siento la tentación de invertir mi decisión de vivir una existencia lo más sana que pueda. Mi empeño racional en buscar un bienestar óptimo quita todo atractivo a las opciones derrotistas.

Ahora disfruto notando los efectos a largo plazo de aquella decisión que tomé hace más de tres décadas. La simple decisión de hacerme más consciente de la salud me llevó a correr todos los días, lo que me condujo a eliminar la carne roja de mi dieta, lo que me llevó a beber agua en lugar de alcohol, lo que me llevó a prescindir de todos los refrescos, lo que me llevó a nadar habitualmente, lo que me llevó a comer cada vez más verduras crudas, lo que me condujo a practicar Bikram Yoga cuatro o cinco veces a la semana, lo que me llevó a estudiar y vivir el Tao Te Ching... y la cosa sigue y sigue.

Casi todas las personas obesas saben que sus hábitos autodestructivos las han llevado a decisiones cada vez peores (explicadas a base de excusas), hasta que el resultado final está fuera de su control. Y aunque todos los adictos empezaron poco a poco y fueron adquiriendo un hábito ruinoso tras otro, tú puedes elegir ser alguien que se libre ahora mismo de las limitaciones. Este pensamiento básico, *Esto tiene sentido para mí, aunque nadie más me comprenda y yo no sepa cómo hacer que suceda, y pienso seguir con ello*, te guiará a un nuevo camino por el que transitar. Cada paso dado desde esa nueva posición conduce a otro y después a otro, hasta que por fin tengas la libertad que viene de vivir sin el estorbo de las excusas.

Segundo criterio: Tiene que ser factible

Dentro de ti hay un espacio privado donde «no se admiten visitas». Aquí es donde te encuentras contigo mismo con total sinceridad, donde sabes lo que quieres soñar, desear y al final hacer. Es también donde encuentras respuesta a esta pregunta: *¿Estoy dispuesto y soy capaz de hacer lo que haga falta para superar estos antiguos hábitos de pensamiento y acción?*

Si la respuesta es que simplemente no puedes cambiar —te conoces lo bastante bien para predecir que no harás el trabajo que es necesario para lograrlo—, harás bien en escuchar esa respuesta. Olvídate de cambiar esos viejos hábitos, al menos por ahora. Sin embargo, si no sabes cómo hacerlo pero aún sientes que es factible, ponte en marcha. Descubrirás que las respuestas vienen a ti gracias a tu disposición a considerar que esos cambios son una posibilidad real.

He aquí un par de ejemplos tomados de mi vida que ocurrieron hace poco, a la tierna edad de sesenta y ocho años:

– Asistí a una reunión con varios ejecutivos de televisión para discutir la posibilidad de presentar un programa de alcance nacional. Me atraía la idea de difundir el mensaje de la conciencia superior y fomentar una actitud amorosa y compasiva para ayudar a la gente. He estado haciendo exactamente eso en mi programa de radio todos los lunes —**HayHouseRadio.com**®— durante los últimos años, así que la idea de ampliarlo para un público mucho mayor era verdaderamente tentadora.

Pero en ese sitio de sinceridad dentro de mí, donde cuelga el letrero de NO SE ADMITEN VISITAS, descubrí que presentar un programa nacional de televisión simplemente no era factible. No era cuestión de excusas. Era que no estaba dispuesto a dejar de escribir, de practicar yoga, de nadar en el mar, de dar largos paseos y excursiones por el bosque y de pasar tiempo con mis seres queridos. Como esto no va a ocurrir y yo lo sé, renuncié, sin necesitar excusas para mi decisión. No es factible, y punto. Ni quejas, ni explicaciones.

– El segundo ejemplo tenía que ver con una experiencia completamente nueva que me sacaría fuera de mi zona de comodidad. Sería una oportunidad de ponerme a prueba de una manera que constituiría un desafío y que me exigía tener ánimos para superar algunos viejos hábitos apoyados en excusas. Se me pidió que participara en un largometraje basado en las enseñanzas con las que he estado relacionado durante toda mi carrera profesional.

Aunque iba a interpretarme a mí mismo en una historia que incluía actores profesionales, esta empresa requeriría no obstante que siguiera las instrucciones de un director de cine bien establecido, aprender diálogos, repetir tomas una y otra vez desde todos los ángulos concebibles y trabajar en un plató de cine durante un mes. Implicaría jornadas de doce horas, teniendo que estar levantado muchas noches y trabajar en exteriores; y que siempre me dijeran lo que tenía que hacer, dónde sentarme, cómo reaccionar, adónde ir a continuación, qué ropa ponerme, etcétera, etcétera. Estas experiencias eran desde luego ajenas a todo lo que yo había hecho durante más de tres décadas... pero para mí era factible. En ese lugar tranquilo y privado dentro de mí, me emocionó la idea de aprender a ser actor en una película basada en mis enseñanzas.

En cuanto supe que este proyecto tenía luz verde interior, me rendí por completo al proceso. Sabía que la película serviría para un bien mayor, y prescindí de todas mis razones (excusas) para no participar: *Sé que será difícil. Es un auténtico riesgo. Nunca he actuado. No me gusta que me dirijan. Hago lo que quiero, cuando quiero, y digo lo que me siento guiado a decir. Ser actor no es mi manera de ser. Nadie me va a ayudar; estaré perdido sin remedio. Nunca he hecho nada parecido; ¿y si quedo como un tonto? Soy muy viejo para aprender una profesión nueva, y no hablemos de dominarla a los sesenta y ocho años de edad. Una película es un proyecto demasiado grande. Estoy muy ocupado escribiendo y tengo un horario muy apretado. Me da miedo, no me gusta que me pongan en una posición en la que pueda quedar mal o, aún peor, fracasar.*

Y así llegué al plató para conocer al director, los actores, los técnicos de sonido y luces y los encargados de los ensayos, con una nueva actitud. Llegué dispuesto a escuchar, a aprender y a dominar las habilidades necesarias para crear este largometraje. En cuanto supe que tenía sentido y que era claramente factible (aunque no tenía ni idea de cómo lo iba a lograr), lo que necesitaba (y mucho más) empezó a aparecer en el momento oportuno. En el momento en que me guardé mi escepticismo, todas las excusas para no participar en el proyecto desaparecieron.

Aquí debo añadir que conocí a algunas de las personas más interesantes que he encontrado en mi vida, todas las cuales se han convertido en amigos íntimos. Me encantó toda la experiencia y ahora existe una bellísima película gracias a la competencia de los actores, el director, los montadores y el equipo. Se titula *The Shift* y me proporciona más orgullo y alegría de lo que soy capaz de describir.

Tercer criterio: Tiene que permitir que te sientas bien

El hemisferio izquierdo de tu cerebro se ocupa de los detalles de tu vida: aquí es donde analizas, planeas, calculas y pones todos tus patitos en fila... y los dos criterios que acabo de explicar le hablan directamente. Cuando te planteas la pregunta *¿Puedo crear una razón racional para cambiar?*, tu intelecto responde: *Sí, claro, eso tiene sentido, y creo que puedo hacer esto y producir los cambios deseados.*

Tu hemisferio derecho, en cambio, se ocupa de cosas como tus emociones, tu intuición, tu entusiasmo, tu conciencia e incluso tu conciencia superior. Así que examinemos cómo se crea una razón racional para cambiar desde el punto de vista del hemisferio derecho, y descubramos cómo se siente este cambio.

Cuando hice este ejercicio en relación con la posibilidad de tener mi propio programa diario de televisión, no me sentí nada bien. Me sentía tenso, ansioso, con un nudo en el estómago y nervioso por todo el tiempo que tendría que dedicar al programa. Empecé a sentirme realmente enfermo, y aquello fue definitivo para mí. Mis emociones, que se manifiestan en mi cuerpo como consecuencia de mis pensamientos, me estaban dando la respuesta. Comparemos esto con lo que ocurrió cuando visualicé cómo me sentía después de aceptar el desafío de actuar en la película: me sentí ebrio de entusiasmo por aprender un oficio completamente nuevo... además de fuerte, contento y orgulloso. En realidad, mis emociones me dieron poder.

Si quieres desprenderte de los viejos hábitos y excusas, tómate algún tiempo para visitar ese lugar privado que tienes dentro. Cierra los ojos y visualízate como si estuvieras completamente libre de esas limitaciones... ¿Cómo reacciona tu cuerpo? Si te sientes bien, esa es toda la evidencia que necesitas para demostrarte a ti mismo que tienes un motivo racional para cambiar.

Si estás enganchado a todo un conjunto de hábitos que se han reforzado a base de excusas, fíjate en que te harán sentirte mal. Tus viejas muletas mentales solo sirven para impedirte tener una experiencia dentro de tu cuerpo que se registra como «buena», así que incluso es posible que te hayas acostumbrado a estar en bancarrota emocional.

El dolor, la ansiedad, el miedo, la ira y similares se hacen notar en tu cuerpo como erupciones, eczemas, palpitaciones cardíacas, artritis, dolores de espalda o de cabeza, dolor de estómago, diarreas, irritación de los ojos, calambres y muchas otras dolencias, demasiado numerosas para citarlas aquí. Lo importante es que estas reacciones emocionales que se manifiestan en el cuerpo pueden convertirse en tu modo de vida, hasta el punto de definir tu realidad. Y cuando te preguntas por qué es así, la excusa *Siempre he sido así* tiende a asomar su fea cabeza.

Puedes sentirte mejor. Puedes sentirte sano. Puedes sentirte fuerte. Puedes sentirte bienaventurado. Puedes sentir alegría. En pocas palabras, puedes sentirte estupendamente. Si la idea de eliminar un hábito de pensamiento que te incapacita y que has tenido desde hace mucho tiempo resuena en ti, imagina que ha desaparecido. ¿Se registra la desaparición en tu cuerpo como una sensación positiva, saludable y feliz? Si es así, solo eso es razón suficiente para sumergirte en las formulaciones «¡Basta de excusas!» que se presentan aquí.

Cuarto criterio: Tiene que estar sintonizado con las vocaciones de tu alma

¿Cómo determinas si estás sintonizado con el propósito de tu alma? Lo sabes por la manera en que el motivo racional te habla directamente en ese lugar personal interior. Los pensamientos y sensaciones que aparecen tienden a ser del tipo: *Eso es verdaderamente lo que soy. Al hacer estos cambios y erradicar estas excusas, viviré mi vida con propósito, cumpliendo un destino que vine aquí a hacer realidad.*

Podría seguir y seguir, detallando los beneficios que se acumulan cuando conectas con las llamadas de tu alma. Sin embargo, voy a suspender mi deseo de escribir, limitándome a hacerte saber que en el próximo capítulo, la sexta pregunta del sistema «¡Basta de excusas!» parte de este punto. Te lleva en un viaje en el que verás cómo el universo mismo empieza a cooperar contigo por medio de la Ley de Atracción, cuando tus hábitos se separan del mundo del ego y te sintonizan, libre de excusas, con tu fuente del ser.

Aquí me gustaría cambiar de marcha y volver a la historia de mi hijo Sands, con la que empezaba este capítulo. Como ya he dicho, este muchacho tenía un problema de toda la vida para levantarse por la mañana, pero al final fue capaz de crear un motivo racional para cambiar sus viejos pensamientos saboteadores y eliminar las excusas que sostenían su hábito.

A Sands no hay nada en el mundo que le guste más que hacer surf en el mar. Le regalaron una tabla de surf a los cuatro años de edad, e inmediatamente braceó hasta donde rompían las olas, montó en su tabla y surfeó hasta la orilla. Todos nos quedamos pasmados al ver a aquel niñito cabalgar su primera ola como un experto. En cuanto a Sands, quedó enganchado: ha vivido y respirado surf desde entonces. Es como si hubiera conectado con su propósito en el momento en que se subió a aquella tabla.

Mi hijo tiene toda una videoteca sobre el tema y ve habitualmente los reportajes sobre surf de todo el mundo. Se pone un traje de surf y se mete en el mar con una de sus muchas tablas, independientemente del lugar del planeta donde esté y sin ninguna consideración acerca de la temperatura del aire y del agua. Estudia las olas como un ornitólogo estudia los pájaros. Es en verdad su gran pasión. De hecho, acaba de regresar de un viaje de dieciséis días por las islas de Indonesia, en un barco especializado en llevar a los surfistas hasta algunas de las mayores olas que existen en el planeta Tierra.

Pues bien, durante los dieciséis días que pasó apretujado en el barco con otros ocho surfistas, Sands se levantó todas las mañanas antes del amanecer. Se pasaba en el agua todo el día, hasta bien pasado el crepúsculo; se quedaba despierto por la noche hablando con los otros surfistas de las olas que habían cogido ese día; dormía como un tronco hasta las cinco de la mañana, y repitió la misma rutina durante más de dos semanas seguidas... y nunca se sintió cansado. Lo mismo ocurre cuando mi hijo me visita en Maui: si las olas son buenas, ya no tiene el hábito de dormir todo el día.

Para mi hijo, un motivo racional para cambiar es la idea de que así puede vivir en armonía con su pasión. Así que revisemos los cuatro criterios para eliminar las excusas que viajan por el mismo camino que el hábito:

1. Sands tiene un motivo racional para cambiar su hábito que, desde luego, **tiene sentido**. Puede que a ti o a mí nos parezca que cabalgar olas todo el día en agua helada es absurdo, pero para mi hijo esto significa que puede estar en un lugar donde sus más intensos deseos están en concordancia con sus acciones. Las olas están ahí, él está ahí, y le encanta montar esas olas... así que todo tiene perfecto sentido.
2. Sands tiene un motivo racional para cambiar sus viejos hábitos que además es positivamente **factible**. Cuando está cerca del agua y puede hacer surf sin verdaderas responsabilidades, nunca dice «No me puedo levantar», «Es demasiado difícil», «Madrugar no va conmigo», «No tengo energía», ni ninguna de las otras excusas que le gusta alegar cuando está lejos del mar. Cuando sus amigos llaman para confirmar que pasarán a recogerlo a las cuatro y media de la mañana, su primera respuesta es «¡Genial!». Independientemente de la hora a la que se fue a la cama la noche anterior, se le puede encontrar en la cocina a la hora acordada, preparándose un bocado y bebiéndose su zumo, excitado y listo para salir de madrugada en una expedición de surf.

3. No cabe duda de que estar en el agua y cabalgar esas olas hace que Sands se **sienta bien**, y esto equivale a Dios. Como escribí en el capítulo 9, siempre que estamos entusiasmados con algo significa que estamos conectando con el Dios interior. Sentirse bien es similar a sentir a Dios. Y cuando estamos haciendo lo que más nos gusta y experimentando la pasión que acompaña a esos momentos, estamos siendo guiados por nuestra fuente.

   Observo a mi hijo cuando bracea en el agua, cuando monta en su tabla, cuando me cuenta sus historias sobre las olas que ha cabalgado y cuando mira sus vídeos: es una manera de ver con V mayúscula que no tiene en otros momentos. Observar su concentración en el estudio de las olas para saber exactamente cuándo saltar es como observar a un gato concentrándose en una posible presa... pura poesía en movimiento. Es su naturaleza, y observarlo en esos momentos me permite verlo con una luz completamente nueva. Es la misma excitación que siento dentro de mí cuando hablo en público o me siento aquí en mi espacio sagrado, escribiendo estas palabras que espero que lleguen a ti y a generaciones aún no nacidas.

4. Todo lo que he escrito previamente (así como lo que sigue en el capítulo 17) me lleva a la conclusión de que, para Sands, un motivo racional para cambiar un mal hábito de toda la vida es que sus excursiones matutinas al mar son momentos en los que está siendo llamado por el espíritu para que se levante y se ponga en armonía con las vocaciones de su alma. No me cabe ninguna duda acerca de esta conclusión.

Sugerencias para aplicar la quinta pregunta del sistema

– Haz un inventario privado dentro de ti, una exposición sincera de los patrones de pensamiento de toda la vida que te gustaría cambiar, aunque no tengas ni idea de cómo podrías provocar este cambio. Cuanto más firme y marcado esté el camino en tu mente, mejor.

Ahora, sin considerar siquiera cómo vas a hacer efectivo este cambio, plantéate los tres primeros criterios de este capítulo y elimina lo que no proceda:

1. Si no tiene sentido para ti, pero todos los que te rodean te dicen que eso es lo que hay que hacer, bórralo de tu inventario.
2. Siendo brutalmente sincero contigo mismo, determina si, dadas las condiciones de tu vida y lo bien que te conoces, lo que quieres es verdaderamente factible. Puede que no sepas cómo hacerlo, pero aun así puedes determinar si se trata de algo que es posible para ti. Si no lo es, descártalo.
3. Imagina que te has librado de tu modo acostumbrado de ser, que estás totalmente desconectado del hábito. Si esa idea no te hace sentirte bien —y quiero decir realmente bien—, entonces no es para ti.

Ve puliendo el inventario de hábitos que te gustaría romper y excusas que te gustaría que desaparecieran, basándote en los criterios para tener un motivo racional para cambiar. Te quedarán varios hábitos de pensamiento de toda la vida que tienen sentido, son factibles y te harían sentirte bien.

Intenta someter uno de los hábitos de tu inventario a la prueba del sistema «¡Basta de excusas!». Después de hacerlo, puede que ni siquiera reconozcas a la persona que eras antes. Sé que cuando pienso en algunos de los viejos hábitos de los que me he librado —como beber refrescos, comer alimentos grasos, no hacer ejercicio, no cumplir los plazos de entrega, estar siempre con prisas, hablar en voz alta e imponerme a otros en lugar de escuchar, no tomar complementos saludables, tener razón en lugar de ser amable, etcétera—, noto lo mucho que he cambiado... y que esas viejas y fastidiosas excusas ya no parecen presentarse nunca.

– Examina minuciosamente tus hábitos, junto con todas las excusas que has adoptado para explicarte, y después plantéate una simple pregunta: *¿Hacen estas cosas que me sienta bien?* Si la respuesta es «no», te toca iniciar el proceso de tomar decisiones que sí te hagan sentirte bien. Es lo mismo que sintonizar con las llamadas de tu alma, porque sentirse bien te eleva a la sintonía con las llamadas de tu alma.

Di esto en voz alta: «Me propongo sentirme bien, y todo lo que piense o haga que interfiera con esta intención debe necesariamente desaparecer para siempre». Te está permitido sentirte bien. Es tu derecho de nacimiento. Saliste de la felicidad total de la unidad —Dios, si te parece— para venir a esta experiencia humana.

Según el Tao Te Ching, todo ser procede del no ser. Te animo a que sientas tu bondad innata experimentando las buenas sensaciones que tenías antes de ser, y también las que tendrás después de ser. Decir simplemente «Me propongo sentirme bien» es un motivo poderoso y racional para vivir una vida libre de excusas.

Utiliza la razón para erradicar excusas y conductas habituadas. Tal como escribió Benjamin Franklin en el *Almanaque del pobre Richard* en 1753, «Cuando la razón predica, si tú no la oyes te golpeará las orejas». Escucha o tápate las orejas.

17

La sexta pregunta: *¿Puedo lograr la cooperación universal para desprenderme de viejos hábitos?*

> Las técnicas místicas para lograr la inmortalidad solo se revelan a los que han disuelto todos los lazos con el tosco y mundano reino de la dualidad, el conflicto y el dogma.
>
> Mientras existan tus superficiales ambiciones mundanas, la puerta no se abrirá.
>
> LAO-TSE

En nuestro avance para vencer las limitaciones, vamos a pasar ahora del enfoque intelectual al espiritual. ¿Por qué? Porque los hábitos derrotistas y las excusas que los acompañan son el dominio del ego, la parte de nosotros que ha dejado fuera a Dios. La mayoría de nosotros, convencidos de que nuestra identidad es solo de este mundo, estamos controlados y manipulados por la falsa interpretación que hace el ego de quiénes somos. Y como nos recuerda Lao-tse en la cita de arriba, mientras estemos atados a ambiciones superficiales en el mundo material, seguiremos atados como esclavos a los viejos hábitos.

Cuando te haces esta sexta pregunta, *¿Puedo lograr la cooperación universal para desprenderme de viejos hábitos?*, empiezas a aplicar a tu vida las propiedades místicas de la conciencia superior. Paso a paso, disuelves la creencia en que estás atado exclusivamente a este mundo material. Incluso dar pasitos vacilantes de niño pequeño te permitirá abrir la puerta a una nueva y asombrosa existencia.

Tómate un momento para repasar lo que tu intelecto ha aprendido del sistema «¡Basta de excusas!» y después confía en que toda la ayuda que vas a necesitar está en camino. Cuando renuncies por completo a la idea de que estás separado de la mente del universo —cuando estés en un lugar centrado en Dios o en el Tao—, allí mismo dirás adiós a las excusas.

Acceder a la cooperación universal

Ha llegado el momento de que recuperes tu visión pura original, la claridad y la luz que están dentro de ti ahora, como siempre han estado. *Iluminación* significa acceder a esa luz interior, que es donde encuentras la guía divina. Ahora es el momento de renunciar a tus ambiciones mundanas y entregarte a esa guía.

La fuente de toda la creación es energía pura, completamente desprovista de forma material. Tú procedes de esa fuente y volverás a ella, como he escrito muchas veces en este libro. No tienes que morir físicamente para acceder a su ilimitado poder; solo necesitas hacerte más parecido a él. Tu fuente del ser solo reconoce lo que es, así que cuando no eres como tu fuente (o Dios, el Tao, la mente universal, el espíritu), estás dominado por el ego y piensas que necesitas todas sus excusas. Pero Lao-tse te advierte al principio de este capítulo de que las técnicas místicas para acceder a la guía divina no pueden ser reveladas y no lo serán cuando rechazas a Dios.

Imagina un pez que vive a siete kilómetros bajo la superficie del océano: nunca ha visto la luz, no ha experimentado lo que es el aire, no tiene ojos y vive en un ambiente a tanta presión que aplastaría a cualquier criatura que viva por encima de la superficie. Ahora imagina que este pez abisal se comunica con un pájaro que vuela a siete kilómetros por encima del lugar donde reside el pez. Puedes darte cuenta de lo poco probable que es esto, ya que la criatura marina no puede reconocer algo que está en un sistema de realidad aparte.

De manera similar, tu fuente del ser no sabe nada de lucha, odio, venganza, frustración, tensión o excusas: todas estas cosas son inventos del ego. Cuando te comportas de maneras que son distintas y separadas de tu fuente, esta no puede comunicarse contigo. Dado que el conflicto y las excusas requieren dualidad, no puedes acceder a una fuente que solo conoce la unidad cuando te acercas a ella en conflicto o con excusas para explicar por qué no eres todo lo que ella pretendía que fueras. Para tener acceso al poder infinito del Tao, tienes que hacerte cada vez más parecido a Dios. En otras palabras, tienes que entrar en el espacio en el que experimentas pensando y actuando como imaginas que hace Dios, y suspender tu intelecto.

La Ley de Atracción proclama que *lo similar atrae a lo similar*. Así que cuando piensas como piensa la mente universal, esta se une a ti; cuando piensas de maneras antagónicas a esta mente divina, atraes más de aquello en lo que piensas. Esto significa que si tus pensamientos están centrados en lo que va mal, en lo que falta, en lo que no puedes hacer o en lo que no has hecho nunca —es decir, en excusas—, atraes más de eso en lo que piensas.

Utiliza la Ley de Atracción para decir adiós a las excusas. Cuando lo hagas, el universo te reconocerá, y la ayuda y la orientación se presentarán en el momento oportuno. Cuando te sintonizas con tu auténtico yo original, en lugar de con tu ego, empiezas a sentir que estás colaborando con el destino.

SINTONIZA CON LA FUENTE EN TUS PENSAMIENTOS
Y ACCIONES

Si intentas imaginar cómo piensa tu fuente del ser, lo primero que tienes que hacer es librarte del ego. Cuando observas cómo tiene lugar la creación, ves que la energía de la fuente es todo dar, mientras que tu ego es todo conseguir. Así que sintonizarte con la energía de la fuente significa quitar el foco de *¿Qué gano yo con eso?* y ponerlo en *¿Cómo puedo servir?*

Cuando le dices «dame, dame, dame» al universo, este utiliza la Ley de Atracción para decirte «dame, dame, dame» a ti. Como consecuencia, te sientes presionado, frustrado y de mal humor porque te están haciendo demasiadas exigencias. Y a partir de este vórtice creas excusas que solo sirven para mantenerte atascado y luchando por satisfacer las exigencias del ego: *No soy lo bastante fuerte... No me lo merezco... No tengo energía... Me da miedo... Es demasiado grande...* y todo eso. Todo esto tiene su origen en la identificación con el falso yo que excluyó a Dios de tus deliberaciones.

Cambia ahora a una nueva sintonía, una sintonía que te ponga en contacto con la mente creadora universal. Puedes empezar por pensar como Dios, y seguir por actuar como Dios. Retira el foco de *dame, dame, dame* y ponlo en *¿Cómo puedo servir? ¿Qué puedo ofrecer? ¿Cómo puedo ayudar?* Cuando lo hagas, el universo responderá de manera similar, preguntando *¿Cómo puedo servirte? ¿Qué puedo ofrecerte? ¿Cómo puedo ayudarte?*

En este punto, los viejos hábitos del ego se derrumban y son sustituidos por sucesos inesperados y significativos, en los que aparece la gente adecuada, las circunstancias adecuadas y los fondos necesarios. Lao-tse comenta sobre la magia de esta práctica:

> Si deseas convertirte en un ángel divino e inmortal, restaura las cualidades angelicales de tu ser por medio de la virtud y el servicio.
>
> Esta es la única manera de atraer la atención de los inmortales que enseñan los métodos de crecimiento de energía e integración necesarios para llegar al reino divino [...] A estos maestros angelicales no se los puede buscar, son ellos los que buscan al discípulo.[4]

La manera de llegar al punto en el que hayas abolido tus viejos hábitos y excusas es invocar al reino divino y restaurar las cualidades angelicales de tu ser. La restauración es fundamental, porque cuando empiezas a pensar como piensa Dios, estás regresando a tu fuente del ser sin tener que morir.

Nunca insistiré bastante en que *no atraes lo que deseas; atraes lo que eres*. Una vez más, recurro a Lao-tse, que concluye así el párrafo citado en la página anterior:

> Cuando logras conectar tu energía con el reino divino por medio de la alta conciencia y la práctica de la virtud indiscriminada, la transmisión de las sutiles verdades definitivas vendrá a continuación. Este es el camino que siguen todos los ángeles para llegar al reino divino.[5]

Es decir, no puedes limitarte a desear un cambio, o pensar simplemente en lo que quieres, y esperar que aparezca. Para ver cómo desaparecen los viejos hábitos y tener acceso a la guía divina para hacer que tu vida funcione a los máximos niveles de felicidad, éxito y salud, debes olvidarte de *lo que puedes ganar con ello*. Empieza a practicar la conciencia superior sirviendo y deseando para otros más de lo que deseas para ti. De otro modo, nunca experimentarás la sutil alegría de una vida plena y feliz.

Como dice Lao-tse, esta es la única manera. No puedes exigir que te guíen, eso vendrá cuando sintonices con la frecuencia de tu fuente. Entonces, y solo entonces, viviendo y practicando las virtudes, atraerás la atención de los inmortales. De lo contrario, te repito que la puerta no se abrirá nunca.

VIVIR LAS VIRTUDES

Hace unos dos mil quinientos años, Lao-tse hablaba de «las cuatro virtudes cardinales», y comentaba que cuando las practicamos como modo de vida, llegamos a conocer y tener acceso a la verdad del universo. Estas cuatro virtudes no representan un dogma exterior, sino una parte de nuestra naturaleza original. Practicándolas, volvemos a sintonizar con la fuente y tenemos acceso a los poderes que la energía de la fuente puede ofrecer.

Según las enseñanzas de Lao-tse, las cuatro virtudes cardinales representan la manera más segura de dejar atrás los hábitos y las excusas y volver a conectar con tu naturaleza original. Es decir, con como eras antes de adquirir forma física, y como serás cuando abandones tu persona física. Y cuando hayas domado a tu ego, descubrirás lo fácil que es acceder a la guía divina: tú y lo divino empezáis a funcionar en la misma frecuencia. Cuando contemplas tu vida sin excusas, dejas tirada la parte de ti que es el ego.

A continuación vienen las cuatro virtudes y sus maneras de manifestarse, junto con una breve descripción de cómo se relacionan con tu compromiso de vivir una vida «¡Basta de excusas!».

La primera virtud cardinal:
Reverencia por toda la vida

Esta es la número uno porque es la clave para disminuir el ego. La fuente del ser es la fuente de todos los seres, incluyendo nuestro planeta y el universo, y no crea cosas por las que no sienta reverencia. Dado que el Tao o Dios se dedica a crear y permitir, ¿por qué iba a crear algo que fuera diferente de él o, peor aún, algo que despreciara?

Con ese fin, la primera virtud cardinal se manifiesta en tu vida cotidiana como amor incondicional y respeto por todos los seres de la creación. Esto incluye hacer un esfuerzo consciente por amarte y respetarte a ti mismo, además de eliminar todos los juicios y críticas procedentes de aquellos antiguos memes y virus mentales. Debes comprender que eres un fragmento de Dios y, puesto que debes ser como aquello de lo que procedes, eres digno de ser amado y semejante a Dios. Afirma esto con toda la frecuencia que puedas, porque cuando te ves a ti mismo con amor, no tienes nada más que amor para propagar hacia el exterior. Y cuanto más ames a los demás, menos necesitarás viejos patrones de excusas, en especial los relativos a la culpa. Las excusas tienen su origen en la falsa creencia de que el universo y sus habitantes no están ahí para ti. La idea de que son obstáculos —que te impiden vivir a tus máximos niveles de éxito, felicidad y salud— está basada en una premisa falsa.

Cuando adoptes esta primera virtud cardinal, permítete ver a los demás como personas dispuestas a ayudarte a maximizar tu potencial humano. Cuanta más reverencia tengas por ti mismo y por toda la vida, más verás a todos y todo como ayudantes voluntariosos, y no como inhibidores de tu vida superior. Como dijo sucintamente Patanjali hace varios miles de años: «Cuando eres firme en tu abstención de pensamientos hostiles dirigidos hacia otros, todas las criaturas vivas dejarán de sentir enemistad en tu presencia». Aquí la clave está en mantenerte tan firme que casi nunca o nunca te desvíes de esta primera virtud cardinal.

La segunda virtud cardinal:
Sinceridad natural

Esta virtud se manifiesta como sinceridad, sencillez y lealtad; y se resume en la popular frase «sé fiel a ti mismo». Utilizar una excusa para explicar por qué tu vida no está funcionando al nivel que preferirías es no ser fiel a uno mismo: cuando eres completamente honrado y sincero, las excusas ni siquiera aparecen en escena.

La segunda virtud implica vivir una vida que refleje decisiones surgidas del respeto y el amor a tu propia naturaleza. Ralph Waldo Emerson describió la importancia de la sinceridad en un ensayo de 1841 titulado *The Over-Soul*: «Trata con sencillez a hombres y mujeres, transmitiendo la máxima sinceridad, y destruye toda esperanza de frivolizar contigo. Es el máximo cumplido que puedes hacer». Y el gran humanitario Albert Schweitzer comentó en una ocasión que «la sinceridad es la base de la vida espiritual».

Haz realidad tu más importante atributo. Haz honor a tu palabra, es decir, sé sincero y honrado en todo lo que digas y hagas. Si te parece que esto es difícil, tómate un momento para afirmar: *Ya no necesito ser insincero o deshonesto. Esto es lo que soy y esto es lo que siento.* A partir de ahora, cuando te comprometas a algo, haz todo lo que puedas por cumplir lo que has prometido. Recuerda que cuando vives tu vida desde la perspectiva de tu más auténtica naturaleza, conectas con la fuente. Y como dijo Schweitzer, esto es la base misma de la vida espiritual. Cuando te esfuerzas por ser totalmente sincero contigo y con los demás, esos viejos hábitos derrotistas dejan de presentarse.

Cuando te conoces y confías en ti mismo, también conoces y confías en la Divinidad que te creó. Esto significa que si quieres vivir en las montañas o junto al mar, hazlo: sabes que es tu alma que te llama para vivir en armonía con tu auténtica naturaleza. Si te gusta esculpir y nadie más lo entiende, que así sea. Si quieres hacerte triatleta, bailarina de ballet, jugador de hockey o trapecista, hazlo. Si vives a base de sinceridad, honradez y lealtad a las llamadas de tu espíritu, nunca tendrás ocasión de utilizar excusas. Tal es la importancia de la segunda virtud cardinal ofrecida por Lao-tse, un poderoso instrumento que puedes emplear mientras te abres camino por el paradigma «¡Basta de excusas!».

La tercera virtud cardinal:
Bondad

Esta virtud se resume en una de mis máximas favoritas y más utilizadas: «Cuando tengas que elegir entre tener razón y ser amable, elige siempre ser amable». Muchísimos de tus viejos hábitos de pensamiento con sus consiguientes excusas proceden de una necesidad de demostrar que tienes razón y los otros se equivocan. Cuando practicas esta tercera virtud, eliminas los conflictos que hacen necesario que expliques por qué tienes razón. Esta virtud se manifiesta en amabilidad, consideración hacia los demás y sensibilidad a la verdad espiritual.

En general, la bondad implica que ya no tienes un fuerte deseo, inspirado por el ego, de dominar o controlar a otros, lo que te permite moverte al mismo ritmo que el universo. Cooperas con él, como un surfista que cabalga con las olas en lugar de intentar dominarlas. Te recomiendo que mires con mucha atención tus relaciones y compruebes cuánta energía destinas a dominar y controlar, en lugar de aceptar y permitir.

Cuando desarrollas esta virtud, el pronombre «yo» deja de ser el centro de tu comunicación. En lugar de insistir en «(Yo) Te he dicho un montón de veces cómo hay que tratar a esta gente frustrante y grosera», será más probable que digas «(Tú) estás pasando un mal día; ¿puedo hacer algo para ayudar?». Empezar una frase por «yo» implica necesidad de control; empezarla por «tú», en cambio, expresa amabilidad y consideración por la otra persona.

Cuanta más bondad y sensibilidad irradies a todas las personas de tu vida, menos probable será que culpes a otros de que no vivas a la altura de tus expectativas. La bondad significa aceptar la vida y a las personas tal como son, en lugar de insistir en que sean como tú eres. Cuando practicas vivir de esta manera, la culpa desaparece y disfrutas de un mundo apacible. No porque el mundo haya cambiado, sino porque tú adoptaste esta tercera virtud cardinal de la bondad.

La cuarta virtud cardinal:
Ganas de ayudar

Esta virtud se manifiesta en tu vida como servicio a los demás sin expectativas de recompensa. Una vez más, cuando te extiendes con el espíritu de dar, ayudar o amar, estás actuando como actúa Dios. Cuando consideres las muchas excusas que han dominado tu vida, míralas con atención: verás que todas están centradas en el ego. *No puedo hacer esto. Estoy muy ocupado o muy asustado. No soy digno. Nadie me ayudará. Soy demasiado viejo. Estoy muy cansado...* Todo es «yo, yo, yo». Ahora imagina que dejas de prestarte atención a ti mismo y le preguntas a la mente universal *¿Cómo puedo servir?* Cuando haces eso, el mensaje que estás enviando es: *No estoy pensando en mí mismo y en lo que puedo o no puedo tener.* Tu atención está en hacer que algún otro se sienta mejor.

Siempre que ayudas a otros, eliminas automáticamente al ego de la escena. Y con el ego fuera, pasas de excluir a Dios a hacerte más semejante a Dios. Cuando piensas y actúas de este modo, la necesidad de excusas se evapora. Practica dar y servir sin esperar recompensas (ni siquiera un «gracias»). Que tu recompensa sea la satisfacción espiritual. Esto es lo que quería decir Kahlil Gibran cuando escribió en *El profeta*: «Algunos dan con alegría, y esa alegría es su premio».

La mayor alegría viene de dar y servir, así que deja ya tu hábito de centrarte exclusivamente en ti mismo y en lo que puedes ganar. Cuando cambies de modo de vida para ayudar a otros sin esperar nada a cambio, pensarás menos en lo que quieres y encontrarás satisfacción y alegría en el acto de dar y servir. Es así de simple: no centrarte en ti mismo equivale a no usar excusas.

Las cuatro virtudes cardinales son un mapa de carreteras que te guía a la simple verdad del universo. Recuerda lo que te ofreció Lao-tse quinientos años antes de que naciera Jesús: «Estas cuatro virtudes no son un dogma exterior sino una parte de tu naturaleza original». Reverenciar toda la vida, vivir con sinceridad natural, practicar la bondad y estar al servicio de los demás es reproducir el campo de energía del que te originaste.

A partir de la página siguiente, voy a hacerte repasar la lista de los dieciocho tipos de excusas, para ver cómo se evaporan cuando vives las cuatro virtudes y así accedes a la cooperación universal.

Excusa	Acceso a la cooperación universal
1. Será difícil.	Con Dios, todo es posible.
2. Será arriesgado.	No puedo fracasar cuando confío en la sabiduría que me creó.
3. Se tardará mucho tiempo.	Solo existe el ahora. Vivo plenamente en el presente.
4. Habría un drama familiar.	Mis llamadas interiores son la voz de Dios. Debo seguir lo que siento tan profundamente.
5. No me lo merezco.	Todo el mundo merece la gracia del Tao.
6. No es mi manera de ser.	Mi naturaleza es sentir reverencia por toda la vida, ser sincero, amable y ayudar a todos.
7. No me lo puedo permitir.	Si estoy en sintonía con Dios, todo lo que necesito se me proporcionará.
8. Nadie me va a ayudar.	¿Cómo puedo servir a otros para que puedan tener lo que deseo?
9. Nunca ha sucedido antes.	Estoy satisfecho con todo lo que se me ha presentado en la vida.
10. No soy lo bastante fuerte.	Sé que nunca estoy solo. Asistiré a otros que no son tan fuertes como yo.
11. No soy lo bastante listo.	Confío en la omnisciente inteligencia divina, con la que siempre estoy conectado.
12. Soy demasiado mayor (o demasiado joven)	En un universo infinito, la edad es una ilusión. Solo existe el ahora.
13. Las reglas no me lo permitirán.	Vivo siguiendo las cuatro virtudes cardinales.
14. Es demasiado grande.	Si puedo concebirlo, se me darán la pasión y las habilidades para crearlo.
15. No tengo tanta energía.	Hay una energía en el universo más grande que yo, y esa energía está siempre disponible.
16. Es por mi historia familiar personal.	Todo lo que ha sucedido ha sido perfecto, y puedo aprender y crecer a partir de ello.
17. Estoy demasiado ocupado.	Con paciencia infinita, produzco resultados inmediatos.
18. Me da miedo.	No hay nada que temer. Soy una expresión infinita de Dios (el Tao).

Esta sexta pregunta del paradigma «¡Basta de excusas!» está pensada para ayudarte a entrar en un patrón centrado en el Tao, sintonizado con Dios. Como has visto en este capítulo, los viejos hábitos de pensamiento mueren con facilidad cuando quitas de en medio a tu ego y vives según las cuatro virtudes cardinales. Sin apenas intentarlo, la necesidad de defenderte y justificarte desaparece en cuanto te abres a otros y aceptas la responsabilidad de todo lo que ocurre en tu vida.

Sugerencias para aplicar la sexta pregunta del paradigma

– Practica a diario una de las virtudes y toma nota de cómo hace disminuir tu tendencia a centrarte solo en ti mismo. Cuando te veas recayendo en un modo de ser viejo y habitual, aprovecha el momento para concentrarte en amar incondicionalmente a alguna otra persona. Fíjate entonces en que los viejos hábitos de pensamiento y las excusas ya no están presentes.

Ten en cuenta que estas cuatro virtudes cardinales representan al verdadero tú, al ser que eras antes de desarrollar el falso yo (el ego). Fíjate en lo naturalmente bien que te sientes cuando estás mostrando reverencia por todo, sinceridad natural, bondad y ganas de ayudar. Eso se debe a que estás en armonía con tu fuente del ser. Lo único que se necesita para eliminar un viejo hábito derrotista es volver a tu naturaleza original en el momento.

– Disuelve todas las ataduras que puedas con el tosco reino mundano del conflicto y el dogma. Recuerda que Lao-tse enseña que al hacer esto, verás abrirse la puerta de la cooperación universal. Deja de identificarte sobre la base de lo que tienes, a quién eres superior, qué posición has alcanzado y cómo te ven los demás. Debes verte como un fragmento de Dios, dispuesto a actuar lo más cerca posible de esa conciencia. Cuando desees algo, procura desearlo más para algún otro que para ti mismo;

de hecho, actúa para hacer que les ocurra a ellos, antes incluso de pensar en ti mismo. Y si estás a punto de ser crítico u hostil con alguien, recuérdate que tu naturaleza original es amable. Imagínate en un mundo sin formas, a punto de transformarte en un ser material. Ese estado de no-ser es lo que eras antes de cultivar el ego e iniciar el proceso de excluir a Dios.

La manera de acceder a la cooperación universal para desprenderse de viejos hábitos consiste en volver a sintonizar con tu naturaleza original en todos tus pensamientos. Piensa como piensa Dios, practica las virtudes en todos tus pensamientos y actos, y dedícate a vivir una vida desinteresada. No puede fallarte. Tus hábitos se disolverán y tus excusas sin duda desaparecerán.

18

La séptima pregunta: *¿Cómo puedo reforzar continuamente esta nueva manera de ser?*

> La mente es verdaderamente inquieta, Arjuna: en verdad es difícil de entrenar. Pero con práctica constante [...] lo cierto es que la mente se puede entrenar. Cuando la mente no está en armonía, esta comunicación divina es difícil de alcanzar, pero el hombre cuya mente está en armonía la alcanza, si sabe y si se esfuerza.
>
> Krishna en el *Bhagavad Gita*

Cuando están uno junto a otro, el número 1 y el número 8, que es el símbolo del infinito, significan una fuente infinita. Invito a esta naturaleza simbólica del número 18 a que inspire este último capítulo de «¡Basta de excusas!», que trata de la última pregunta de nuestro cambio de paradigma.

En hebreo, el número 18 significa vida. También hay 18 hoyos en un campo de golf, y eso no puede ser casualidad, ¿o sí? El Tao Te Ching consta de 81 capítulos, y muchos creen que se escribió en la misma época que el *Bhagavad Gita*, el antiguo libro sagrado hindú que, curiosamente, consta de 18 capítulos.

El *Bhagavad Gita* detalla las conversaciones entre Krishna, un avatar del dios Visnú, y el príncipe Arjuna, un guerrero espiritual. La cita que abre este capítulo corresponde al momento en que Krishna, disfrazado de auriga, aconseja a Arjuna, que se está preparando para entrar en otra gran batalla. En otro pasaje de este icónico volumen, Krishna enseña: «No des tu amor a este mundo pasajero de sufrimientos, dame todo tu amor a mí. Dame tu mente, tu corazón, toda tu adoración. Suspira siempre por mí, vive siempre para mí, y estarás unido a mí». Este es el mensaje esencial de «¡Basta de excusas!».

Únete a Dios, el Tao, la mente universal, la fuente; y confía en esta sabiduría, que es tu naturaleza original. Conoce tu naturaleza original para que puedas apartar intuitivamente tu conciencia de este mundo pasajero cuando sea necesario. Entonces no necesitarás ni querrás hábitos o excusas derrotistas.

Krishna te recuerda que con práctica constante tu mente se puede entrenar para que supere cualquier hábito de pensamiento. La clave está en *Con práctica constante*, y esa es la respuesta afirmativa a esta séptima y última pregunta: *¿Cómo puedo reforzar continuamente esta nueva manera de ser?*

Practica la esencia de «¡Basta de excusas!» cada día e incluso cada hora, en especial las siete preguntas que constituyen el paradigma. Cuando lo hagas, en poco tiempo te encontrarás repasando estas siete preguntas en tu mente en cuestión de segundos... y saldrás por el otro lado de un viejo hábito con una nueva manera de pensar, de actuar y de ser. Aprender a superar las excusas implica entrenar tu mente para que esté en armonía o sea una a tu fuente. Como dice Krishna, «cuando la mente no está en armonía, esta comunicación divina es difícil de alcanzar, pero el hombre cuya mente esté en armonía la alcanza, si sabe y si se esfuerza».

El resto de este capítulo se centra en sugerencias para mantenerte en armonía con tu fuente del ser. Pensar como piensa Dios es imprescindible para todas tus prácticas, no ya para aprender nuevas técnicas para superar excusas, sino para mantenerte conscientemente conectado con la fuente y lo más despegado posible del mundo material. De este modo, dejarás que el reino angelical te guíe a través de todas las puertas que ahora se abrirán para ti.

NUEVE MANERAS DE REFORZAR TU NUEVA MANERA DE SER

En todas estas páginas has tenido la oportunidad de examinar los muchos caminos por los que tu mente ha aprendido pensamientos que te sabotean. Has aprendido cómo aquellos malos hábitos se convirtieron en un sistema de realidad familiar para ti, con un catálogo de excusas para explicar por qué abandonaste tu naturaleza original y excluiste a Dios. Pero ahora te estás librando de aquellas excusas entrenando tu mente para acoger y cultivar tu naturaleza espiritual original.

Cada uno de los siete principios para vivir una vida libre de excusas, así como los siete componentes del nuevo paradigma, tiene que ver con el mensaje que Krishna transmite a Arjuna: *Cuando pongas tu mente en armonía con la fuente, nunca volverá a haber necesidad de malos hábitos ni de excusas*. Tal como dice Krishna en el *Bhagavad Gita*:

> Hasta el peor pecador se convierte en un santo
> cuando me ama con todo su corazón.
> Este amor pronto transformará su personalidad
> y llenará su corazón de profunda paz.
> Oh, hijo de Kunt, esta es mi promesa:
> Los que me aman, nunca perecerán...
> Mantén tu mente en mí, mantente en mí,
> y sin duda te unirás a mí.

He aquí nueve sugerencias para unirte con tu fuente y vivir desde ese sitio:

1. Saberlo

Tal como le dice Krishna a Arjuna, tu mente se puede entrenar si sabes que tú y tu fuente no os podéis separar. Este conocimiento está tan cerca... a solo un pensamiento de distancia.

Saber es como tener una habitación privada que contiene todas las respuestas que necesitas, y solo tú tienes la llave para entrar. Puesto que está dentro de ti, puedes ir allí en cualquier momento, y nadie te puede impedir el acceso a lo que contiene. Pero en el momento en que tu sensación de saber se disuelve, los viejos hábitos y una tonelada de excusas te inundan. Cuando estás sintonizado con tu fuente, estás guiado por el máximo bien; sin esa sintonización, tu fuente y tu guía no tienden a intervenir en la manera en que decides vivir tu vida. Crea tu propio espacio cuando estés sintonizado con la fuente, y entonces el ego y las dudas no podrán entrar.

Ten siempre presente que ninguna persona, lugar o cosa puede obligarte a creer o no creer algo. Puede que fuera así cuando eras niño, pero no ahora. Ahora tienes independencia para elegir en qué crees. Tu conocimiento es tuyo.

Así es como yo me hablo a mí mismo acerca de mi conocimiento:

> Dentro de mí hay un espacio sagrado que contiene un conocimiento. Voy allí con frecuencia, y no permito que las dudas entren en ese divino aposento interior. Es solo mío, y lo comparto con mi fuente del ser. A este conocimiento me retiro cuando veo que estoy recayendo en hábitos de excusas. En este espacio interior de conocimiento, no tengo dudas acerca de la orientación de que dispondré cuando esté unificado con mi fuente. Sé que las puertas se mantendrán cerradas y los maestros angélicos no me buscarán si solo estoy apegado a este mundo corpóreo de conflicto, cosas materiales y juicios. Mantengo este sagrado espacio de conocimiento para los momentos en que los viejos hábitos y las excusas intentan influir en mi vida.

Sé consciente de lo importante que es este conocimiento sin dudas para vivir una vida libre de excusas.

2. *Actúa en todo instante como lo haría tu fuente*

Desde ese lugar de conocimiento interior de donde la duda está desterrada, pregúntate: *¿Qué haría Dios ahora mismo?* (o, si conceptualizas a Dios como amor, pregúntate *¿Qué haría ahora el amor?*). Si alguna vez te dejas enredar por tus pensamientos habituales, hacerte esta pregunta servirá para reforzar que existe una alternativa. Cuando preguntas qué harían Dios o el amor, atraes la energía de la fuente que se perdió en tu trayecto desde el desarrollo del ego en la infancia hasta el presente.

Hace pocas horas, el sonido de una sierra mecánica cortando por la mitad un poste de cemento invadió mi espacio de escribir, y mi modo habituado de pensamiento empezó a salir a la superficie. Me sentía tan irritado por la contaminación sonora que pensé en dejarlo por el resto del día, con la excusa preparada: *¿Cómo voy a poder escribir con todo este estruendo? Es culpa suya, no mía.* Pero decidí reforzar el modo de ser «¡Basta de excusas!» preguntándome: *¿Qué haría Dios?* Entonces me senté, deseché mis pensamientos juzgadores y procuré ponerme en paz. A los pocos momentos, decidí ignorar el ruido y escribir a pesar de todo, imaginando que el ruido de la sierra era música que me acompañaba. Cinco minutos después, el ruido había desaparecido... y yo había expulsado un paquete de excusas a base de estar en un espacio sintonizado con Dios, en lugar de continuar con un diálogo interior dominado por el ego.

3. *Entabla una conversación con tu mente habitual*

Cuando trabajes para superar las limitaciones que tú mismo te has creado, habla con tu subconsciente, diciéndole que en lugar de reaccionar, ahora vas a responder con decisiones conscientes. Esto te funcionará bastante deprisa si te tomas en serio lo de romper un patrón: ser consciente de estar encerrado en reacciones automáticas, junto con un compromiso serio de cambiar, te permitirá elegir una nueva respuesta.

Esto fue lo que ocurrió con mi hábito de treinta años de beber refrescos *light* con cafeína. Hasta aquel día de 1985 en el que decidí romper este hábito, cada día me bebía seis u ocho latas de agua carbónica parda. Está claro que estaba viviendo en lo que yo llamo «el nivel de reacción», con excusas para explicar y reforzar lo que hacía, de modo que me prometí a mí mismo cambiar. Sabía que quería librarme de aquellas sustancias químicas que dominaban mi vida hasta el punto de que casi nunca estaba sin una lata en la mano, y esto era mucho más importante para mí que seguir por el camino trillado.

Me puse en alerta para vigilar mi patrón subconsciente: en cuanto me pillaba echando mano a un refresco, me detenía y sustituía esta acción por una respuesta consciente que estuviera alineada con mi compromiso. Por la misma razón, tú tendrás que comprometerte de verdad, y a continuación empezar a conversar con tu mente habitual. Te sorprenderá la rapidez con que desaparecen las excusas

4. *Busca el silencio*

Decide reducir el nivel de ruido en tu vida. El ruido es una distracción para tu ser superior, porque mantiene a tu ego en alerta roja. Las maneras de desechar hábitos junto con las excusas que los acompañan se suelen encontrar en silencio, en el vacío que es la fuente creadora de toda forma. Siempre me ha gustado el comentario de Blaise Pascal sobre este tema: «He descubierto que toda la infelicidad humana procede de un solo hecho: que no pueden permanecer en silencio en su propia habitación». ¡Y esto lo decía un científico!

Otro científico, Albert Einstein, nos recuerda la importancia de reducir el ruido cuando decidimos superar los hábitos de la infancia: «Vivo en la soledad, que es dolorosa en la juventud, pero deliciosa en los años de madurez». Adoptar una actitud similar te ayudará a reforzar tu vida «¡Basta de excusas!». Así que aprende a dedicar algún tiempo todos los días a la contemplación silenciosa. Por ejemplo cuando vayas conduciendo solo, desconecta el parloteo incesante que bombardea tu mundo interior. Y cuando llegues a tu destino, dale al botón *Off* del mando a distancia de la tele... y al botón *On* de tu ser superior.

Procura también hacer meditación todos los días, aunque solo sea unos pocos momentos. (Si no sabes bien cómo empezar, he escrito un libro titulado *Getting in the Gap* que va acompañado por un CD que te guiará para aprender la técnica de meditación Japa, que a mí me ha ayudado extraordinariamente.) Así es como el doctor Carl Jung describía lo que sentía durante la meditación profunda: «Aquellos estados interiores eran tan fantásticamente bellos que, en comparación, este mundo parecía absolutamente ridículo [...] Es imposible transmitir la belleza y la intensidad de emoción durante esas visiones. Eran las cosas más tremendas que yo había experimentado».

Por último, cuando estés en ese silencio interior lleno de felicidad, ponte en disposición de simplemente pedir. *A Course in Miracles* indica que nunca pides demasiado; en realidad, pides muy poco. Y por supuesto, la Biblia dice «Pedid, y se os dará» (Marcos 7:7). Toda creación procede del vacío, el gran silencio; y esto incluye la creación de un nuevo tú, despojado de hábitos de pensamiento derrotistas y las excusas que los acompañan. Como les recordaba el Swami Sivananda a sus devotos: «El silencio es el lenguaje de Dios». Pide en silencio, escucha en silencio, y deja que el silencio sea el punto de lanzamiento para unirte a la fuerza creadora del universo.

5. *Carga de energía tu entorno*

La Ley de Atracción funciona cuando te rodeas de personas que están en un camino espiritual similar al tuyo. Recuerda, esta ley dice que lo similar atrae a lo similar, así que para atraer la energía de la fuente debes ser como ella. De manera similar, cuando estás continuamente en compañía de personas de baja energía, irritadas, deprimidas, avergonzadas o resentidas, probablemente la vida se te hará un poco más difícil.

Se dice que cuando Jesús entraba en un pueblo, los habitantes se sentían elevados solo por su presencia; nadie podía abatirlo. Hazte más como Cristo, recordando que nadie puede abatirte por medio de su baja energía. Si las personas que te rodean están irritadas o deprimidas y tú te sientes emocionalmente agotado, es responsabilidad tuya crear la energía adecuada; no tienes que unirte a ellos en su negatividad. Mantente en tu lugar de paz, por muy tentador que resulte atacar o discutir.

Practica las cuatro virtudes cardinales de Lao-tse, y mantén tu entorno lo más puro y libre de negatividad que te sea posible. Literal y metafóricamente, apaga todo medio de comunicación que emita una letanía de razones para estar deprimido y asustado. Convierte tu casa en un templo de amabilidad y amor. Aléjate de los lugares que prosperan a base de ruido, consumo de alcohol, humo de tabaco e insensibilidad. Presta atención a la música que escuchas, al arte que contemplas, incluso a la disposición de tus muebles y flores, a todo ello. Cuanto más apacible y amoroso sea tu entorno (y la gente que hay en él), más te encontrarás en un lugar sereno donde las excusas no están en la agenda. Este es el ambiente en el que más probable es que los hábitos derrotistas se borren de tu conciencia.

Refuerza aún más tu nueva manera de ser, haciendo que tu entorno refleje el diseño de lo que quieres que parezca tu vida. En esta energía empezarán a aparecer personas de mentalidad similar. Elige la compañía de aquellos que poseen un espacio en el que puedas alcanzar la alegría de maximizar, en lugar de minimizar, tu máximo potencial humano.

6. *Vuelve a la naturaleza*

Cuando estoy en Maui escribiendo, tengo la costumbre de ir cada semana en coche al centro de la isla, hasta un lugar exuberante con una asombrosa cascada que se derrama en un refrescante estanque, y allí paso varias horas nadando y meditando mientras el agua de la cascada cae sobre mí. En esos momentos me siento como si Dios hubiera entrado en mi conciencia, y una arrebatadora sensación de satisfacción se apodera de mí. Es un ritual que repito antes de empezar un nuevo capítulo, y que me conecta con mi fuente de inspiración. No hay confusión, ni preocupaciones, ni miedo... nada más que puro éxtasis y una elevación del ser. En esos momentos, que son preciosos para mí, recibo las respuestas que busco, no solo para lo que sé que escribiré en los próximos días, sino también para mi vida personal.

Este ambiente que exhibe la belleza de la naturaleza es puro Dios en acción. Cuando me quedo en silencio y escucho, los pensamientos limitadores son sencillamente imposibles. Comprendo lo que quería decir mi amigo espiritual Thoreau cuando escribió estas palabras en 1854, explicando por qué había decidido vivir en la naturaleza en el lago de Walden: «Vine al bosque porque quería vivir deliberadamente, afrontar solo los hechos esenciales de la vida y ver si podía aprender lo que esta podía enseñar, y no llegar al momento de mi muerte y descubrir que no había vivido».

También tú encontrarás respuestas en la naturaleza, porque Dios es la naturaleza: impoluta, no atendida, viva en la quietud y rebosante de vida. Cuando estás ahí, empiezas a ver lo milagroso que es cada centímetro cúbico de espacio. Sentirás la presencia de una energía con la que tal vez hayas perdido contacto en tu vida cotidiana, y esa energía está en ti, como está en toda la flora y fauna. Es muy fácil sintonizar con el espíritu creador de Dios, o Tao, cuando estás en un entorno natural y no pretencioso.

Una semana antes de escribir este capítulo, fui a la cascada con una persona a la que amo y nos metimos en el estanque natural, en la corriente de agua fresca y comimos guayabas que colgaban de una rama sobre la superficie. En aquellos momentos, se solidificó todo lo que tenía que decir aquí. Las excusas eran impensables y comprendí lo que escribió Einstein en sus últimos años: «He vivido en la soledad del campo y he notado cómo la monotonía de una vida tranquila estimula la mente creativa».

7. Practica yoga

Como mencioné en otra parte de este libro, el significado de la palabra «yoga» se traduce como «unión». Los antiguos *rishis* que nos dieron el yoga consideraban que los ejercicios de estiramiento, equilibrio y flexibilidad eran una oportunidad para experimentar la unión con Dios. Dicha unión con la fuente del ser no era una experiencia dolorosa, ya que a Dios se le veía como natural, pacífico y amable.

En nuestro mundo occidental, los métodos de ejercicio más populares implican cierto grado de actividad dura, vigorosa, castigadora, de «sin dolor no se consigue nada». Aquí incluyo correr, montar en bicicleta, el aerobic y el levantamiento de pesos, sobre todo con máquinas complicadas, para ganar tono muscular. El yoga, en cambio, no tiene nada de dureza. Sin embargo, en el reducido espacio de una esterilla, consigues el mismo tipo de beneficio que con otros ejercicios físicos, pero sin dolor ni agotamiento.

El yoga es un excelente ejercicio para todo el cuerpo —en especial para las articulaciones, músculos e incluso órganos internos—, pero sobre todo para la mente. Yo llevo cuatro años practicándolo casi todos los días, y ha sido un importante factor curativo para superar los dolores y achaques adquiridos en tres décadas de correr y levantar pesos a diario, más el interminable parar y arrancar que acompaña a años de tenis competitivo. Viví con dolor crónico de espalda durante muchos años, hasta que empecé a asistir a una clase diaria de noventa minutos de yoga Bikram, y me alegra decir que ahora llevo casi cuatro años libre de dolores.

Uno de los aspectos más atractivos del yoga es que se hace en silencio. La mente consigue detener todo su parloteo y se concentra en la unión con Dios por medio de *asanas* concretos, ideados para sintonizar el cuerpo, la mente y el espíritu con la fuente del ser. Y por eso he incluido este pequeño argumento a favor del yoga en un libro sobre la eliminación de excusas y malos hábitos de pensamiento: toda esta obra trata de encontrar una manera de volver a conectar con el Tao en todos nuestros pensamientos y acciones.

Cuando experimentas la unión, prescindes del ego y ya no te apoyas en excusas. En el siglo II a. C., Patanjali, considerado por muchos el padre del yoga, lo definió de esta manera: «El yoga es la habilidad de dirigir la mente exclusivamente hacia un objeto y mantener esa dirección sin distracciones [...] el yoga es el control de las ideas de la mente». Pues bien, esto es precisamente lo que enseña la actitud «¡Basta de excusas!» ante la vida. Controla tu mente y todo quedará ordenado.

Concédele al yoga una prueba de treinta días. Nota cómo tu cuerpo se siente mejor en general, y también cómo se disipa tu tendencia a utilizar excusas.

8. Asegúrate de que tu relación número uno es con tu Socio Fundador

Sé que tienes muchas relaciones importantes: sin duda, las que mantienes con tus hijos, padres, pareja o amante, compañeros de trabajo y mejores amigos ocupan una alta posición en tu vida. Pero aquí, en el sistema «¡Basta de excusas!», te pido que coloques en lo más alto de esta lista tu relación con tu fuente del ser. Cuando esto se convierte en tu realidad, irás intuitivamente al silencio interior y te acordarás de enviar tu ego a un lugar donde no interfiera con tus deliberaciones.

Haz prioritaria tu relación con la fuente incluso si te consideras ateo. Cuando vas a ese lugar interior, no necesitas ninguna orientación religiosa ni creencia en lo sobrenatural. No es preciso que veas a Dios como un hombre blanco y barbudo que flota por el cielo esperando tus peticiones. No es preciso que creas en serpientes que hablan, en ballenas que se tragan a la gente y después la regurgitan, ni en embarcaciones con todos los animales a bordo, incluyendo insectos y dinosaurios, para aliviar la ira de

Dios con un diluvio que cubre toda la Tierra. Aunque estas historias son interesantes, yo tengo mis propias opiniones sobre las historias religiosas, como seguro que las tienes tú.

Lo que te pido es que pienses en Dios —o el Tao, la mente divina, Krishna, la fuente o cualquier otro de sus mil nombres— como amor. Hasta la Biblia misma declara que «Dios es amor» (Juan 4:8). Y cuando a Carl Jung le preguntaron en una entrevista si creía en Dios, dijo estas palabras, que reflejan lo que yo intento transmitir: «No se puede decir que crea. Sé. He tenido la experiencia de ser agarrado por algo más fuerte que yo, algo que la gente llama Dios» («The Old Wise Man», *Time*, 14 de febrero de 1955).

Hay en el universo una energía de amor que permite la creación de todos los seres. Es un no ser sin forma ni límites, y no hace nada pero no deja nada sin hacer. Haz de esta energía la relación principal de tu vida, por encima de todas las demás, consultándola antes que a ningún otro. Retírate allí en silencio, escucha y comprueba que esta fuerza está fuera de ti y dentro de ti. Allí serás guiado para que cambies tus patrones de excusas derrotistas.

Desde luego, ama a tu familia (y a todos los demás habitantes del planeta). Atesora todas tus relaciones, pero primero y por encima de todo tu relación con tu ser superior. Cuando ves a Dios simplemente como amor, no queda sitio para excusas y malos hábitos. Solo podrás dar el amor que es tu esencia creativa.

Recuerdo perfectamente cuando leí un artículo publicado en la revista *Time*, escrito por Patti Davis, hija del ex presidente Ronald Reagan, en el que describía su larga batalla contra la adicción a la cocaína. Decía que después de haberse mantenido limpia durante cinco años, el deseo de volver a su viejo hábito seguía siendo muy intenso en ella. Concluía su comentario diciendo que, aunque el deseo seguía estando ahí, y aunque el recuerdo de la sensación de euforia en su cerebro cuando tomaba la droga seguía siendo tentador, ella se mantenía apartada de este hábito debilitante porque no quería decepcionar a Dios volviendo a aquellas viejas adicciones.

Esto es lo que ocurre cuando tu relación suprema es la que tienes con Dios. Parece que Patti podía aceptar decepcionar a sus padres, a sus amigos e incluso a sí misma, ya que lo había hecho muchas veces. Pero no podía regresar a un estado del ser que era contrario a la energía de la fuente, porque ahora la relación principal en su vida era la que mantenía con Dios. Y, sinceramente, debo decir que esta es la razón por la que yo nunca he vuelto al alcohol.

Como puedes ver, los viejos hábitos desaparecen mucho más fácilmente cuando haces que tu Socio Fundador sea el número uno en tu vida. Y es porque tu Socio Fundador es puro amor, y cuando vas allí en primer lugar, se te proporciona todo lo que puedas necesitar.

9. *Practica el sistema*

Termino este capítulo recordándote que practiques el sistema «¡Basta de excusas!» cada vez que te encuentres atrapado en patrones derrotistas de pensamiento o conducta. El sistema se puede aplicar en cualquier momento, y a cualquier limitación arraigada que quieras cambiar. Cuando notes que estás utilizando una excusa, simplemente di estas tres palabras: *Practica el sistema*. En cuestión de momentos, las viejas muletas mentales se desvanecerán.

Es fácil practicar el sistema repasando rápidamente cada una de las siete preguntas y respondiéndolas en silencio con respuestas breves. Cuando notes que una pregunta obtiene una respuesta que mantiene activado el viejo patrón de excusas, cambia tu respuesta para que sintonice con la más elevada visión que tienes para ti. Esto tiene mucho poder para cambiar la manera en que dejaste condicionar tus pensamientos, pero solo funciona si eres sincero y haces de esto un asunto privado entre tú y la parte más elevada de ti mismo.

No creo que sea necesario insistir más en las siete preguntas que ya hemos considerado con tanto detalle. Pero me gustaría dejarte un breve resumen de la esencia del sistema *¡Basta de excusas!*, con una breve respuesta a cada una de las siete preguntas:

1. ¿Es verdad? *Probablemente, no.*
2. ¿De dónde salieron las excusas? *Yo lo permití.*
3. ¿Qué beneficio se saca? *Evito riesgos y sigo igual.*
4. ¿Cómo sería mi vida si no pudiera utilizar estas excusas? *Sería libre para ser yo mismo.*
5. ¿Puedo crear un motivo racional para cambiar? *Fácilmente.*
6. ¿Puedo lograr la cooperación universal para librarme de viejos hábitos? *Sí, simplemente conectando con mi fuente del ser.*
7. ¿Cómo puedo reforzar continuamente esta nueva manera de ser? *Manteniéndome vigilante.*

Si practicas el sistema varias veces, pronto verás que estás guiando tu vida con pensamientos que no son necesariamente ciertos. Serás capaz de discernir de dónde vinieron esos pensamientos y cómo sería tu vida sin ellos, y entonces podrás crear un motivo racional para cambiarlos, accediendo a la guía divina por medio de la unión perfecta con tu fuente del ser. Estar conscientemente inmerso en esa unión perfecta con Dios es una sensación difícil de explicar, pero el ego pasa a segundo plano. Sabes que te estás dejando guiar por una fuerza más grande que tú, pero si decides hacerlo puedes permanecer conectado indefinidamente con ella. En este estado de conocimiento, las excusas se convierten en cosa del pasado.

En 1851, Thoreau describió en su diario sus éxtasis juveniles, y sus palabras me hacen volver a mis propios éxtasis juveniles. Termino este libro tan personal con su comentario, porque es a este tipo de momentos a los que te insto a que regreses tú.

> Viene a mi mente un placer tan indescriptible, infinito, absorbente, divino, celestial, una sensación de elevación y expansión, y no tengo nada que ver con ello. Percibo que estoy tratando con poderes superiores. Es un placer, una alegría, una existencia que no me he procurado yo. Hablo como testigo en el estrado, y cuento lo que he percibido.

También yo percibo que estoy tratando con mis poderes superiores. También yo te hablo como un testigo que te dice lo que he percibido. También yo tengo la absorbente y divina sensación de elevación que viene de vivir mi vida con un mínimo de excusas. Y al concluir este trabajo de amor, te deseo que llegues a conocer el placer celestial de vivir cada día sintonizado con tu fuente del ser, de manera que puedas gritar: «Excusas, ya no os necesito en mi vida, así que... ¡fuera!».

Notas

1. De *Hua Hu Ching: Las enseñanzas desconocidas de Lao-tse*, traducido al inglés por Brian Walker (HarperCollins, 1994).
2. Ibid.
3. Ibid.
4. Ibid.
5. Ibid.

Piensa diferente, vive diferente de Wayne W. Dyer
se terminó de imprimir en el mes de julio de 2021
en los talleres de
Grafimex Impresores S.A. de C.V.
Av. de las Torres No. 256 Valle de San Lorenzo
Iztapalapa, C.P. 09970, CDMX, Tel:3004-4444